THE **MENTOR** OF **MY LIFE**
나의 인생 조언자

THE **MENTOR** OF **MY LIFE**
나의 인생 조언자

The Sermons of Bilingual **English & Korean** Vol. 1
이중-언어 영한 설교집 1

PAE, Soo-Young
배 수 영

솔라피데출판사
SolaFide Publishers

レ 예배와 삶의 일치

복음에는 하나님의 의가 나타나서

믿음으로 믿음에 이르게 하나니; 기록된바,

"**오직** 의인은 **믿음**으로 말미암아 살리라" 함과 같으니라.

로마서 1:17

THE **MENTOR** OF **MY LIFE**
나의 인생 조언자

초판 1쇄 인쇄 : 2014년 06월 10일
초판 1쇄 발행 : 2014년 06월 30일

저자 : 배 수 영
발행인 : 이원우 / 발행처 : 솔라피데출판사
주소 : (413-120)경기도 파주시 문발로 123 파주출판문화정보산업단지
전화 : (031)992-8692 / 팩스 : (031)955-4433
Email : vsbook@hanmail.net
등록번호 : 제10-1452호
공급처 : 미스바출판유통
전화 : (031)992-8691 / 팩스 : (031)955-4433

Copyright ⓒ 2014 SolaFideBooks
Printed in Korea
값 13,000 원
ISBN 978-89-5750-078-1 03230

추천의 글

정 성 구 박사
한국칼빈주의연구원 원장/전 총신대학교 총장

현대사회의 속성을 '지구촌Global village' 이라는 개념과 함께 보는 것이 온전한 이해가 되리라고 본다. 이것은 더 이상 한 국가나 한 사회만을 고집하지 않는 것을 가리킨다. 사회적인 요구나 기독교적인 요구도 이런 개념들이 예외 없이 적용되고 있다. 본시 기독교는 어느 세대와 역사의 흐름에 상관없이 복음을 그때마다 적용시켜 왔었다.

그런 차원에서 본서는 영어와 한글, 즉 '이중-언어를 사용하여Bilingually' 저술된 국제적 감각을 살려 만든 설교집이다. 그러므로 1세기 전부터 서구사회로부터 복음을 수입하던 한국교회가 이제는 세계 영어권까지 진출하게 되는 은혜를 주신 것은 너무 감사한 일이다. 자국어韓國語의 설교를 영어로 작성하여 복음의 도구로 사용하게 되었다. 이것은 복음이 한 국가의 언어로만이 아니라 세계 공통어라고 할 수 있는 영어로 만들어지게 되었다는 것입니다. 이에 축하를 드리는 바이다.

배수영 목사는 일찍이 아가페출판사의 편집장을 지냈던 신학을 겸비한 목회자이다. 그는 문학적인 달란트는 물론 한국과 미국에서 개혁주의 신학 연구와 믿음의 사상으로 다져지게 되었다. 설교는 설교자가 지니고 있는 신학의 표현이라고 했다. 그의 신학 연구와 목회사역 훈련을 통해서 나타난 결과가 이러한 영어와 한글의 개혁주의 설교집을 작성하게 된 것이라고 본다.

특별하게 「나의 인생 조언자The Mentor of My Life」는, 그러므로 본서의 특성에 걸맞게 한국 그라운드에서 그 진가가 발휘될 뿐만 아니라 초월하여 지구촌 그라운드인 세계까지 힘껏 비상하게 되는 복음의 유용한 도구가 될 줄 믿는 마음으로 본서 「이중-언어 영한 설교집」을 적극 추천하는 바이다.

추천의 글

김 명 혁 박사

한국복음주의협의회 회장/전 합동신학대학원대학교 학장

지금 이 시대는 매스컴과 각종 정보가 홍수를 이루고 있는 시대이다. 오늘 한국교회 성도 대부분이 먹을 것이 없어서 굶주림이 아니라 하나님 말씀이 없어서 영적인 굶주림으로 가득 차 있는 서글픈 현실 앞에 처해 있다. 우리 기독교가 말씀 기갈 현상의 원인은 설교가 귀해서가 아니다. 성경의 교훈과는 무관한 말씀이나 복음에서 멀어진 설교로 인한 것임을 부인할 수 없겠다.

한국은 그동안 전통적인 단일 사회를 지탱해 오다가 이제는 현대화, 산업화에 단일 사회가 다민족을 수용하는 구조로 바꾸어진 것을 부인하지 못하겠다. 그러므로 국내에는 150만 외국인을 수용하는 다문화적인 국제적 공동체 사회가 조성된 것이다.

우리는 더 이상 한 문화나 한 민족만을 고집할 것이 아니다. 국내에 거주하는 그들에게 필요하고 적절한 복음의 도구를 사용하여 복음화 하는 것이 급한 일이다. 문화의 산물인 언어가 한 종족에 머물지 않고 타민족에게로 가는 획기적인 일이 요구되고 있다는 말이다.

본 「이중-언어 영한 설교집」은 자문화인 자국어를 타문화 언어로 함께 묶어 하나님 말씀을 세계 무대로 내놓는다는 차원에 있어서 그 어떤 설교집과 차별화가 되는 하나님 말씀집이다. 선교적 차원에서 복음의 수용성을 한 국가로 한정시키지 않고 세계 공용 언어인 영어로 저술되어 한글과 함께 '이중 언어를 사용하여Bilingually' 만든 설교집이 국내에 체류하는 외국인과 국외의 선교사와 이중 언어권의 목회자들까지 안내자 역할을 다하리라 믿는다.

끝으로 본 「이중-언어 영한 설교집」을 저술한 배수영 목사의 발간을 축하하면서 기쁘게 추천한다.

추천의 글

정 인 찬 박사
세계성령중앙협의회 대표회장/백석대학교 백석신학원 학장

한국은 더 이상 원조를 받는 나라가 아니라 다른 나라에 원조를 해주는 나라가 되었다. 뿐만 아니라 선교를 받는 국가에서 선교를 하는 국가가 되었다. 일찍이 1세기 전에 한국이 받았던 복음이 성장하여 세계로 뻗어나갔다. 미국과 남미, 유럽 지역 그리고 아프리카, 아시아, 사회주의 국가까지 실로 '코리안 처치Korean church'와 '코리안 디아스포라Korean Diaspora'가 미치지 않은 곳이 없다. 그 결과 한국교회는 외국인을 위한 영어 사역을 필수적인 사역으로 요구하게 되었다.

세계 5대양 6대주에 선교사를 보낸 한국은 세계를 복음화 하는 선교 비전으로 사역하는 영적靈的 국가가 틀림없다. 이 원인으로는 1907년 원산에서부터 발생한 한국교회 부흥의 원점을 들 수 있다. 그때 평양 부근의 조그만 도시인 원산 집회에서 부흥의 불길이 당겨지게 되었는데, 성령의 불길이 요원하게 타올라 오늘의 한국교회를 이루었다. 한국교회의 강점은 성령의 역사에서 찾을 수 있으며, 그 영향력으로 세계 공통 언어인 영어 설교를 사용하여 복음을 전하기에 이르렀다.

이토록 성령은 한국의 전통사회가 다양한 사회로 경험하게 되면서 외국인 복음전도를 향해 그 비전을 품고 영혼구원의 결실을 맺도록 해주셨다. 지금의 우리나라 국내에 거주하는 외국인은 비공식까지 합치면 200만명 가까이 되는데, 그 사회 구성원을 단일 언어로는 복음의 확장이 불가능하다. 이런 차제에 「이중-언어 영한 설교집」을 허락해 주신 것은 다문화사회를 복음으로 품으라는 명령으로 믿고 싶다.

배수영 목사가 저술한 본서를 기꺼이 추천하면서, 복음전도 대 위임령 Evangelical Great Mandate을 현 시대에 효과적으로 전하도록 본 「이중-언어 영한 설교집」은 사명을 잘 감당하는 유능한 도구가 될 줄 믿는다.

한국은 더 이상 전통적인 단일 사회가 아니다. 국내 거주 150만 외국인을 수용하는 다민족 사회로 변화되어가고 있다. 이것은 세계의 '지구촌Global village' 시대의 흐름 속에서 자연적인 상황이라고 보아야 한다.

과거 교회 역사 속에서 사도 베드로가 전했던 복음의 역동성과 범위, 또한 사도 바울이 전했던 복음의 역동성과 범위는 내용적으로는 똑같은 복음이지만 질적 양적으로는 엄청난 차이가 있다. 사도 베드로의 이스라엘을 중심으로 한 국내國內사역과 사도 바울의 로마를 중심으로 한 국외國外사역은 우리에게 차별화를 보여주고 있다.

그 원인으로 선교에 대한 비전과 전략이 서로 달랐던 것인데, 바울의 "한번 복음이 전해진 곳에는 복음을 전하지 않겠다."는 것이었다. 그는 자신이 태어나고 성장하면서 경험되어진 '타문화'에 대한 이해와 접목을 쉽게 받아들였다. 아울러 자연적으로 습득된 '다민족 언어'와 타국에서의 적응력이 바로 그것이다. 그래서 기독교에서는 사도 바울을 오늘 세계 선교의 전무후무한 선교적 모델을 삼는 이유이다.

하나님이 인간에게 표기문자를 주셨는데, 성경이라는 계시물이다. 그것을 받은 우리는 이를 잘 선용하여 그리스도의 십자가 사건을 널리 알리는 사역이 예수님의 마지막 지상명령을 완수하는 것이다. 설교는 많은 소리로 한계적인 상황 속에서 전달된 것이지만, 그러나 그것을 엄선하고 다듬어서 최종적으로 글자가 종이에 기록된 책으로 발행한 것이다.

따라서 본서는 자문화인 한글과 타문화인 영어로 함께 묶어 하나님 말씀을 세계 무대로 내놓는 배수영 목사의 「이중-언어 영한 설교집」을 기쁘게 추천하고 싶다. 하나님의 나라 확장의 역사가 강하게 일어나길 바란다.

| 책 앞에 오는 글 |

■ 구속운동을 발생시켜야 한다!

우리의 인류 역사를 영적 안목으로, '두가지 면Two side' 으로 볼 수 있습니다. 하나는 '세속성Secularity'의 역사의 단면이며, 다른 하나는 '구속성Redemptional'의 역사의 단면으로서 '거룩성Holiness'입니다. 세속사가 전개되는 과정과 현대의 현상학적인 상황이 하나님의 구속운동을 요구하게 되었습니다. 이런 필요에 '이중 언어를 사용하여Bilingually' 만든 영한 설교집인 「나의 인생 조언자The Mentor of My Life」가 그 역할에서 한 모퉁이라도 감당해 줄 것입니다.

■ 기독교가 대안 - 위기를 기회로

서구 신학자들은 현대를 '후 현대성Post-modernity'의 시대로 정의하고 있습니다. 이 시대의 특징은, 우주의 기본적 개념의 붕괴로서 '도덕적 기준의 붕괴', '인간성 붕괴', 덮쳐오는 신지식에 대한 '자신감 붕괴'라고 미국 드류대학교 신학교수인 토머스 오딘Thomas C. Oden이 말했습니다. 그러나 부정적인 후 현대성에서 '기독교가 특별한 문을 열 수 있는 기회의 시대'로 보았습니다. 하나님께서는 세계 민족과 국가들을 지명하여 일찍이 기독교 복음이 그들에게 임한 것을 볼 수 있습니다.

■ 코리안 처치 - 흩어진 한국인

한반도 국가인 조선에 복음이 스며들고 서구 선교사들의 복음 사역에 힘입은 결과, 불과 1세기만에 국내에 5만 여의 교회와 1,000만에 가까운 성도의 교세를 확보한 것입니다. 그 교회의 세력勢力이 이제 세계 각 곳에 흩어지게 되었습니다. 그리고 '지구촌Global village' 시대에 접어든 세계 속에서 한국인들은 자국自國 영토를 벗어나 '흩어진 한국인Korean Diaspora' 들로서 세계 어느 민족과 어떤 사회적 상황 속에 자리하게 되었습니다.

■ 하나님 공동체를 책임진 사람들

　세속사회의 문화文化 가운데 예수 그리스도를 믿는 사람들은 그리스도인으로서, '강요된 주변성Forced Marginality'과 '중간성Limitary' 속에서 하나님의 교회 공동체로서 하나님의 교회요, 하나님의 나라를 책임진 사람들입니다. 그리고 하나님께서 위임하신 명령을 책임진 사람들로서 본 「이중 언어 영한 설교집」과 더불어 사명의 책임을 다하리라 다짐합니다.

■ 지구촌 시대 - 의로운 외침

　세계는 하나의 정보 문명으로 일일생활권으로 발전하게 되었습니다. 개별 국가의 단위를 초월하여 세계통합주의世界統合主義, globalism 사상으로, 하나의 통합체 개념으로 자리했습니다. 이 세계 속의 한 통합체 상황에서 언제나 하나님 나라의 백성들이 주창主唱한 것처럼, 의로운 외침을 계속해야만 합니다.

■ 희망과 두려움의 갈림길에서

　오늘, 이 「이중-언어 영한 설교집」은 희망과 두려움의 갈림길인 현대사회의 구원을 위해서 그 대상자들에게 동기를 부여하고 결단하도록, 깊은 생각, 의로운 외침의 소리를 내보내는 사명에 최선을 다할 것입니다.
본 「이중-언어 영한 설교집」은 다문화적인 차원에서 영어와 한글, '이중-언어를 사용하여Bilingually' 복음적인 역동성과 거룩성의 최대 강점을 살려서 하나님이 기뻐하시는 복음의 병기가 될 것을 약속합니다.

> "주님과 함께 사랑합시다!" - "Loving together the Lord!"
> "주님과 함께 동행합시다!" - "Going together the Lord!"
> "주님과 함께 일합시다!" - "Working together the Lord!"

복음의 빚진 종 배 수 영

| 본서의 강점 |

"혼자서 이중-언어, 즉 영어와 한글로 **동시 설교가 가능!**"
"본서의 어느 한 편을 선택해도 **영문 설교**가 즉석에서 가능!"

1. 한국사회는 150만 명 이상의 외국인Foreigner이 함께 거주하는 '다민족국가The multiracial nation'로 변모해 가고 있다. 이럴 때, 그들의 복음화를 위해 유용한 도구로 쓰임 받는 의의 병기로 쓰임 되기 위해 본서는 '이중 언어를 사용한Bilingually', 영어English와 한글Korean 언어로 설교를 구성되었다.

2. 설교 각 편의 구성에 있어서 먼저 영어로 한 문장을 만들었으며, 그 밑에 한글로 번역을 해 놓았다. 어떤 문장은 직역Literal translation을, 어떤 문장은 의역Free translation으로 꾸몄다. 만약 영어로 설교할 때는 영어 문장만 참고하여 설교할 수 있으며, 이중 언어로 설교할 때는 영어와 한글로 동시에 설교할 수 있게 했다.

3. 본서의 영어성경의 성구 인용은 NIV(New International Version)에서 옮겨 사용했고, 한글성경의 성구 인용은 개역개정판(대한성서공회)을 사용했다.

4. 본서의 전체 설교 중 절반 정도가 구어체口語體, 나머지 절반 정도는 문어체文語體이다. 구어체인 것은 청중에게 더 쉽게 가까이 다가서도록 한 것이며, 문어체인 것은 영어 설교의 형식을 모범적으로 제시한 것이다.

5. 본서의 내용에 있어서 어떤 설교는 전문숲文 설교로 꾸며져 있으며 어떤 설교는 요약적인Out line 설교로 꾸며져 있다. 그리고 본문 설교, 주제 설교, 구속사적 설교, 절기 설교, 특별 설교 등으로 꾸며져 있다.

6. 본서의 간지와 여백 페이지 하단에 달아놓은 '격언'들은 '일용할 양식Our Daily Bread'(오늘의 양식사)에서 인용하여 실었다.

7. 각 편의 설교 하단에 해당 페이지의 중요한 영어 단어와 간단한 숙어를 달아 놓았다. 따로 사전을 사용하지 않고 본서만으로도 영어, 한글 설교가 가능하다.

"By giving people the power to share.
We're making the world more transparent."

"사람들에게 공유할 수 있는 힘을 줌으로써
우리는 세상을 더욱 투명하게 만들 수 있다."

목차 Table of Contents

PART 1 God's Blessings   17
1부 하나님의 축복

In good times and bad, God is our safe resting place.
좋을 때든 나쁠 때든 하나님은 우리의 안식처가 되신다.

PART 1

God's Blessings
하나님의 축복

"Sacrifice for the kingdom of God is never without reward."
"하나님 나라를 위한 희생은 항상 보상을 받는다."

Chapter 1

God Bless Me and Give Me a Lot of Land!
복에 복을 더하사!

1 Chronicles 4:9-10 / 역대상 4:9-10

9 Jabez was more honorable than his brothers. His mother had named him Jabez, saying, "I gave birth to him in pain."

10 Jabez cried out to the God of Israel, "Oh, that you would bless me and enlarge my territory! Let your hand be with me, and keep me from harm so that I will be free from pain. And God granted his request.

9 야베스는 그의 형제보다 귀중한 자라 그의 어머니가 이름하여 이르되 야베스라 하였으니 이는 내가 수고로이 낳았다 함이었더라

10 야베스가 이스라엘 하나님께 아뢰어 이르되 주께서 내게 복을 주시려거든 나의 지역을 넓히시고 주의 손으로 나를 도우사 나로 환난을 벗어나 내게 근심이 없게 하옵소서 하였더니 하나님이 그가 구하는 것을 허락하셨더라

Enter up
들어가면서

1 Chronicles: Chapter 1-9
Israel people from Israel was brought back
as a prisoner in Babylon subjects record.
역대상 1-9장까지 이스라엘에서 출발한 이스라엘 백성들이 바벨론에
포로로 잡혔다가 돌아온 기록입니다.

Each tribe for genealogy records for the people of
Hebrews, Jabez belonged to the tribe of Judah.
히브리 민족의 각 지파들에 대한 계보를 기록하는데,
야베스는 유다 지파에 속하는 한 족속의 사람입니다.

1 Chronicles: Chapter 2-4
The sons of Judah is David's pedigree by recording
to introduce.
역대상 2장-4장까지 다윗의 혈통이었던 유다의 자손들의
이름을 기록하여 소개하고 있습니다.

Today the text is Jabez was describe his prayer
specifically. Above all, God is sending to us, a message through Jabez.
야베스는 특별히 자신의 기도를 소개합니다. 무언가
하나님께서 야베스를 통해 말씀하고자 하십니다.

✋ **1st ┃ Jabez was more honorable than his brothers**(verse 9).
 첫째 ┃ 야베스는 그의 형제 중에 존귀한 자였습니다(9절).

People receive honor while during their lives. But it's not in a moment.
사람이 삶을 살아가는 중에서 존귀함을 얻습니다. 그러나 이것은 한 순간에
얻어지지 않습니다.

It's when it's given by God.
존귀함을 얻는 것은 종국에 하나님 도움을 받을 때입니다.

Honorable* is not just given to anyone. It's not with effort, money, authority, good personality*.
존귀함이란 아무에게 주어지는 것이 아닙니다. 노력해도, 돈으로도, 권력으로도, 성격이 좋아도, 스스로 되는 것도 아닙니다.

How do receive honor?
어떻게 존귀함을 얻을 수 있습니까?

God provides* of honor.
하나님이 존귀함의 공급자이십니다.

Everything is possible through God.
그분이 인정해 주고, 도와주셔야 모든 일이 가능합니다.

How can this be recognized by God?
무엇으로 하나님의 인정을 받을 수 있습니까?

It's recognized* by our personalities and lives.
그것은 우리의 인격과 삶을 인정받는 것입니다.

What's kind of personality and life can provide recognition? You need God's guide.
인정을 받기 위한 어떠한 인격과 삶이 필요합니까? 하나님의 인도하심이 있어야 합니다.

Jabez was more honorable than his brothers. His mother had named him Jabez, saying. "I gave birth to him in pain."
야베스는 다른 형제들보다 귀중한 자였습니다. 그의 이름은 야베스였습니다. 그의 어머니는 말했습니다. "그를 고통 중에 낳았다."고 했습니다.

'**Jabez**' name meaning is 'great pain*'. It's from 'achave' Jabez had overcome* pain.
'**야베스**' 라는 이름은 고통을 뜻하는 '아차브' 에서 유래되었습니다. 그의 존귀는 '고통의 댓가' 라고 볼 수 있습니다.

---

honorable 명예로운, 고결한, 존경할만한, 훌륭한
personality 인격, 성격, 사람, 개성
provide 제공하다, 공급하다, 준비하다

recognized (사회의)받아들여진, 공인의
great pain 큰 고통, 견디지 못할 고통, 극심한 고난
overcome …을 극복하다, …에 이기다, …을 압도하다

Jabez had overcome essential pain through birth pains.
야베스는 고통스런 출생을 통해 근본적인 고통을 이겼습니다.

"His mother had named him Jabez, saying, I gave birth to him in pain."
"그 어머니가 이름하여 야베스라 하였으니 이는 내가 수고로이 낳았다 함이었더라"고 했습니다.

Jabez overcame national pain.
야베스는 민족적 고통을 극복했습니다.

Israel and Jabez experienced* captivity by Babylonians* for 70 years.
바벨론 포로 70년 동안 이스라엘과 야베스는 극심한 고통을 받았습니다.

They had to overcome a bigger pain than other nations. This is Israelites*' pain.
이것이 이스라엘의 민족적인 고통입니다. 그들은 타 민족보다 더 큰 고통을 극복했습니다.

This pain is not overcome through avoid it. They lost their country ethnically*.
이 고통은 이스라엘 백성 누구나 피하거나 약식으로 그 고통을 극복할 수가 없습니다.

People were scattered* and, home, family rushed into the midst of the war and died.
전 민족적으로 나라를 잃고, 민족이 흩어지고, 가정, 가족이 전쟁의 와중으로 내몰려 죽어갔습니다.

Also, it's the properties destroyed* and looted, as well as.
또 전 재산이 파괴되고 약탈을 당하기도 했습니다.

There's not other pain like this in the world.
이 보다 더 큰 고통이 세상에는 없을 것입니다.

Jabez overcame pain through his birth, his nation.
야베스는 출생을 통해, 민족과 나라를 통해 이 고통을 다 이겼습니다.

 experienced 경험 있는, 겪었다, 받았다, 숙련된
Babylonian 바빌로니아 제국의, 바빌로니아인
(babylonian captivity 바빌로니아 포로)
Israelite 이스라엘 사람, 하나님의 선민,
고대 이스라엘 백성(an Israelite)

ethnically 민족적으로, 민족(학)적(말하면)…
scattered 뿌려진, 흩어져 있는, 산만한
destroy 파괴하다, 파기하다, 훼손하다
(destroy oneself 자살하다, 자신을 파멸하다)

"Praiseworthy*! honorable Jabez!"
"장하다! 존귀한 자, 야베스여!"

Jabez has overcome pain through his life.
야베스는 그의 이름과 살아온 인생의 삶으로 고통을 극복했습니다.

And Jabez was respected by people surrounding* him.
그리고 야베스는 주변의 모든 사람에게 존경받는 자가 되었습니다.

Who are we today?
오늘 우리는 누구입니까?

Everyone, what kind existence do you want to live in this world?
여러분, 도대체 이 땅 위에서 어떤 존재로 살아가길 바라십니까?

Would please must be live like Jabez.
야베스 처럼 살아가야만 합니다.

We're experienced distress by double triple, so let's overcome pain to live.
우리는 이중 삼중으로 난리를 겪고 나서도, 고통이 친구처럼 찾아오는 우리들의 삶을 봅시다.

It's extreme distress with double triple in our life's this world brings pain to our lives. Because It's the world.
우리들의 삶에서 고통이 이중 삼중으로, 또다시 고통이 즐겨 찾아오는 구조로 되어있습니다. 이것이 세상이기 때문입니다.

But however severe pain, repetitive* pain, God's will find and heal the pain.
그러나 아무리 심각한 고통, 반복적인 고통이라도, 그 고통을 겪고 나면 하나님의 치유가 물밀듯 찾아옵니다.

So, who helps overcome another pain? Only God himself.
그래서 또 다른 고통을 이기게 하시는 분은 누구십니까? 오직 하나님, 한 분 밖에 없습니다.

And only God makes you to be honorable.

praiseworthy 칭찬할 만한, 갸륵한, 훌륭한　　repetitive 반복적인, 되풀이하는, 반복성의
surrounding 둘러싸는, 주변의, 관련된, 환경, 측근

그리고 하나님만이 나를 존귀하게 해 주십니다.

Therefore only through God's power and help, my life and existence must be honor.
그러므로 오직 하나님의 힘, 그분의 도우심으로 속절없이 나의 삶과 존재가 존귀하게 됩니다.

God recognizes honesty for himself.
하나님께서는 자신의 인생에 충실한 사람을 인정하십니다.

This leads to the honor of God.
하나님이 그를 존귀한 데까지 이르게 하십니다.

> **Would you remember that "Jabez was more honorable than his brothers"**
> 여러분! 기억하시기 바랍니다. "야베스는 그의 형제보다 귀중한 자라."

✋ 2nd | Pray to God's blessings and enlarge territories(verse 10).
둘째 | 하나님의 복을 구하며 지역을 넓힙시다(10절).

Jabez is knew clearly to have received God's blessing of the way.
야베스는 분명히 하나님의 축복을 받는 통로를 아는 사람이었습니다.

In the text verse 10, that's the Jabez's prayer. He's pray is to get more blessings for his blessings.
본문 10절에, 야베스의 간절한 기도가 그것입니다. 그가 하나님 앞에서 받은 복 위에 복을 더 달라고 구하는 기도입니다.

It's not a simple blessing but it's **'the all-weather blessing'**. Receiving blessing by God is not easy.
단순한 복이 아니라 **'전천후 복'**을 구합니다. 한 번의 복을 구하는 것이 쉬운 것 같지만 사실상 어렵습니다.

But Jabez asks for **the all-weather blessing.**
그런데 야베스는 **전천후 복**을 구하고 있습니다.

> **"Bless me and give me a lot of land····."**
> "내게 복에 복을 더 하사 나의 지경을 넓히시고····."

Who can find the all-weather blessing?
누가 이런 전천후 복을 구할 수 있습니까?

People has with God's grace, Jabez do properly desire to the all-weather blessing.
하나님의 은혜를 받아본 사람, 야베스가 당연히 구하는 복이 전천후 복입니다.

As Jabez was going through pain, **"Let your hand be with me, and keep me from harm."**
야베스는 고통 중에 있을 때, **"주의 손으로 나를 도우사 나로 환난을 벗어나 내게 근심이 없게 하옵소서."**

What does he realize? Jabez was going through pain.
야베스는 고통을 겪으면서 깨닫는 것이 있었습니다. 무엇입니까?

That he realizes God gives blessing through pain, so, he asks for "God's blessing and **the all-weather blessing***!"
그것은 고통을 통해 복을 주시는 분이 하나님이라고 합니다. 그래서 그는 마음껏 "하나님 복을 주옵소서, **전천후 복**을 주옵소서!"

God gives anything that is blessing and you're the way of blessing.
하나님은 어떤 복도 주시며, 당신을 축복의 통로라고 하십니다.

Jabez believed in the right receiving God's blessings.
야베스는 복을 구하면 당연히 주시는 하나님이시라고 믿습니다.

He is the man of blessing. How solid is he?
그는 축복의 사람입니다. 얼마나 당당한 사람입니까?

So he is type of person who can enlarge* territories.
그래서 이런 사람만이 지경을 넓힐 수 있는 사람입니다.

What's the territory? It's the spiritual territory*. It's the fleshly* territory.
어떠한 지경일까요? 이것은 영적 지경입니다. 육신의 장막까지를 말합니다.

Tell us not about any one side of the territory.
어느 한쪽의 지경이 아니라고 말합니다.

We know it's to the spiritual territory and the fleshly territory.

---

the all-weather blessing 하나님의 전천후 복의, 절대적인 복
enlarge 확대하다, 확장하다, 늘리다, 상세하게 설명하다

territory 영토, 지역, 영역, 세력권
spiritual territory 영적 지경, 종교적인 영역
fleshly 육감적인, 관능적인, 육체적인

우리는 알아야 합니다. 이것은 영적인 지경과 육적인 지경까지를 말하고 있는 것입니다.

One time for those who pray to God to enlarge the blessings. Expect* this kind of person is to become a healthy christian.
한꺼번에 넓히는 축복을 하나님께 당연히 빌 줄 아는 사람입니다. 바로 이런 사람이 건강한 성도가 되는 것입니다.

The Bible say, Act 1:8, "But you will receive power when the Holy Spirit comes on you; and you will be my witnesses in Jerusalem, and in all Judea and Samaria, and to the ends of the earth."
사도행전 1:8절은 말합니다. "오직 성령이 너희에게 임하시면 너희가 권능을 받고 예루살렘과 온 유대와 사마리아와 땅끝까지 이르러 내 증인이 되리라."

So, tell us 3 John 1:2, "Dear friend, I pray that you may enjoy good health and that all may go well with you, even as your soul is getting* along well."
또 요한삼서 1:2절은 우리에게 말합니다. "사랑하는 자여 네 영혼이 잘됨 같이 네가 범사에 잘되고 강건하기를 내가 간구하노라."

3rd | Pray for Lord's help to keep from harm(verse 10).
셋째 | 주의 도움의 요청으로 환난을 벗어나도록 기도합시다(10절).

Living until this the world, pain and sorrow, but also joy is given.
이 세상을 살아가는 동안에 모든 사람에게 고통과 슬픔, 즐거움이 모두 주어졌습니다.

Therefore given to Jabez with tribulation* and carefree* so when came us,
그러므로 야베스에게 주어진 환난과 근심이 우리에게 주어질 때,

we'll pray like Jabez **"Let your hand be with me, and keep me from harm so that I will be free from pain."**
우리는 야베스처럼, **"주의 손으로 나를 도우사 나로 환난을 벗어나 내게 근심이 없게 하옵소서."** 라고 기도해야 합니다.

TIP
expect 예상하다, 기대하다, 생각하다
get 받다, 얻다, 걸리다, 가지다, 알아듣다
("As good as you can get" "가능한 한 좋은")
('get about' '돌아다니다')

tribulation 시련, 고난, 재난
carefree 걱정(근심)이 없는, 태평한, 속 편한(↔careworn)
trouble-free 고장이 없는, 문제가 일어나지 않는

We're saved and we're God's people, but not yet living a trouble-free*
and care-free life like the kingdom of God now.
지금 우리는 구원 받은 하나님의 백성으로서 환난과 근심이 없는 하늘나라에
살지 못하고 있습니다.

We're God's people but still in this world.
우리는 하나님의 백성이지만 이 땅에 거주하고 있습니다.

Request help only from God. Because it's not other people's responsibility*.
당연히 우리가 요청하는 도움은 하나님께만 해야 합니다. 이것은 남의 일이
아니기 때문입니다.

So when there are problems, request help only from God.
내가 문제와 어려움을 당할 때, 하나님께 도움을 요청해야 합니다.

This can do that because I have to live without spoil.
이렇게 하는 것은 내가 망하지 않고 살아야 하기 때문입니다.

Your problems have to be solved through God's help. This is the
subject* of our prayer.
그 사는 길은 오직 하나님의 도움을 요청하여 해결을 받아야 삽니다. 바로 그
것이 우리의 기도제목입니다.

What can keep me from tribulation?
무엇에서 환난을 벗어나야 합니까?

Yourself, family, and church are the way.
그것은 자신과 가정과 교회가 환난을 벗어나야 합니다.

When do we have to pray?
우리는 언제 기도해야 합니까?

Necessitate* this prayer anytime, anywhere and anybody.
언제나, 어디서나, 누구나 이런 기도가 꼭 필요합니다.

Until when? Until the Lord's second coming.
언제까지 입니까? 주님께서 다시 오실 때까지 입니다.

---

 responsibility 책임, 의무, 담당, 임무   necessitate 필요로 하다, 필수적으로 하다,
subject 주제, 과목, 대상, 주어, 받게 하다   요(要)하다

God watches over your coming and going now and forever more.
하나님이 지켜주시면, 여러분의 출입이 지금부터 영원히 지속됩니다.

Amen!
아멘!

Chapter 2

The Lord will Protect His People
주께서 그의 백성을 보호하신다

Psalms 121:1-8 / 시편 121:1-8

1 I lift up my eyes to the hills -- where does my help come from?

2 My help comes from the LORD, the Maker of heaven and earth.

3 He will not let your foot slip -- he who watches over you will not slumber;

4 indeed, he who watches over Israel will neither slumber nor sleep.

5 The LORD watches over you -- the LORD is your shade at your right hand;

6 the sun will not harm you by day, nor the moon by night.

7 The LORD will keep you from all harm -- he will watch over your life;

8 the LORD will watch over your coming and going both now and forevermore.

1 내가 산을 향하여 눈을 들리라 나의 도움이 어디서 올까

2 나의 도움은 천지를 지으신 여호와에게서로다

3 여호와께서 너를 실족하지 아니하게 하시며 너를 지키시는 이가 졸지 아니하시리로다

4 이스라엘을 지키시는 이는 졸지도 아니하시고 주무시지도 아니하시리로다

5 여호와는 너를 지키시는 이시라 여호와께서 네 오른쪽에서 네 그늘이 되시나니

6 낮의 해가 너를 상하게 하지 아니하며 밤의 달도 너를 해치지 아니하리로다

7 여호와께서 너를 지켜 모든 환난을 면하게 하시며 또 네 영혼을 지키시리로다

8 여호와께서 너의 출입을 지금부터 영원까지 지키시리로다

People is absolutely* require help.
인간은 절대적으로 도움이 필요한 존재입니다.

It's very hard to live a life by yourself.
사람은 혼자서 세상을 살아가기가 매우 힘들 수밖에 없습니다.

We have to seek help.
우리는 도움의 대상을 찾아야 합니다.

We are continuously* and endlessly seeking help.
도움이 될만한 그것들을 계속적으로, 쉼도 없이 끝도 없이 찾고 있습니다.

Why do we seek help?
왜 이렇게 도움의 대상을 찾아야 합니까?

So what are we talking about here?
여기서 도움의 대상이라면 무엇을 말하는 것입니까?

This is not the same quality* with you.
이것은 여러분과 동질의 대상을 말하는 것이 아닙니다.

This is not talking about your spouse or your friends.
또 배우자나 동료, 친구를 말하는 것이 아닙니다.

Who can help to us?
그렇다면 우리의 절대적 도움은 누구입니까?

Where does help come from?
그 도움은 과연 어디서 오는 것입니까?

This Psalmist* tells us that help comes from God.
우리가 그렇게 원하는 도움은 언제든지 하나님께로부터 온다고 시편 기자는
말합니다.

Afresh* how is God?
새삼스럽지만 하나님은 어떤 분이십니까?

absolutely 절대적으로, 전혀, 완전히, 물론, 정말로   psalmist 찬송가 작자, 다윗 / 시편 기자
continuously 계속해서, 끊임없이, 지속적으로   (the Psalmist)
quality 품질, 자질, 특성, 고급의   afresh 다시, 신규로

What did God create*? He is created the heaven and the earth.
하나님은 무엇을 만드셨습니까? 하늘과 땅을 보란듯이 만드신 분입니다.

Therefore, God did creation heaven and earth, so God's wisdom is great.
하나님은 하늘과 땅을 지으셨으니 확실히 그분의 능력은 이 세상 가운데 가장 위대한 것입니다.

Today's Scripture*, how God can help us?
오늘 성경은 하나님이 우리를 어떻게 돕겠다고 말씀합니까?

Today the text verse 3 "He will not let your foot slip."
본문 3절에 "너를 실족하지 아니하게 하겠다"고 합니다.

We fall often with the existence* of the tumbler*.
우리는 자주 넘어지는 존재에 불과합니다.

God helps me stand in dangerous situations.
위험스러운 상황 가운데서 오히려 나를 세우시겠다고 합니다.

So God protects us. God never sleeps in order to protect us.
또 우리를 보호해 주시겠다고 합니다. 하나님은 우리를 보호하시기 위해서 졸지 않으시겠다고 합니다.

We are vulnerable*, therefore God always protects us.
우리는 자주 넘어지는 존재라서 하나님이 더욱 절실합니다.

We fail at times, therefore God always protects us.
우리는 때때로 실패하는 존재라서 하나님이 절실하기만 합니다.

We give up easily, therefore God always protects us.
우리는 간혹 포기를 잘하는 존재라서 하나님이 더욱 절실합니다.

What makes us fall and give up?
그렇다면, 무엇이 우리를 넘어지고 포기하게 만듭니까?

---

 create 창조하다, 제작하다, 생산하다
Scripture 성경, 경전 / The Bible(성서)
existence 존재, 현존(생존), 실체

tumbler 곡예사, 텀블러, 체조 선수
vulnerable 취약(연약)한, 영향받기 쉬운,
　　　　　위기에 처한

Our weaknesses* and circumstances*.
그것은 우리의 약한 존재가 지닌 모든 조건이 그렇게 만듭니다.

Following power, materialistic* ways are some examples.
맹목적으로 따르는 권력이 되기도 하고, 평생 끝없이 갈망하는 재물이 되기도 하고, 누구나 추구하는 출세가 되기도 합니다.

Who can help and protect us?
그렇다면 누가 우리를 세우거나 지켜줄 수 있습니까?

Only God can keep us from our failures and give up.
잘 넘어지고 실패하고 포기 잘하는 우리를 세우실 대상은 오직 하나님 한 분 뿐입니다.

God safety protects our family, health, estate*, talent.
하나님은 우리의 재산, 건강, 재능, 가정, 가족, 조건들을 안전하게 지켜주십니다.

God protects and set up us from temptations* and distress*.
하나님은 우리를 시험과 유혹에서, 환난에서 매우 강하게 세우십니다.

Therefore God's protection is absolutely necessary us.
그러므로 진정 우리에게 하나님의 보호가 절대 필요합니다.

Today scripture verse 5 tell. What's does this mean? "The LORD is your shade at your right hand."
본문 5절은 말합니다. "여호와께서 네 오른쪽에서 네 그늘이 되신다."는 말이 무슨 뜻입니까?

This means, 'God is your protector.'
이 뜻은 '하나님은 당신의 보호자' 라는 말입니다.

God is our protector but God is also our complete protector.
하나님은 우리의 보호자이시며, 당신의 완전한 보호자라는 말입니다.

---

weakness 약점, 취약점, 약함
circumstance 상황, 환경, 사정, 정황
materialistic 유물론의, 실리주의의, 유물론적인
estate 재산, 소유권, 계급, 사유지(부동산)

temptation 시험, 유혹/ repel temptations
(유혹을 물리치다)
distress 고통, 환난(편안치 않은), 걱정, 스트레스

So Go is no overflow* nor shortage*.
하나님은 넘침도 부족함도 없으시다는 것입니다.

Your parents, siblings* and friends can't completely protect you, only God can.
당신의 부모, 형제, 가족, 친구들이 결코 당신의 완전한 보디가드가 되지 못합니다.

If you make a mistake,
만약 당신이 실수하여 손해를 볼 때,

Your parents, brothers, and friends can't completely help you of the damages.
당신의 부모, 형제, 친구들이 지금 옆에서 도울 수 없다는 것입니다.

Therefore, we are same and not different.
그러므로 우리는 서로 똑같은 처지입니다. 조금도 다를 것이 없습니다.

This is not about who's better or who's smarter.
누가 더 낫고 더 똑똑하고 더 실력이 있는 것이 아닙니다.

God works to protect your lives.
하나님께서는 오직 당신만을 위해서 일하십니다.

No matter where you are, what mistakes, or whatever situation you are in,
당신이 어디에 있든지, 어떠한 손해를 입든지, 어떤 상황에 처하든지,

Only God can completely protect you.
오직 당신을 보호하시는 분은 하나님 한 분뿐입니다.

Verse 6, what is the meaning of this? "The sun will not harm you by day, nor the moon by night."
본문 6절은 무슨 뜻입니까? "낮의 해가 너를 상하게 하지 아니하며 밤의 달도 너를 해치지 아니하리로다."

All human live on the earth cannot be protected from damages from the sun and the moon.
지구상에 거주하는 전 인류는 결단코 해와 달로 인해 입게 되는 상해로부터

 overflow 넘치다, 범람하다, 가득 차다, 마음이   shortage 부족, …난(難), 결핍
…으로 넘치다   sibling 형제 자매, 동기(형제)간

보호받을 수 없다는 것입니다.

We cannot be any protected from human science, knowledge.
인간이 만든 과학으로부터, 문명으로부터, 지식으로부터 우리는 어떤 보호도 받지 못합니다.

Therefore, nothing in the world can provide stability* and safety like God can only.
그러므로 이 세상의 어떤 힘이 우리를 평안하도록 해 주지 못하지만 하나님만 해 주십니다.

Only God to be survive* to us.
오직 우리를 하나님이 생존하게 해 주셔야 합니다.

In verse 8, "the LORD will watch over your coming and going both now and forevermore*."
본문 8절에, "여호와께서 너의 출입을 지금부터 영원까지 지키시리로다."

Also, this word God's the promise* with he will watch over forevermore to us.
이 말씀도 하나님께서 우리를 꼭 지키시리라고, 지금부터 영원까지 지켜주신다는 약속입니다.

How precious is the promise of God?
이 얼마나 고귀한 하나님의 약속입니까?

God will protects you from coming and going.
하나님께서 당신의 들어오고 나가는 일들을 안전하게 보장해 주신다고 합니다.

God protects your's family, health, estate, talent, and happiness.
당신의 삶, 가정, 가족, 재물, 건강, 재능, 성공 등 행복의 조건들을 지켜주십니다.

God will protect us until the second coming* of Jesus Christ.
이 모든 조건을 예수 그리스도께서 다시 오실 때까지 지켜주십니다.

---

stability 안정, 안전, 평정
survive 살아남다, 생존하다, 견디다
promise 약속하다, 공약하다, 유망

forevermore 영구히, 영원히, 금후
the second coming 재림(그리스도), 두 번째 오신다

Where should you look for help?
여러분은 도움을 어디서 찾고 있습니까?

When looking your's help comes soon from God.
당신에게 필요한 도움을 하나님으로부터 찾을 때, 빨리 찾을 수 있습니다.

If you receive help from God,
만약 여러분이 하나님의 도움을 받는다면,

your future and life will be filled with the grace and success in the Lord.
여러분의 인생과 여러분의 미래가 주님의 은혜 가운데 성공으로 가득 채워질 것입니다.

Amen!
아멘!

"Dear God, please give me the strength to go against the flow of this world."
"하나님, 제게 이 세상의 흐름에 대항하여 나갈 수 있는 힘을 주소서."

Chapter 3

The Prayer for Three Kinds of Promises
세 가지 약속을 위한 기도

3 John 1:2 / 요한3서 1:2

2 Dear friend, I pray that you may enjoy good health and that all may go well with you, even as your soul is getting along well.

2 사랑하는 자여 네 영혼이 잘됨 같이 네가 범사에 잘되고 강건하기를 내가 간구하노라

Today, we'll talk about these three kinds.
오늘은 세상 속에서 형통하는 3가지를 고찰해 보겠습니다.

'Doing well' means, "Work is doing well!", or "Work is going well!" or "progress favorably*!" and that's 'prosper'.
'형통하다' 는 말을 다른 말로 표현하면, "일이 잘되고 있다!", "일이 잘되어 간다!" 혹은 "유리하게 진행되다!" '번영하다' 라는 말입니다.

Therefore all people very like these words.
그래서 '형통하다' , '잘 된다' 라는 말을 모든 사람이 매우 좋아합니다.

Nobody dislikes the word 'prosperous*' in the world.
'형통'을 싫어하는 사람은 세상에 단 한 사람도 없습니다.

Maybe do you not like to prosper and be prosperous?
혹시 당신은 형통하고 번성하고 번영하는 것을 싫어합니까?

I like prosperous hopes and because all most people either succeed or failed.
나 역시 형통을 소망하고 매우매우 좋아합니다. 대부분의 사람들은 삶을 살아가는데 있어서 성공하거나 아니면 실패하기 때문입니다.

How does the text describe* the three kinds of prosperous aspects?
본문은 3가지 형통을 어떻게 말하고 있습니까?

So let's look into these three kinds of blessings.
하나님의 축복 3가지를 말씀을 통하여 자세히 살펴보겠습니다.

First, your soul is doing well.
첫째, 당신의 영혼이 잘되는 것입니다.

Second, your life is doing well.
둘째, 당신의 범사가 잘되는 것입니다.

Third, your health is doing well.
셋째, 당신의 건강이 튼튼해지는 것입니다.

---

 favorably 호의적으로, 좋게, 순조롭게, 유리하게   describe 묘사하다, 설명하다, 표현하다, 기술하다
prosperous 형통한, 번영(번창)하는, 성공한

Who can provide the three kinds of prosperous lives?
누가 우리를 위해 세 가지 형통을 기도해 주겠습니까?

Only One's can do the intercession* of prayer these three kinds.
이 세상 가운데 중보기도를 본질적으로 하실 분은 한 분뿐입니다.

That's one who between God and people by the intercession for our prayers.
그 한 분은 오직 우리와 하나님과의 중간에서 기도로 중보해 주고 계십니다.

We can receive to the intercession of that whose and God's blessings* from God.
우리는 그 누구의 중보기도 때문에 하나님으로부터 오는 축복을 받을 수 있습니다.

We're surely must God's prosper with the hardly life of this world.
우리는 수고로운 삶에서 반드시 하나님의 형통을 입어야 할 것입니다.

The Prayer For Your
One, Jesus prays for your soul to do well.
하나, 당신의 영혼이 잘되기를 예수님께서 기도하십니다.

Let's look into prayer of Jesus and it's issue very important.
이 사안은 대단히 중대한 문제로서 예수님의 중보기도를 살펴보겠습니다.

What do we need to do in order for our souls to prosper?
우리의 영혼이 형통되려면 어떻게 해야 합니까?

Now, this prayer can't just be done by anybody.
현재, 그것은 그 누구도 당신을 위해 기도해 주지 않습니다.

Only the Lord can pray for your souls.
오직 이 문제는 주님께서만 당신의 영혼을 위해서 기도해 주고 계십니다.

Jesus Christ loves to pray for you.
예수 그리스도는 당신을 위해 기도하기를 매우 좋아하십니다.

---

 intercession 중재(중개), 탄원, 중보   God's blessings 하나님의 축복(들)

Christ's prayer* is for you to prosper all.
그리스도의 기도는 오직 당신을 위한 모든 것이 형통하기 위한 것입니다.

Jesus always was prays for you!
예수님은 항상 당신을 위해 기도해 주십니다!

The world is still not familiar* of praying for others.
세상 사람은 기도하는 일이나 남을 위해 기도하는 일을 모릅니다.

This is because they don't know God and they don't believe in God
왜냐하면 그들은 하나님을 믿지 않거나 모르기 때문입니다.

Therefore they do not pray for you.
그러므로 세상 사람이 당신을 위해 기도해 주지 않는 것입니다.

However, the one and only Jesus is interested in your success.
그래서 당신을 위한 주님의 관심과 기도가 있기 때문에 당신은 성공에 가까워지는 것입니다.

Jesus Christ is prays for your souls by the intercession.
이것은 예수 그리스도께서 당신의 영혼을 위해서 중보기도해 주시기 때문입니다.

Jesus continues pray and in the heavenly God's the throne of right*.
지금도 예수님께서는 하늘 보좌 우편에서 중보기도 하시는 일을 끊임없이 계속하고 계십니다.

How wonderful is this blessing?
우리에게는 이 얼마나 감사하고 축복된 일입니까?

Therefore, although we praise God day by day, we still lack thankfulness.
그러므로 우리는 날마다 하나님께 찬양해도 그분에 대한 감사가 부족합니다.

Let's thanks and praise Jesus with applaud* together.
여러분! 감사와 찬양으로 그리고 박수로 예수님께 올려 드립시다.

 Christ's prayer 그리스도(예수)의 기도
familiar 익숙한, 친숙한, 낯익은, 잘 아는

God's the throne of right 하나님의 보좌(왕좌)의 오른쪽
applaud 박수치다, 환호(환영)하다, 칭찬하다

The Prayer For Your
Two, Jesus prays for everything to go well.
둘, 당신의 범사가 잘되기를 예수님께서 기도하십니다.

Jesus prays for our everyday situations.
예수님께서는 우리를 위하여 범사에 관한 기도를 해 주고 계십니다.

This is in reference* to all aspects of your lives.
여기서 당신의 범사라고 하는 것은 세상에 관계된 모든 일이라고 정의하고 있습니다.

Does this mean it's not about your soul, yours the worldly things.
이 말은 당신의 영혼에 관한 일이 아니고 당신의 세상에 관한 일이 됩니다.

God's order of blessing starts with soul, next is physical*.
하나님의 축복의 순서는 먼저 영혼의 문제이며, 그 다음은 육신에 관한 범사의 문제입니다.

When the soul does well, everything is does well.
영혼의 문제가 형통하면 반드시 범사가 형통하게 되어 있습니다.

And last your's health is about our today's the word called for us.
그리고 마지막은 건강에 대한 문제라고 오늘 말씀은 밝히고 있습니다.

About everything is the physical all things.
범사에 관한 문제는 육신적인 모든 범위를 말하는 것입니다.

Build up your relationship with God and next our soul.
우리의 영혼 문제 다음으로 범사에 하나님과의 관계를 설정하십시오.

If your soul does well, everything of blessing follows* to us.
당신의 영혼이 잘되면, 모든 축복의 조건들이 범사에 차례차례로 우리에게 찾아오게 됩니다.

Don't you hope for everything to do well?
당신은 혹시 모든 일이 잘되기를 바라지 않습니까?

If you don't hope for things to go well, that person has given up on life.

reference 참고, 추천서, 참고문헌(관련 자료), 인용   follow 따르다, 뒤를 잇다, 따라가다, 지켜보다,
physical 신체(육체)의, 물리의, 육체의, 건강진단   추구하다

만약 형통하기를 원하지 않는다면, 그 사람은 자신의 인생을 포기한 사람입니다.

Never give up your life.
당신의 인생을 절대 포기하지 마십시오.

Never give up your hope.
당신의 희망을 절대 포기하지 마십시오.

Never give up your hopes for prosperity.
누구든지 여러분의 희망이나 형통을 절대 포기하지 못하게 하십시오.

People are always marching for their success and happiness.
대부분의 사람들은 자신의 인생에서 성공과 행복을 잡으려고, 미래를 향하여 부지런히 행진합니다.

I hope you continue to build your wonderful relationship with God.
하나님과의 선한 관계를 잘 맺어 가기를 바랍니다.

You are the relative to God and the children and the people for this relationship.
이 관계를 위하여 당신이 하나님과의 자녀 관계나 백성의 관계를 맺게 되는 것입니다.

Let God direct your the owner* in my life.
하나님이 나의 인생에서 주인이 되도록 하십시오.

Your life handle must be delegated* to the Lord.
여러분의 인생 핸들을 주님께 위임해야만 합니다.

Would you God drive to your life, you should arrange* for your life.
하나님이 당신의 인생을 끌고 가도록 의뢰하길 바랍니다.

You trust God design your life.
하나님이 당신의 인생을 디자인하시게 하십시오.

Only God driven you, itself* is really happy.
하나님께서 당신을 이끄셔야만, 그 자체가 진정한 행복입니다.

owner 주인, 소유자, 토지소유자(land lord)   arrange 정리하다, 준비하다, 계획하다, 마련하다
delegate 위임하다, 대표, 대의원, 사절   itself 자신, 자체, 스스로, 저절로

If so, your life is live into the time table of God*.
그래서, 여러분의 인생은 하나님의 간섭하심 안에서 살게 됩니다.

The Prayer For Your
Three, Jesus prays for your health.
셋, 예수님께서 당신의 건강을 위해 기도하십니다.

Healthy living in this modern society is very important.
건강 문제는 우리의 현대생활에서 더 없이 중요한 문제입니다.

Modern civilization is making us less and less healthy, but there are more pathological* factors.
현대 문명의 이기는 우리를 갈수록 건강하게 만들어 주는 것 같지만, 더 병적인 요인이 많습니다.

Jesus sincerely prays for the wellness* of your health.
당신이 건강하게 사는 것을 예수님께서도 간절히 중보기도 하고 계십니다.

But You like hope for hopes for prosperity by health,
그러나 당신이 건강으로 형통하며 행복하기를 원하지만,

Jesus has to help and guide you, this can't be done on you own.
당신의 인생 속에서 스스로 형통해 질 수는 없습니다.

Your health has to do well in order for everything else to go well.
여러분은 건강해야 만이, 범사가 하나님 안에서 형통한 축복이라고 할 수가 있습니다.

Would please pray those three kinds of blessings.
한번 하나님의 축복 3가지를 만들어 보십시오.

First, your soul has to do well.
첫째, 당신의 영혼이 잘되는 것입니다.

Second, everything in your life has to do well.
둘째, 당신의 범사가 잘되는 것입니다.

Third, your health has to do well.

the time table of God 하나님의 시간표
pathological 병리학의, 병리상의, 병적인

wellness 건강, 호조, 건강관리

셋째, 당신의 건강이 튼튼해지는 것입니다.

It's the bible say these are the blessing of God and the correct order.
이것이 하나님의 완전한 축복이요, 올바른 순서라는 것을 성경이 가르쳐 주고
있습니다.

Chapter 4

Be the Supplier God
공급자 되신 하나님

Isaiah 55:1-3 / 이사야 55:1-3

1 Come, all you who are thirsty, come to the waters; and you who have no money, come, buy and eat! Come, buy wine and milk without money and without cost

2 Why spend money on what is not bread, and your labor on what does not satisfy? Listen, listen to me, and eat what is good, and your soul will delight in the richest of fare

3 Give ear and come to me; hear me, that your soul may live. I will make an everlasting covenant with you, my faithful love promised to David.

1 오호라 너희 모든 목마른 자들아 물로 나아오라 돈 없는 자도 오라 너희 는 와서 사 먹되 돈 없이, 값없이 와서 포도주와 젖을 사라

2 너희가 어찌하여 양식이 아닌 것을 위하여 은을 달아 주며 배부르게 하 지 못할 것을 위하여 수고하느냐 내게 듣고 들을지어다 그리하면 너희가 좋은 것을 먹을 것이며 너희 자신들이 기름진 것으로 즐거움을 얻으리라

3 너희는 귀를 기울이고 내게로 나아와 들으라 그리하면 너희의 영혼이 살 리라 내가 너희를 위하여 영원한 언약을 맺으리니 곧 다윗에게 허락한 확실한 은혜이니라

We are all thirsty* people.
우리는 모두 목마른 사람들입니다.

So the Lord has invited us to a thirsty right now.
그래서 주님께서는 목마른 우리들을 초청하고 계십니다.

The people who live on this land, which anyone* who is not thirsty people.
어느 누구든지 이 땅 위에 사는 사람들은 목마르지 않은 사람이 없습니다.

Also, people from Uganda Africa, aren't you in Korean because of your thirsty from struggles*?
아프리카의 우간다 피플, 여러분도 멀리서 여기 한국까지 온 것도 목마른 삶이기 때문이 아닌가요?

Here it's tell us, thirsty life mean is very difficult life and very pain life.
여기서 목마른 삶의 의미는 매우 힘든 삶과 매우 고통스러운 삶을 말하고 있습니다.

Therefore, our thirst to solve this only God should go forward.
그러므로 우리의 목마름이 해결되려면 오직 하나님 앞으로 나아 가야합니다.

How would you be able to get out before God?
어떻게 하나님 앞으로 나갈 수 있습니까?

For more information about how God going forward with the money can't go.
하나님 앞으로 나아 가는 방법은 돈으로 갈 수 없습니다.

Also you will not be able to go into the power and knowledge.
또한 힘으로, 지식으로도 갈 수 없습니다.

The one thing that can get out to God you must believe in Jesus.
하나님께로 나갈 수 있는 한 가지는 당신이 예수를 꼭 믿어야 하는 것입니다.

Only way is through God's the salvation* and giving with going toward God.
오직 하나님이 베푸시는 구원으로만 그분 앞에 나갈 수 있습니다.

thirsty 목이 마른, 갈증이 난, 갈망하는   struggle 투쟁하다, 애쓰다, 분투하다,
anyone 어느 것이든 하나(의), 누구든지 한 사람(의)   어려움을 겪다, 싸움
                                             'God's the salvation' '하나님의 구원'

Therefore, we have came forward to God through God's gift as a saviour.
그래서 우리는 모두 예수를 믿어 구원을 얻은 후, 하나님 앞으로 나왔습니다.

So I and you has automatically at faithful coming forward there after.
그래서 나와 여러분이 구원을 얻었을 때, 하나님 앞으로 자동적으로 나왔습니다.

What are God's blessings after God's gift to us by our saved*?
우리가 구원 얻었으므로 하나님께서 우리에게 베푸시는 축복이 무엇입니까?

Salvation through belief offers eternal life* and resurrection*.
믿음으로 얻는 구원 안에는 부활과 영생의 축복이 있습니다.

Resurrection is living in the world and after rise up from the death.
부활은 이 세상에서 살다가 죽은 후, 마지막 부활이 있다는 것입니다.

We must believe in our resurrection, so you to must believe in resurrection.
우리는 모두 나중에 부활할 것이고, 당신도 나중에 부활할 것을 꼭 믿어야만 합니다.

What think about eternal life?
영생을 생각할 때 그 영생이 무엇이라고 생각합니까?

That's living with God in the kingdom of heaven* after the resurrection.
그것은 부활한 후, 하나님과 함께 영원히 천국에서 사는 것입니다.

This is how we received our the great redemption without money and price.
이렇게 우리는 구원을 얻었고, 그 위대한 구원을 돈 없이, 값없이 얻었습니다.

Redemption is our a great blessing and it's make us happy.
구원은 위대한 축복입니다. 그리고 위대한 축복은 우리를 행복하게 해 준다는 것입니다.

Then, what is the right blessing and happiness?
그렇다면, 무엇이 올바른 축복이고, 무엇이 올바른 행복입니까?

"God's gift to us by our saved"
"우리의 구원으로서 하나님의 선물"
resurrection 부활, 되살아남, 그리스도의 부활

eternal life 영생, 영원한 삶
the kingdom of heaven 하나님의 나라(왕국),
천국

I cannot make up the right blessing and happiness for myself.
내가 스스로 올바른 축복이나 행복을 만들어 낼 수 없습니다.

We cannot just find the right happiness as we please because it would not be a prosper blessing.
만약, 우리가 얼마든지 진정한 행복을 찾거나 만들어내는 것은, 형통하는 축복이 아닙니다.

When it comes to human greatness is a blessing, it just has to come from God.
인간에게 위대함을 주는 축복, 만족은 꼭 하나님이 공급해 주셔야 합니다.

Anything given by God is a really blessing to us.
하나님이 공급해 주시는 것은 무엇이든지 우리에게는 축복이 됩니다.

That God makes us healthy, gives us joy, and liberates us.
하나님께서 우리를 건강하게, 유쾌하게, 자유롭게 해 주십니다.

So The Lord is saved us with would please follow to Lord Jesus Christ.
그러므로 주님께서는 우리에게 구원을 베푸셨습니다. 주 예수 그리스도를 따라가십시오.

So your live for the Lord and owe it to the purpose.
당신의 삶의 주인으로 삼고 그분을 목적하며 살아가십시오.

If, when Jesus Christ is the master with your life's everything becomes sufficient*.
만약에, 예수님이 당신의 삶의 주인이 되신다면, 당신의 삶은 모든것이 풍성해 집니다.

Millions of people die from hunger* each year.
이 지구상에는 해마다 약 수백만 명이 굶어 죽어갑니다.

Everyday tens and hundreds of people die from guns in America.
미국은 총에 맞아 죽는 사람이 열흘마다 몇 백명씩이나 됩니다.

Many people die from alcohol, drugs*, and AIDS*.
알콜에 죽는 사람, 마약에 죽는 사람, 에이즈에 죽는 사람 등 수없이 많이 있습니다.

 sufficient 충분한, 만족스러운
hunger 배고픔, 굶주림, 기아, 갈망
drug 마약, 약, 약물, 약품 / 중독성 환각제
    (hard drug)

AIDS 에이즈
(acquired immune deficiency syndrome
후천성면역결핍증)

Why do people have to die this way, on curse, disease* and poverty*?
왜 이렇게 사람들이 저주와 질병과 가난 속에 죽어 갑니까?

Human being's greed and materialism becomes your pain.
인간들이 갖고자 하는 탐욕, 인간들이 욕심내는 물질들은 인간들에게 고통을 줍니다.

Greed and materialism is not enough and not fulfill your happiness.
탐욕과 물질주의 그것들로는 절대로 인간을 만족시키거나 행복하지 못하게 합니다.

The world can give us pain, disappointment* and death.
우리가 살아가는 이 세상은 우리에게 고통과 절망과 죽음만 제공합니다.

But to be the supplier God*, and only man is fulfill our happiness.
그러나 축복의 공급자가 하나님이 될 때, 인간은 만족하고 행복할 수 있습니다.

Therefore we can only fill our hunger through God supply.
그러므로 인간은 오직 하나님이 공급하시는 것으로만 배부를 수 있습니다.

What can God supply us? Faith, hope, love in salvation.
하나님이 공급하시는 것은 무엇입니까? 구원 안에 있는 믿음과 소망, 사랑입니다.

These cannot be compared because it's eternal, comfortable* and joy us.
그것은 이 세상 무엇과도 비교할 수가 없는 영원한 것, 평안한 것이기 때문에 우리를 행복하게 해 줍니다.

Do you sincerely* want to fill your hunger and be comfortable eternally?
당신이 이 세상에서 진정으로 영원히 배부르고 영원히 평안히 쉬고 싶습니까?

Your life is not yours. Let Jesus control your life*.
여러분의 인생을 예수님이 통치하게 하십시오. 당신의 인생은 단순히 당신의

disease 질병(병), 질환, 병폐(부패)
poverty 빈곤, 가난, 가난에 시달린
　　　　(poverty-stricken)
disappointment 실망, 낙담
the supplier God 공급자 하나님

comfortable 안락한, 기분 좋은, 쾌적한
sincerely 진심(진정)으로, 진지하게, 성실히
"Jesus control your life"
"예수님이 당신의 인생을 통치하신다"

것이 아닙니다.

Let Jesus driven your life*, your time, your thing.
예수님께서 우리의 인생, 우리의 소유, 우리의 시간을 운행하게 하십시오.

We all standing on coming new year
우리 모두는 다가오는 새해를 맞이하고 있습니다.

We're has put belief in faith to Jesus
우리 모두는 예수님을 믿는 믿음을 가지고 있습니다.

Let's all going with a hope from belief in Jesus.
믿음 안에서 예수님께 소망을 두고 그분과 함께 걸어갑시다.

And succeed your purpose with the Lord.
그리고 주님과 함께 사랑으로 목적한 일을 성공적으로 이루길 바랍니다.

God is the supplier of great us. our necessity fill up anytime, anything and anywhere.
하나님은 우리의 위대한 공급자이십니다. 필요한 무엇이든지, 어디서든지 시간마다 공급해 주십니다.

God very likes giving us. any times, any things, any wheres.
하나님께서 언제나, 무엇이든지, 어디에서나 우리에게 베푸시길 너무나 좋아하십니다.

Let's all find glory and to be the great people of God*.
자, 우리 모두 예수님 안에서 승리합시다. 위대한 하나님의 백성이 됩시다.

And let's all share the glory and praise forever the Lord.
그리고 이 영광을 서로 나누며 주님께 영원히 찬송하며 삽시다.

Amen!
아멘!

Let us pray together.
자, 다함께 기도합시다.

"Jesus driven your life"
"예수님이 당신의 인생을 이끄신다"

'the great people of God'
'위대한 하나님의 백성'

Lovely God, Oh our the Lord!
Our God is the great supplier
You like supply us, the Lord.
We can only fill through the Lord
We want to your blessings
giving any times, any things, any wheres.
Jesus name, Amen!

사랑하시는 하나님, 우리의 주님이시여!
우리 하나님께서는 위대한 공급자이십니다.
우리에게 공급하시기를 즐겨하시는 주님,
주님을 통해서만 우리가 채워질 수 있습니다.
언제든지, 무엇이든지, 어디서든지
우리가 주님의 축복을 원합니다.
예수님 이름으로 기도합니다. 아멘!

"Build your own dreams, or someone else will hire you to build theirs."
- Farrah Gray
"꿈을 가져라, 그러면 누군가 그것을 이루도록 당신을 고용할 것이다."
- 파라 그레이

Chapter 5

This is a Profound Mystery!
이 비밀이 크도다!

Ephesians 5:31-33 / 에베소서 5:31-33

31 "For this reason a man will leave his father and mother and be united to his wife, and the two will become one flesh."

32 This is a profound mystery-but I am talking about Christ and the church.

33 However, each one of you also must love his wife as he loves himself, and the wife must respect her husband.

31 그러므로 사람이 부모를 떠나 그의 아내와 합하여 그 둘이 한 육체가 될 지니

32 이 비밀이 크도다 나는 그리스도와 교회에 대하여 말하노라

33 그러나 너희도 각각 자기의 아내 사랑하기를 자신 같이 하고 아내도 자 기 남편을 존경하라

The first group is family.
세상 최초의 그룹 단위는 가정입니다.

The family is formed, through marriage.
그 가정은 혼인을 통해서 이루어 졌습니다.

Who created the system of marriage?
누가 혼인의 제도를 만들었습니까?

God made marriage*.
바로 하나님이 만드셨습니다.

Therefore, today, marriage* is important.
그러므로 오늘날, 결혼하는 것은 둘도 없이 중요한 대안입니다.

The institution of marriage is the basic in this world, there is no other than this.
이 결혼제도는 세상의 기초적인 그룹 단위이며, 이 단위 외에 다른 대안은 없습니다.

The Bible says*, this is the civil way only.
이 방법만이 바른 대안이라고 성경은 말하고 있습니다.

Through marriage, they help each other.
결혼하므로 부부가 서로 돕는 배필이 됩니다.

This is the purpose of marriage.
이것은 결혼의 목적을 이루는 것입니다.

What is today's lesson teaching us?
오늘 본문의 말씀은 어떤 교훈을 가르쳐주고 있습니까?

👑 **1st | Build family through marriage, family becomes through God's mysteries**(verse 31).
첫째 | 결혼으로 가정을 세우고 그 가정은 하나님의 비밀로 싸이게 됩니다(31절).

God created man. God's ministered the marriage of Adam and Eve.

 God made marriage 하나님이 제정한 결혼   "The Bible say us" "성경은 우리에게 말한다"
marriage 결혼, 혼인, 부부 관계

하나님은 사람을 창조하셨습니다. 하나님의 창조 사역 중에 아담과 하와를 결혼하게 하셨습니다.

And God has been exposed to the mysterious* relationship of their marriage.
그리고 그 결혼은 신비로운 관계에 접하게 되었습니다. 가정을 이룬 부부는 가정의 일원이 되었습니다.

And they have children.
그리고 자녀를 낳고 양육합니다.
Those children grow into adulthood* and live independently.
그 자녀는 성인으로 성장하여 부모 곁을 떠나게 됩니다.

This is the process* of marriage that forms a family.
바로 이런 과정들을 통하여 결혼으로 골인하게 됩니다.

However*, it does not end in marriage.
그러나 결혼으로 끝나는 것이 아닙니다.

They're again meet marriage partner to form a family and become one body spiritually*.
다시 결혼 상대를 만나서 가정을 이루므로 하나의 육체가 되는 것입니다.

It's mysterious how two people become one body spiritually.
두 사람이 한 육체로 존재한다는 것이 신비스러운 것입니다.

Two bodies, but must become one, two thoughts, but must become one.
몸은 둘이지만 하나여야 하며, 생각은 둘이지만 하나여야 합니다.

Two souls, but must become one.
영혼도 둘이지만 하나입니다.

Although* there are two movements, the movements become one.
따라서 행동도 둘이지만 하나의 행동으로 나타나게 되는 것입니다.

Therefore the mysteriousness is not strange.
그러므로 가정의 신비는 이상한 상식이 아닙니다.

It's an entirely different concept.

mysterious 신비의, 불가사의한, 비밀(미지)의
adulthood 성인기, 성인임, 성인
process 과정, 절차, 가공하다, 공정
However 그렇지만, 아무리 …해도

spiritually 영적으로, 종교적으로, 정신적으로
although 비록…이지만, …임에도 불구하고, …이지만

전혀 다른 개념입니다.

It is 1(one)+1(one)=1(one), 100(one hundred)+100(one hundred)
=1(one), 1000(one thousand)+1000(one thousand)=1(one).
이것은 1(하나)+1(하나)=1(하나) / 100(백)+100(백)=1(하나) / 1000(천)
+1000(천)=1(하나)라는 것입니다.

Here this is the number that '1'(one) is mystery that belongs to God*.
여기 이것, '1' (하나)라는 숫자는 하나님께 속하는 신비스러움을 말하고 있습
니다.

Therefore God's number is '1'(one).
그러므로 하나님의 숫자는 '1'(하나)입니다.

The numbers from concept of the human 1+1=2 / 100+100=200 /
1000+1000=2000.
인간의 숫자의 개념은 1+1=2 / 100+100=200 / 1000+1000=2000입니다.

However, there are a number of concepts of God,
그러나 하나님의 숫자의 개념은,

However numbers are combined, it's just 'one'.
아무리 많은 숫자들을 합해도 '하나' 밖에 안 된다는 것입니다.

This is God's mysterious way.
이것이 하나님의 비밀스러운 것입니다.

People live in the concept of large numbers than christians.
세상 사람들은 그리스도인들보다 많은 숫자 같은 소유를 가지고 살아갑니다.

There are conflicts*, troubles, violences*, fights, hostilities*.
그리고 저들은 갈등, 분쟁, 충돌, 투쟁, 적개심 등으로 서로 반목하고 있습니다.

They have a lot to live peacefully, but run into conflicts.
저들은 많은 것을 가지고 평화롭게 살아가야 하는데도 서로 갈등한다는 것
입니다.

However, God's number 1 does not.
그러나 하나님의 숫자 1은 그렇지 않습니다.

So, Christians can live different life styles.

belong to God 하나님께 속함
conflict 갈등, 분쟁, 충돌, 투쟁

violence 폭력, 충돌 / 성폭행(범죄, sexual violence)
hostility 적개심, 적대, 전쟁, 반대

그리스도인들은 세상 사람들과 다르게 살아야 합니다.

So, Christians can live peacefully with little possession*.
그래서 그리스도인들은 적은 소유를 가지고 평안하게 살아가야 합니다.

Smallness* and humbleness* has God's mystery.
적은 량과 겸손은 하나님의 신비를 간직하고 있습니다.

Although one of the small amount, praying gives a lot of amounts.
비록 하나는 적은 양이지만 기도하면서 사용하면 많은 양을 허락해 주십니다.

Show gratitude about small things and God gives bigger things.
적은 것을 가지고 감사하면 더 큰 것까지 우리에게 주십니다.

Although it is small, if you have the power of God,
비록 작지만 하나님의 능력을 가지고 있으면,

God brings big miracles* to us.
큰 기적까지 우리에게 허락해 주시는 분이 하나님입니다.

Today this family is has small amount and starting towards this rough world.
오늘 이 가정은 적은 양을 가지고 험한 세상을 향해 출발합니다.

God know their condition and their situation,
하나님께서 이들의 형편과 처지를 아시고,

Surely God will fill up their blessings.
반드시 축복으로 풍성하게 채워주실 것입니다.

Therefore the existence of mysterious family compare Jesus Christ and the church.
그러므로 가정의 신비스러운 존재를 예수 그리스도와 교회에 비유할 수 있다는 것입니다.

The Church is not just for one member. Church is where many goes together.
교회는 혼자만 있는 곳이 아닙니다. 많은 사람들이 서로 함께 가는 곳입니다.

Today, attended guests* are the witnesses of marriage formed through church.

 possession 소유, 재산, 영토   "God brings big miracles"
smallness 미소, 왜소, 빈약, 적은 량   "하나님이 큰 기적을 허락하신다"
humbleness 겸손함, 변변치 않음, 보잘것없음   attended guests 참석한 손님들, 내빈들

오늘 참석한 내빈들은 결혼의 증인이면서 오늘 교회로 이루어진 모임입니다.

And as witnesses, your on the same path we're going together groom and bride*.

그리고 여기 참석한 증인들로서, 새롭게 가정을 이루는 신랑과 신부와 함께 가는 것입니다.

We have to be the sponsors of their marriage. As a sponsor, pray, cheer, and help.

우리는 새 가정을 이룬 저들의 후원자가 되어야 합니다. 마땅한 후원자로서 기도, 격려, 응원, 갈채를 보내주어야 합니다.

Next, remember that "Time flies!"
다음은 "시간은 날아간다!"라는 말을 기억해 봅니다.

As the groom and bride live their married lives, they guide each other through love.

신랑 신부가 결혼하여 오랜 세월을 친구 같이 보내다 보면, 애인 같이 사랑하는 배필로 함께 가는 것입니다.

Come to, compared with other couples "Time flies*!" like a friendship be piled up*.

그러다보면, 다른 부부에 비해 시간이 날아 간 것 같이 우정이 배이게 됩니다.

Always guide each other and go to heaven together.

그런 배려로 앞으로 천국까지 함께 가야 합니다.

The life their going to live is as follows, this is "Time is life*!".

이들이 앞으로 살아갈 삶의 철학은 다음 같은 것들입니다. 이것은 "시간은 삶이다!" 라는 것입니다.

But although with small things, thinking "Time is money*!" is not the way to find happiness.

그러나 우리는 비록 적은 양을 가지고 있지만, "시간은 돈이다!"라는 것을 좇아 살면 행복해 진다고 생각하지만, 그렇게 살면 안 됩니다.

Please must be live a life with "Time is life!"

반드시 "시간은 삶이다!" 라고 살아가시길 바랍니다.

groom and bride 신랑과 신부	'Time is life!' '시간은 생명(삶)이다!'
piled up 쌓이다, 배이다	'Time is money!' '시간은 돈이다!'
'Time flies!' '시간은 날아간다!'	

Would you please live "Time is life!". Would you please not live "Time is money!".

여러분 "시간은 삶이다!" 라고 하면서 살아가십시오. 그리고 "시간은 돈이다!" 라며 살지 마십시오.

2nd | The mysteries of marriage is helping each other (verse 33).

둘째 | 결혼의 신비는 서로 돕는 배필로서 품격적 관계를 유지하게 합니다(33절).

By helping each other, marriage is unshaken*.
이것은 서로 돕는다는 말이며, 그래서 흔들리지 않는 신비의 원리입니다.

Today the text verse 9 say about the groom and bride.
오늘 본문 말씀 9절이 우리와 신랑 신부에게 말씀하고 있습니다.

Husband loves his wife and protects her body like his own.
남편에게는 아내를 사랑하라고 합니다. 사랑하되 그의 아내를 내 몸처럼 하라는 것입니다.

Man is the giver. So he who loves his wife also loves himself*.
남자는 주는 사람입니다. 자기 아내를 사랑하는 자는 자기를 사랑하는 것 같이 주라는 것입니다.

Wife respects her husband.
아내는 남편을 존경하라고 합니다.

Wife respects his body like her body.
아내에게도 역시 존경하되 내 몸처럼 하라고 요구합니다.

Woman is the receiver*. So she who loves her husband also loves herself*.
여자는 받는 사람입니다. 자기 아내를 사랑하는 자는 자기를 사랑하는 것 같이 하라는 것입니다.

Love each other as you love yourself, and understand each other.
이것은 서로 사랑의 대상을 자기처럼 여기며, 인정하고, 이해하고 알아주라는 것입니다.

TIP unshaken 흔들리지 않는, 단호한, 부동의   receiver 수신자, 수신(수화)기, 리시버
himself 자신(그), 스스로, 자기, 혼자, 직접   herself 그녀 자신, 본래의 그녀, 정상적인 그녀

Respect each other as you respect yourself*, and understand each other.
이것은 서로 존경의 대상을 자기처럼 여기며, 인정해 주고 알아주라는 말입니다.

As husband and wife*, you have to live in this rough world*.
이들은 남편과 아내로서 험한 세상을 함께 살아가야 합니다.

🖐 3rd | Here are few things to follow.
셋째 | 다음의 몇 가지를 함께 꼭 지켜가야 할 것입니다.

First, heal to wounds* of each other.
첫째, 상처를 서로 치유하면서 살아가십시오.

Second, find blessing of each other.
둘째, 축복하면서 살아가십시오.

Third, build happiness for each other.
셋째, 행복을 만들면서 살아가십시오.

Fourth, overcome discouragement with each other.
마지막으로, 좌절을 극복하면서 살아가십시오.

And make a happy family.
그리고 행복하고 달콤한 가정을 만들어 가십시오.

To be husband and wife live a sweet life designed by God*.
하나님이 디자인하신 당신의 달콤한 가정을 만드십시오.

Live in the purpose of God*.
하나님 안에서 목적이 이끄는 부부가 되십시오.

 yourself 당신 자신(스스로)   "heal to wounds" "상처를 치유하다"
"As husband and wife…" "남편과 아내로서…"   "designed by God" "하나님이 디자인하셨다"
this rough world 이 험한 세상   the purpose of God 하나님의 목적

60 The Mentor of My Life

PART 2

Our Mission
우리의 사명

All of God's promises are backed by His wisdom, love, and power.
하나님의 모든 약속 뒤에는 그분의 지혜와 사랑과 능력이 있다.

Chapter 6

We Will Be Diaspora!
디아스포라가 되자!

Acts 13:1-3 / 사도행전 13:1-3

1 In the church at Antioch there were prophets and teachers: Barnabas, Simeon called Niger, Lucius of Cyrene, Manaen (who had been brought up with Herod the tetrarch) and Saul.

2 While they were worshiping the Lord and fasting, the Holy Spirit said, "Set apart for me Barnabas and Saul for the work to which I have called them."

3 So after they had fasted and prayed, they placed their hands on them and sent them off

1 안디옥 교회에 선지자들과 교사들이 있으니 곧 바나바와 니게르라 하는 시므온과 구레네 사람 루기오와 분봉 왕 헤롯의 젖동생 마나엔과 및 사울이라

2 주를 섬겨 금식할 때에 성령이 이르시되 내가 불러 시키는 일을 위하여 바나바와 사울을 따로 세우라 하시니

3 이에 금식하며 기도하고 두 사람에게 안수하여 보내니라

God give us today "the All in Worship for Mission"
하나님께서 오늘 우리에게 "선교올인예배"를 허락해 주셨습니다.

Thanks God so much, we'd like to do best glorify God*.
하나님께 감사드리며 최선을 다해 모든 영광을 올려드립니다.

The Lord's grace comes* our church members.
주님의 은혜가 여러분 가운데 임하실 것입니다.

Today, I'll preaching "To be Diaspora*!" by text word.
오늘 본문을 중심으로 "디아스포라가 되자!" 라는 제목으로 말씀을 증거하려
고 합니다.

Would please get the Lord's grace and shalom.
주님의 은혜와 평강이 넘치시기를 바랍니다.

One, Mission
Only to be Diaspora for the Lord(Acts 13:1-3).
하나, 주님을 위한 디아스포라가 되어야 합니다(사도행전 13:1-3).

We can see Paul and Barnaba are send to the world by support* Antioch
church in today's the text.
우리는 오늘 본문에서 바나바와 바울이 안디옥 교회에 후원으로 파송되는 장
면을 볼 수 있습니다.

Finally, so Paul and Barnabas missionary* like to be Diaspora.
결국 바울, 바나바도 디아스포라가 된 사명자임을 알 수 있습니다.

This 'Diaspora' word is toward hometown of the Heaven.
'디아스포라'의 단어는 하늘나라를 고향으로 하는 것입니다.

And this Diaspora meaning symbolic for on the churches with the
world.
이 땅 위에 흩어져 있는 교회들을 상징적으로 나타내는데 사용하고 있습니다.

Let all us when spiritual see will be Diaspora believe for the Lord,
여기에 모인 모든 사람은 영적으로 볼 때, 주님을 위한 디아스포라가 되어야

"to do best glorify God"
"하나님께 최선을 다해 영광 돌린다"
"the Lord's grace comes"
"주님의 은혜가 임한다"
support 지지하다, 지원하다, 뒷받침하다, 돕다

missionary 선교사, 선교의, 전도의
Diaspora 흩어짐, 이산한 타국의 유대인,
그 나라들, 한국인 디아스포라
(Korean Diaspora)

할 사람들입니다.

Only knowing to doing(recognition) following to Jesus Christ.
예수 그리스도의 뜻을 알고 인정하고 따라야할 것입니다.

Paul is be Diaspora for the Lord only.
바울은 주님을 위한 디아스포라였습니다.

Paul like to be Diaspora and he do that mission to Minor Asia* and Rome.
소아시아와 로마의 선교를 위해 바울은 주님을 위한 디아스포라가 된 것입니다.

And he like do that the Lord's grace deliver to many people they'll to be other Diaspora.
그리고 많은 사람을 은혜 받게 하여 또 다른 디아스포라를 만들었습니다.

So Barnabas be Diaspora for the Lord.
바나바도 주님을 위한 디아스포라였습니다.

Barnabas like sold his self possessions.
바나바는 자신의 소유를 다 팔았습니다.

He do bring to who the people, he want to be Diaspora.
사도들에 발 앞에 두고 세상의 나그네, 즉 디아스포라가 되기를 기뻐했던 사람입니다.

And he send another area of the Lord's witness.
그리고 그는 주님의 증인이 되기 위해 다른 곳으로 파송을 받습니다.

Today, I and you take out yours burden in the world,
오늘 저와 여러분은 세상에 있는 짐과 소유를 다 벗어 놓고,

only like be Diaspora, It's be the man toward spiritual goal.
디아스포라, 오직 영적인 것만 목표로 하고 사는 인생이 된 사람들입니다.

It's do not agreement* not enough faith and not enough spiritual and Lord's knowledge.

 Minor Asia 소아시아　　　　　　　agreement 합의, 협정, 계약, 동의

여기에 동의하지 못하는 것은 믿음이 없거나 영적인 지식이 부족하기 때문입니다.

The Bible say winner to be Diaspora(Hebrew 11:33-38).
성경은 디아스포라가 된 사람들을 승리자라고 합니다(히브리서 11:33-38).

So the Bible say only, to be Diaspora people is do that glorify the Lord and spiritual holy life.
디아스포라가 된 사람들은 주님의 영광을 위하여 영적인 거룩한 삶을 살려고 힘썼습니다.

Dispersed people is wined by faith enemy of all nation.
주님을 위하여 흩어져야 했던 사람들은 믿음으로 모든 나라와 대적들을 이겼다고 말합니다.

Who's that for faith and for the Lord, put up with persecution and dangerous,
누가 믿음을 위하여, 주님을 위하여 이 시대에 이 엄청난 핍박과 위험을 무릅쓰고,

so to be Diaspora must go to the world and give up life for the Lord?
아니 생명을 걸고 주님을 위한 디아스포라가 되어 세계로 갈 수 있습니까?

It's the great purpose and goal today.
이것이 오늘의 최대의 목적이며 명제입니다.

We'll like to be Diaspora for the Lord(Isaiah 6:8).
저와 여러분도 주님을 위한 디아스포라가 되어야 합니다(이사야 6:8).

The Lord when looking want to yours Diaspora,
주님께서 당신을 위한 디아스포라를 원하시고 찾으실 때,

"Oh Lord I'm here, send me*!", do you like say to that.
"주여 내가 여기 있나이다. 나를 보내소서!" 할 수 있기를 간절히 소원합니다.

Two, Mission
You must to be Diaspora for the souls(Acts 13:1-3).

 "Oh Lord I'm here, send me!" "주여 내가 여기 있나이다. 나를 보내소서!"

둘, 영혼을 위한 디아스포라가 되어야만 합니다(사도행전 13:1-3).

**Paul is be Diaspora his life hang up to soul
(2 Corinthians 12:15, Romans 9:1-3).
바울은 영혼에 목숨 건 디아스포라였습니다
(고린도후서 12:15, 로마서 9:1-3).**

Paul was be Diaspora save to do soul with he give up his life.
바울은 영혼 구령을 위해 목숨을 던졌던 디아스포라였습니다.

God looking for the soul of people with paid his blood at last time.
하나님께서 마지막에 당신의 피 값을 지불하시고 찾으시는 것은 사람들의 영혼입니다.

Becoming we have Lord's grace to be Diasporas for the souls.
마땅히 주님의 은혜를 받은 저와 여러분이 영혼들을 위한 디아스포라들이 되어야합니다.

**So Barnaba is to was Diaspora his life dedicate to the souls.
바나바도 영혼을 위해 인생을 던진 디아스포라였습니다.**

Lovely there*, would pray you save to souls in the world.
사랑하는 성도 여러분, 세상 영혼들의 구원을 위해 기도하시기 바랍니다.

You dedicate for The Lord's souls and there's salvation with His the kingdom of God* and righteousness*.
하나님의 왕국과 그분의 의를 위하여 주님께서 자신의 생명같이 아끼고 사랑하는 영혼 구령을 위해 인생을 투자하십시오.

You must hope the glorify of God and Impression of the Holy Spirit*.
하나님의 영광과 성령의 거룩한 감동의 역사를 바라십시오.

**Also, Jesus is be Diaspora deliver to the souls(Luck 15:1-7).
예수님도 영혼 구원을 위한 디아스포라이십니다(누가복음 15:1-7).**

"Lovely there!" "사랑스러운 여러분!"
The kingdom of God 하나님의 나라, 천국, 의로운 왕국

righteousness 의로움, 하나님이 인정하는 의, 정직, 고결
the Holy Spirit 성령, 삼위 하나님의 성신, 하나님의 영

Only Jesus came here, It's for redemptive of souls.
예수님께서 이 땅에 오신 이유는 영혼 구원을 위함입니다.

They's be dying in sinful and death.
세상의 영혼들은 죄와 사망에 빠져 죽을 수밖에 없습니다.

He just deliver to our souls with coming salvation.
예수님께서 영혼들을 구원에 이르게 하시기 위하여 오셨습니다.

Jesus likes take the cross by sacrifice without blemish* and holy life,
예수님께서 흠 없는 거룩한 생명을 제물 삼아 십자가를 지셨습니다.

He desire to complete for redemptive ministry.
구원 사역을 완성하시기를 간절히 소원하셨습니다.

Jesus did like putout the throne of the heaven and He came as a traveler on the earth.
예수님께서 하늘 보좌를 버리시고 세상에 나그네로 오셨습니다.

Jesus likes to be Diaspora for above God
예수님도 위로 하나님 아버지를 위하여 디아스포라가 되셨습니다.

So under the lot of many people's soul.
또한 아래로 수많은 영혼들을 위한 디아스포라였습니다.

The price of soul is never do not pay the price of secular (Luke 12:16-21).
영혼의 값은 세속의 값으로 치룰 수 없습니다
(누가복음 12:16-221).

The Lord will abolish* about all things that the earth, water, sky, and the cosmos.
주님은 세상의 모든 것, 즉 땅, 물, 하늘 우주도 다 폐기한다고 말씀하십니다.

He clearly tell us only preserving* and finding to the soul.
오직 보존하고 찾을 것은 영혼뿐이심을 분명하게 말씀하십니다.

But people living different to God' will, so they're living to exchange perishable* life.

 blemish 결점, 손상하다, 흠   preserve 보존하다, 보호하다, 유지하다, 지키다
abolish 폐지하다, 없애다, 철폐하다   perishable 썩기 쉬운, 소멸하기 쉬운,
                                              영속하지 않는

그러나 사람들은 하나님의 뜻과는 다르게 세상의 썩을 것들과 영혼을 바꾸는 인생을 살고 있습니다.

We'll like to be Diaspora for the souls(Daniel 12:1-4).
저와 여러분도 영혼들을 위한 디아스포라들입니다(다니엘 12:1-4).

God say prophesy through Daniel to on last time and the end time,
하나님은 다니엘을 통하여 지금 이 시대에, 마지막 종말의 시대에 대하여 예언하시고,

he like say and promise about important of salvation and lot of a reward.
영혼 구원의 중요성을 말씀하시면서 엄청난 상급을 약속하셨습니다.

If only living to purpose about save the souls, He is living best do that already.
오직 인생을 사는 목적이 영혼 구령에 있다면, 그는 이미 최상, 최고의 삶을 살고 있는 것입니다.

Three, Mission
To be Diaspora for mission(Acts 13:1-3).
셋, 사명을 위한 디아스포라가 되어야 합니다(사도행전 13:1-3).

Today the text tell us. For order of the Holy Spirit, standing each Paul and Barnaba.
오늘 본문은 우리에게 말씀합니다. 성령이 시키는 일을 위하여 바나바와 사울을 따로 세우라고 말입니다.

All most people doing that man of a religion like to the life of faith.
사람들은 신앙생활을 하는데 종교인처럼 하려고 합니다.

And they're think about little people doing to God's work,
그리고 구원을 위한 일은 소수 사람들만 하는 것으로 생각합니다.

Surely not do that well. All believer must do work for God's things as the missionary.
결코 그럴 수가 없습니다. 믿는 자들은 모두가 직분과 관계없이 사명자로서 하나님의 일을 해야 하는 사람들입니다.

Paul is be Diaspora for the work of holy.
바울은 성역을 위한 디아스포라였습니다.

The work of holy is working for holiness*. The works of the world is no the work of holy.
성역은 거룩한 속성을 위한 일을 말합니다. 세상에서의 일에는 성역, 거룩한 일을 나눌 필요가 없습니다.

Only sure take be holy by spiritual work and God's work*.
영적인 일과 하나님의 일만이 거룩할 수 있습니다.

To be Diaspora for the work of holy only.
하나님이 좋아하시는 선교를 위한 디아스포라가 됩시다.

To be Diaspora able to self mission in desire of God*.
하나님이 원하시는 곳에서 맡겨주신 일을 감당하는 디아스포라가 되는 것입니다.

Also Barnaba is be Diaspora for the work of ministry.
바나바도 사역을 위한 디아스포라였습니다.

He is for the work of mission, he is through God's pick up.
하나님의 사역을 위하여 선택된 사람 중 하나가 바나바였습니다.

It's blessed people about they're have that the work.
사는 날 동안 일을 가지고 있는 사람은 복 있는 사람입니다.

God is working God, He is very likes to working people and specially work for God's things.
일하시는 하나님은 일하는 사람을, 특별히 당신의 일을 맡은 사람을 기뻐하십니다.

So Jesus is be Diaspora for the work of mission(John5:17).
예수님도 사명을 위한 디아스포라이십니다 (요한복음5:17).

He is came here never don't take rest.

 holiness 거룩성, 신성, 고결   desire of God 하나님의 원하심
God's work 하나님의 일

예수님은 이 땅에 안식하시려고 오지 않으셨습니다.

He came, he'd like for can do work only.

오직 예수님만 하실 수 있는 일을 위해서 일하러 오셨습니다.

Would please, you do always rejoice and be happy through busy by the Lord's work.

항상 주님의 일로 바쁘게 지내는 것을 기뻐하고 행복해 하기를 바랍니다.

Would you believe bless of bless is the working bless.

복 중에 복이 일복인 것을 믿으십시오.

We're to be Diaspora for the works the Lord.
우리들도 주님의 일을 위한 디아스포라가 되어야합니다.

Only, glorify God and dying the souls, so the holy mission[*],

하나님의 영광을 위하여, 죽어 가는 영혼들을 위하여, 거룩한 사명을 위하여,

to be Diaspora, It' the greatly bless[*].

디아스포라가 되는 것은 참으로 위대한 축복이라고 하겠습니다.

Today attended with all for us, God want to Diaspora, We're just need for this the world

오늘 이 자리에 함께한 저와 여러분이 모두가 하나님이 원하시는 이 시대에 꼭 필요한 디아스포라입니다.

Four, Mission
I'll finish this message.
마지막으로, 말씀을 정리하려고 합니다.

I like delivered "To be Diaspora!" in today the text.

오늘 본문을 중심으로 "디아스포라가 되자!" 라는 제목으로 하나님의 말씀을 전했습니다.

Today We're be sending missionary, and be send missionary

오늘 우리는 보내는 선교사로서 보냄을 받은 선교사입니다.

We're for the Lord be the scatter people, and be the traveller.

---

 the holy mission 신성한 사명, 거룩한 임무   the greatly bless 위대한 축복, 하나님의 축복

주님을 위해 흩어진 사람들, 주님을 위해 나그네 된 사람입니다.

We all together.
우리 모두.

First, to be Diaspora for the Lord only.
첫째, 주님을 위한 디아스포라가 되어야 합니다.
Second, to be for the souls.
둘째, 영혼들을 위한 디아스포라가 되어야 합니다.
Three, to be for the mission.
셋째, 사명을 위한 디아스포라가 되어야 합니다.

Thanks so much God to be Diaspora on the time.
이제 저와 여러분을 이 시대에 디아스포라가 되게 해 주신 하나님의 은혜에
큰 감사를 드려야 하겠습니다.

Amen!
아멘!

Chapter 7

The Worker of Christ
그리스도의 일꾼

1 Corintians 4:1-2 / 고린도전서 4:1-2

1 So then, men ought to regard us as servants of Christ and as those entrusted with the secret things of God.

2 Now it is required that those who have been given a trust must prove faithful.

1 사람이 마땅히 우리를 그리스도의 일꾼이요 하나님의 비밀을 맡은 자로 여길지어다

2 그리고 맡은 자들에게 구할 것은 충성이니라

Congratulations to Pastor Pae, Soo-Young and to all the members of Jesson Global Church with appointing our new stewards.
오늘 직분자들을 세우는 배수영 목사님과 예손글로벌교회의 모든 성도에게 축하드립니다.

It is evident that our church is continually being built strongly for Jesus Christ.
직분자를 세운다는 것은 그리스도를 위하여 교회가 든든히 세워져가고 있다는 증거입니다.

It is also evident that Jesson Global Church is loved by all the people and by our God, the Father Almighty.
또 예손글로벌교회는 전능한 하나님으로부터, 주변 사람들로부터 사랑을 받고 인정을 받고 있다는 증거입니다.

These 'The workers of Christ*' are addressed in various ways.
오늘 본문 말씀 제목이 '그리스도의 일꾼'입니다.

For example,
예를 들면,

moreover*, today's sermon is titled 'The workers of Christ' In the Bible*.
성경에 '그리스도의 일꾼'에 대해서 다양하게 표현을 하고 있습니다.

In Romans 16:1, they are addressed as 'A servant of the church in Cenchrea.'
로마서 16:1절은 '겐그레아 교회의 일꾼'이라고 말하고 있습니다.

Next, in 2 Corinthians 3:6, they are called 'the ministers of a new covenant*.'
또 고린도후서 3:6절에는 '새 언약의 일꾼'이라고 하였습니다.

Also, in 2 Corinthians 6:4, they are addressed as 'Servants of God.'
또 고린도후서 6:4절에 '하나님의 일꾼'이라고 말합니다.

In this passage, 1 Corinthians, the apostle Paul states three virtues that all christians must have.
사도 바울은 본문을 통해서 그리스도의 일꾼이 갖춰야 하는 세 가지 자세를

 The workers of Christ 그리스도의 일꾼
moreover 게다가, 또한, 더욱이, 나아가

In the Bible 성경은, 하나님 말씀에서
the ministers of a new covenant
새 언약의 일꾼

말하고 있습니다.

First of all, He says that "The servants of Christ have a clear sense of identity."
제일 먼저, "그리스도의 일꾼은 자아의식이 분명해야 합니다" 라고 말합니다.

In verse 1, it states "Think of us as servants of Christ who have been given the work of explaining God's mysterious ways."
본문 말씀 1절에서 "사람이 마땅히 우리를 그리스도의 일꾼이요 하나님의 비밀을 맡은 자로 여길지어다" 라고 하셨습니다.

Paul was misunderstood* for his apostolic status by the church of Corinthians.
바울은 당시 고린도 교회로부터 사도직에 대한 오해를 받고 있었습니다.

But it did not matter to him.
하지만 별 대수롭게 여기지 않고 있습니다.

Because he was sure that he was called by God*.
왜냐하면 하나님으로부터 부르심을 받은 것을 확신하고 있었기 때문입니다.

Also, he considered* himself as a servant and minister of Jesus Christ*.
또 예수 그리스도의 종이요 청지기임을 자각하고 있었기 때문입니다.

In 1 Corinthians 4:3-4, it states I care very little if I am judged by you or by any human court; indeed, I do not even judge myself.My conscience is clear, but that does not make me innocent. It is the Lord who judges me.(Hallelujah).
본문 3-4절에 "너희에게나 다른 사람에게나 판단 받는 것이 내게는 매우 작은 일이라 나도 나를 판단하지 아니 하노니 내가 자책할 아무 것도 깨닫지 못하나 이로 말미암아 의롭다 함을 얻지 못하노라 다만 나를 심판하실 이는 주시니라."

Moreover, God's workers must have a clear sense of identity*.
그리스도의 일꾼들은 자아의식이 분명해야 합니다.

misunderstood 오해(된), 뜻을 잘못 새긴, misunderstand의 과거분사형
"He was called by God" "그는 하나님에 의해 부름 받았다"

considered 여겨진다, 생각되다, 고려되다,
minister of Jesus Christ 예수 그리스도의 사역자
identity 주체성, 독자성, 신원, 동일성, 정체

So that they are not stumbled by any circumstances.
그리하면 어떤 상황에서도 흔들리지 않습니다.

They can only focus on their mission.
오직 주의 일에 전념을 할 수 있습니다.

However, if we lack our sense of identity, then we are likely to be tempted.
하지만 자아의식이 불분명하면, 우리는 작은 일에도 흔들릴 수 있습니다.

Apostle Paul* had many difficulties* in completing the missions that Jesus had told him to.
사도 바울은 예수님이 주신 사명을 감당하면서 많은 어려움을 당하였습니다.

But he did not get discouraged* and he never gave up.
그러나 낙심하거나 포기하지 않았습니다.

Despite of all the hardships, he consoled himself and endured all the troubles.
오히려 하나님의 일꾼으로 자천하며 모든 고난을 인내하였습니다.

In 2 Corinthians 6:4 states, "Rather, as servants of God we commend ourselves in every way: in great endurance; in troubles, hardships and distresses;"
고린도후서 6:4절 이하에서 "오직 모든 일에 하나님의 일꾼으로 자천하여 많이 견디는 것과 환난과 궁핍과 곤난" 중에도 인내하며 기뻐했다고 했습니다.

Today, many believers tend to believe Jesus Christ in their own way.
오늘날, 많은 신자들이 너무나 쉽게 예수를 믿으려고 하는 경향이 있습니다.

But true Christians are to follow the Lord with their self cross*.
하지만 참된 그리스도의 일꾼은 자기 십자가를 지고 주님을 따르는 자입니다.

Also, they are with the troubled and achieve* the law of our Lord.
또 고난당하는 자와 함께 하며 그리스도의 법을 성취합니다.

Authentic* servants cover weak believers and are willing to help them.
또 믿음이 연약한 자의 약점을 담당하고 덕을 세우며 유익을 주는데 힘을 씁니다.

Apostle Paul 사도 바울, 신약성경의 기록자
difficulty 어려움, 곤란, 곤경, 난국
overcome difficulties 어려움을 극복하다
discouraged 낙담한, 의욕을 잃어버린, 낙심한
self cross 자기 십자가
achieve 달성하다, 성취하다, …을 이루다
authentic 진짜의, 진정한, 실제의, 믿을 만한

Because they are the ones who try to resemble* our Lord and practice* His words.
왜냐하면 그리스도의 일꾼은 주님의 모든 것을 닮고 실천하는 자이기 때문입니다.

In Romans 15:5-6 states, "May the God who gives endurance and encouragement give you a spirit of unity among yourselves as you follow Christ Jesus, so that with one heart and mouth you may glorify the God and Father of our Lord Jesus Christ. "
로마서 15:5-6절에 "이제 인내와 위로의 하나님이 너희로 그리스도 예수를 본받아 서로 뜻이 같게 하여 주사 한 마음과 한 입으로 하나님 곧 우리 주 예수 그리스도의 아버지께 영광을 돌리게 하려 하노라"고 하셨습니다.

The secondly, Virtue is that the servants of our Lord must be trusted both by God and all the people.
두 번째로, 그리스도의 일꾼은 하나님과 사람 앞에서 인정을 받아야 합니다.

Today the text verse 1, states "Think of us as servants of Christ who have been given the work of explaining God's mysterious ways".
오늘 본문 1절을 읽습니다. "사람이 마땅히 우리를 그리스도의 일꾼이요 하나님의 비밀을 맡은 자로 여길지어다." 할렐루야!

The servants of our Lord must be accepted* by both God and the people.
그리스도의 일꾼은 하나님과 사람 앞에서 인정을 받아야 합니다.

One way to be accepted by God more quickly is to serve His will.
하나님과 사람 앞에 인정받는 지름길은 부르심을 받은대로 섬길 때입니다.

In other words, His time will come when we are captured* by His calling and mission by the Lord's will.
달리 표현하면 주님의 뜻에 의해 소명의식과 사명의식에 사로 잡혀 섬길 때입니다.

resemble …와 닮은, 유사하다
practice 연습하다, 행위, 실행하다, 실천하다
accepted 인정되는, 정당하다고 여겨지는,
　　　　　인수 필인

(accepted theories 정설, 定說)
capture 포획, …을 붙잡다, 포획하다
　　　　데이터 수집(data capture)

Apostle Paul said that he was called as the servant of Jesus Christ*.
사도 바울은 자신이 예수 그리스도의 종으로 부름을 받았다고 했습니다.

He also regarded* himself as a steward.
또 청지기로 부름을 받았다고 하였습니다.

In this text, 'servants' used to mean 'slaves*' in ancient times.
여기 본문에서 '종'의 의미는 고대 사회에서 '노예'를 의미합니다.

At that time, slaves had no rights. Their rights belong to the Lord.
당시 노예는 주권이 없었습니다. 주인에게 모든 주권이 예속되어 있었습니다.

Therefore, they had to obey the Lord and serve in humility*.
그러므로 그들은 오직 주인의 명령대로 순종하며 겸손히 섬겨야 했습니다.

A steward was the one who ministered the whole household, instead of the Lord.
청지기는 주인을 대리하여 집안 일을 대신 관리하는 자였습니다.

So he had to be a reliable* and responsible man who understood his Lord well.
그러므로 주인의 뜻을 잘 파악하고 절대적인 신뢰를 받고 있는 책임 있는 인격적인 사람이 되어야 했습니다.

He also had to have the ability to manage the Lord's house.
또 그 집안을 잘 경영할 수 있는 능력이 있어야 했습니다.

Even though he was responsible* for all the deeds, he had to give the Lord all the glory.
또 자신이 수고 하는 것은 사실이지만 모든 영광은 주인에게 돌려드려야 했습니다.

Lovely there, you are accepted by God and by all the people only when you are used as humble and faithful servants!
사랑하는 여러분, 겸손한 종으로, 선한 청지기로 섬길 때 하나님과 사람 앞에 인정을 받습니다.

Paul was called by our Lord and sacrificed* his own life for Him.

the servant of Jesus Christ 예수 그리스도의 종	reliable 신뢰할 만한, 믿음직한, 신빙성 있는
regard 간주하다, 여기다, 생각하다, 관련되다 …에 대해(regarding)	responsible 책임이 있는, 담당의, 원인이 되는
slave 노예, 노예 제도의, 혹사당하다	sacrifice 희생, 제물
humility 겸손, 겸허한	

바울은 오직 주님의 부르심을 따라 종으로, 청지기로 생명을 조금도 아끼지 않고 섬긴 사람입니다.

All of us must know that Jesus Christ called us*,
우리 모두는 예수 그리스도께서 우리를 부르셨다는 것을 알고 있어야 합니다.

So we need to have the sence of clear mission on faith
그래서 우리는 믿음 위에서 분명한 사명의식이 필요합니다.

Because without it, we cannot be the sence of mission as our Lord's steward*.
왜냐하면 사명의식이 불분명한 사람은 주님을 온전히 섬기지 못하기 때문입니다.

That's do not realize that we are called by Jesus Christ, and lack responsibility in faithfulness*.
그런 사람은 예수 그리스도에게서 받은 소명을 깨닫지 못하는 것입니다. 그리고 믿음 안에서 책임의식도 없는 것입니다.

The ones who realize that we are called by our Lord look only to Jesus Christ and are always thankful while faithfully serving our Lord and neighbors.
하지만 소명의식이 분명한 사람은 오직 예수 그리스도를 바라보며 감사하며 신실하게 주님과 이웃을 섬기는 것입니다.

Including* whatever troubles or hardships that they may endure.
또 어떤 고난과 환경에도 쉽게 넘어지지 않고 인내합니다.

Those who continually keep their strong faith in our Lord.
우리 주님 안에서 그들에게 부여된 믿음을 강하게 계속적으로 지키는 사람들입니다.

Moreover the third, Christian virtue is that the workers of Christ must be faithful.
나아가 세 번째로, 그리스도의 일꾼은 충성을 다하는 자입니다.

In verse 2 states, "Our first duty is to be faithful to the one we work for."

 "Jesus Christ called us" "예수 그리스도가 우리를 부르셨다"
The Lord's steward 주님의 청지기

faithfulness 충성, 충실, 성실, 신의
including 포함하여, 등, 같은, 비롯해, 및

본문 2절에, "그리고 맡은 자들에게 구할 것은 충성이라"고 하셨습니다.

Lovely there, a steward or servant only need, but must have faithfulness!
사랑하는 여러분, 종과 청지기에게 요구 되는 것은 충성입니다!

However, Jesus Christ does not force one to be faithful. But expects* one to be faithful.
하지만 예수 그리스도는 무조건 충성을 요구하시지 않습니다. 그러나 신실한 충성을 기대하고 계십니다.

Because The Lord wholeheartedly* longs or chooses to be faithful.
주님께서 스스로 자원하는 마음으로 하기를 원하십니다.

The believers who remember His love and grace are willing to be faithful to our Lord.
주님의 사랑과 은혜를 기억하는 성도는 스스로 자원하여 신실하신 우리 주님께 충성해야 하는 것입니다.

Jesus sacrificed Heaven's glory because His love for us is infinite and unconditional*.
예수님은 나 같은 죄인을 사랑하사 하늘의 영광을 버리셨습니다.

He was incarnated and came into the world.
예수님께서 사람의 몸을 입으시고 이 세상에 오셨습니다.

He suffered*, bled, and died on the cross for us.
그분은 몸을 찢으시고 피와 물을 흘리시며 십자가에서 죽으셨습니다.

So, he rose again from the death with the third day and gave us hope.
죽은 자 가운데서 삼일 만에 부활하시어 산 소망을 주셨습니다.

Paul was faithful to our Lord, remembering* His love and grace.
바울은 주님의 사랑과 은혜를 기억하면서 충성을 다한 사도입니다.

In Galatians 2:20 states, "I have been crucified with Christ and I no longer live, but Christ lives in me. The life I live in the body, I live by faith in the Son of God, who loved me and gave himself for me." Hallelujah!

 expect 예상하다, 기대하다, 생각하다
wholeheartedly 충심(진심)으로
unconditional 무조건의, 무제한의, 절대적인

suffer 겪다, 고통을 받다, 입다, 앓다, 고통을 겪는(suffering)
remember 기억하다, 생각하다, 잊지 않는다, 상기하다

갈라디아서 2:20절에 "내가 그리스도와 함께 십자가에 못 박혔나니 그런즉 이제는 내가 사는 것이 아니요 오직 내 안에 그리스도께서 사시는 것이라 이제내가 육체 가운데 사는 것은 나를 사랑하사 나를 위하여 자기 자신을 버리신하나님의 아들을 믿는 믿음 안에서 사는 것이라." 할렐루야!

God calls three of you as His servants an Appointed Deacon* a Deaconess and an Installation Elder*.
하나님께서 오늘 안수집사로 임직 받고, 협동 장로로 세움을 받으며, 권사로 취임 하는 세 분을 그리스도의 일꾼으로 부르셨습니다.

He also calls all of us His faithful servants.
또 우리 모두를 그리스도의 일꾼으로 불러 주셨습니다.

So we need to be faithful as we serve God and our neighbors with loyalty and gratefulness*.
그러므로 맡은 자가 구할 것은 충성입니다.

We must serve God and neighbor with thanks and loyalty.
감사하며 충성하여 섬겨야만 합니다.

The stewards here at Jesson Global Church must be especially obedient and faithful.
오늘 예손글로벌교회의 일꾼으로 세움 받은 분들은 교회에 충성을 다하여야 합니다.

You must also obey and do all that is asked of you by Pastor PAE, Soo-Young on behalf of whatever work is necessary in the church.
또 일꾼으로 세워지도록 도와주신 담임목사에게도 협력을 다해야 합니다.

Also, since you are aware of God's secrets, it is your job to spread the good news and God's word to the best of your ability.
또 하나님의 비밀을 맡은 자로서 할 수 있는 대로 복음을 증거하여야 할 것입니다.

Your mission is to spread the good news and share God's love to those who don't know or don't believe in Jesus Christ and cherish those souls.
복음은 주님의 마음으로 한 영혼을 천하보다 귀히 여기며 전하는 것입니다.

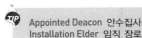

"Preach the Word; be prepared in season and out of season"
(2 Timothy 4:2).
"때를 얻든지 못 얻든지 말씀을 전하는 것" 입니다(디모데후서 4:2).

Never give up or lose faith and be patient as you continue to share God's word, love, and good news to others.
끝까지 믿음을 포기하지 않고, 믿음을 잃어버리지 않고 인내하며 복음을 전하는 것입니다.

Also, don't forget* that as believers,
또한 성도들 같이 믿음을 잃지 않고,

you must remember to spend as much time as possible in prayer.
가능하면 기도하는 것을 기억하면서 긍정적으로 기도해야 합니다.

Your prayers are the tunnels, pathways, and openings through which God's peace and grace* can enter into church.
선한 청지기들의 기도는 하나님의 평강과 은혜가 교회에 충만하게 임하시는 통로가 됩니다.

Your devotion* will continue to strengthen* this church.
또 여러분의 헌신으로 교회를 계속 견고하게 세워 갑니다.

Also, you must devote yourselves to God and use the gift and materials that He has given you.
또 하나님께서 주신 재물로 물질의 청지기가 되어 충성스럽게 섬겨야 합니다.

With all your heart, give all the glories to God.
그리스도의 일꾼은 하나님께서 주신 모든 것을 선용하여 그분께 영광을 돌려야 합니다.

Lovely there, you are called as servants of Jesson Global Church!
사랑하는 예손글로벌교회 성도 여러분은 그리스도의 일꾼으로서 예손글로벌교회를 섬기는 종으로, 선한 청지기로 부름을 받았습니다.

Would you believe it? Do you have faith? If so, I ask you to help to senior pastor* with the same word, same mind, same will, and same vision?

"Don't forget!" "잊지 말자!"
God's peace and grace 하나님의 평안과 은혜
devotion 헌신, 정성, 희생
strengthen 강화(증강)하다, 강하다, 튼튼하다

senior pastor 담임(선임)목사, 주임 사제
(Pastor)
고령자(senior)

믿습니까? 그렇다면 담임목사와 같은 말, 같은 마음, 같은 뜻, 같은 비전, 같은 열매를 향하여 함께 달려갈 수 있습니까?

Would pray that all of you choose to be our the Lord's loyal servants and to serve this region, nation, and all nations.
주님의 종이요, 선한 청지기들이 되어서 교회의 비전대로 지역과 민족과 열방을 섬겨 갈 수 있기를 바랍니다.

The One who saved us is the One who keeps us.
우리를 구원하신 분이 우리를 지켜주신다.

Chapter 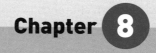 8

The Church That Received Commendation from the Lord
주님께 칭찬 듣는 교회

Revelation 3:7-13 / 요한계시록 3:7-13

7 To the angel of the church in Philadelphia write: These are the words of him who is holy and true, who holds the key of David. What he opens no one can shut, and what he shuts no one can open.

8 I know your deeds. See, I have placed before you an open door that no one can shut. I know that you have little strength, yet you have kept my word and have not denied my name.

9 I will make those who are of the synagogue of Satan, who claim to be Jews though they are not, but are liars–I will make them come and fall down at your feet and acknowledge that I have loved you.

10 Since you have kept my command to endure patiently, I will also keep you from the hour of trial that is going to come upon the whole world to test those who live on the earth.

11 I am coming soon. Hold on to what you have, so that no one will take your crown.

12 Him who overcomes I will make a pillar in the temple of my God. Never again will he leave it. I will write on him the name of my God and the name of the city of my God, the new Jerusalem, which is coming down out of heaven from my God; and I will also write on him my new name.

13 He who has an ear, let him hear what the Spirit says to the churches.

7 빌라델비아 교회의 사자에게 편지하라 거룩하고 진실하사 다윗의 열쇠를 가지신 이 곧 열면 닫을 사람이 없고 닫으면 열 사람이 없는 그가 이르시되

8 볼지어다 내가 네 앞에 열린 문을 두었으되 능히 닫을 사람이 없으리라 내가 네 행위를 아노니 네가 작은 능력을 가지고서도 내 말을 지키며 내 이름을 배반하지 아니하였도다

9 보라 사탄의 회당 곧 자칭 유대인이라 하나 그렇지 아니하고 거짓말 하는 자들 중에서 몇을 네게 주어 그들로 와서 네 발 앞에 절하게 하고 내가 너를 사랑하는 줄을 알게 하리라

10 네가 나의 인내의 말씀을 지켰은즉 내가 또한 너를 지켜 시험의 때를 면하게 하리니 이는 장차 온 세상에 임하여 땅에 거하는 자들을 시험할 때라

11 내가 속히 오리니 네가 가진 것을 굳게 잡아 아무도 네 면류관을 빼앗지 못하게 하라

12 이기는 자는 내 하나님 성전에 기둥이 되게 하리니 그가 결코 다시 나가지 아니하리라 내가 하나님의 이름과 하나님의 성 곧 하늘에서 내 하나님께로부터 내려오는 새 예루살렘의 이름과 나의 새 이름을 그이 위에 기록하리라

13 귀 있는 자는 성령이 교회들에게 하시는 말씀을 들을지어다

Around year 90 there were seven churches in minor Asia.
주후 90년 경, 소아시아 지방에는 일곱 교회가 있었습니다.

There seven churches are Ephesus, Smyrna, Pergamum,
Thyatira, Sardis, Philadelphia and Laodicea.
그 일곱 교회는 에베소, 서머나, 버가모, 두아디라, 사데, 빌라델비아, 라오디
게아 교회입니다.

It is written in Revelation chapter 2 and chapter 3.
이 교회들은 요한계시록 2장과 3장에 기록되어 있습니다.

These seven churches could be divided into three groups.
일곱 교회는 크게 세 부류의 교회로 나눌 수 있습니다.

First group is a type of church with a blame and without commendation*,
첫 번째는 책망이 있고 칭찬이 없는 교회,

second group is a type of church with a blame and with commendation,
두 번째는 책망이 있고 칭찬이 있는 교회,

third group is a type of church with commendation and without blame.
세 번째는 칭찬이 있고 책망이 없는 교회입니다.

Smyrna church and church of Philadelphia belong to the third group.
서머나교회와 빌라델비아교회가 세 번째에 속한 교회입니다.

Today, it is our hope that Jesson Global Church is not blamed.
오늘, 설립예배를 드리는 예손글로벌교회는 주님으로부터 책망을 듣지 않는
교회이기를 바랍니다.

We pray blessing that the Lord commends our church.
칭찬만 받는 교회가 되기를 주님의 이름으로 축원합니다.

So, what kind of church was the church of Philadelphia?
그러면, 빌라델비아교회는 어떤 교회였습니까?

In verse 8 says, "You have little strength, yet you have kept my word
and have not denied* my name."
8절이 말씀하고 있습니다. "네가 작은 능력을 가지고도 내 말을 지키며, 내 이

---

 commendation 추천, 천거, 칭찬, 상   deny 부인하다, 부정하다, 거절하다,
                                                      욕망을 억제하다(deny oneself)

름을 배반하지 아니하였도다" 라고 했습니다.

The word 'little' in Greek* language is 'mikran' which is an adjective. In Eglish it is 'mikro'.
여기서 말하는 '적다'라는 말은, 헬라어로 '미크란'이라는 형용사입니다. 이 말은 영어로 '마이크로'가 됩니다.

Therefore, the church of Philadelphia had little strength, micro power, little strength.
그러니까 빌라델비아교회는 작은 능력, "눈에 보이는 힘이 작았었다" 라는 말입니다.

The organization of the church lacked* in status, assents*, or anything to show it's strength.
그 교회의 구성원인 교인들의 신분이나, 지위나, 재산 등이 크게 자랑하거나 내세울 것이 없었다는 것입니다.

Even though this church didn't have much to show,
눈에 보이는 것은 참으로 보잘 것 없고 미약했지만,

this church accomplished* big work with little of what they had.
그러나 이 교회는 그 작은 것을 가지고 큰일을 이루었습니다.

How did they do it?
어떻게 큰일을 만들 수 있었습니까?

They followed and obeyed God.
저들은 부족하고 연약했지만 능력이신 하나님을 의지했습니다.

They did not disappoint God. They were obedient to God with little strength they had.
그랬기에 저들은 자신의 능력이 작았음에도 불구하고, 비관론에 빠지지 않았습니다. 자기들이 가지고 있는 작은 것을 가지고도 하나님께 순종했습니다.

So God allowed them to make big accomplishments.
그렇게 할 때, 하나님께서 큰일을 이루게 하셨습니다.

There were three ways church of Philadelphia made big accomplishments.

Greek 그리스, 그리스어, 그리스인   assent 찬성, 동의, 승인
lack 부족, …이 없다, 결핍, 부재, 모자라다   accomplished 성취된, 완성된, 기성의

빌라델비아교회가 작은 능력으로 해냈던 일은 크게 세 가지였습니다.

1st | They did not betray the Lord's name while they suffered.
첫째 | 고난 속에서도 주님의 이름을 배반하지 않았습니다.

During this time minor Asia was ruled by the Romans.
그 당시 소아시아는 로마의 식민 통치를 받고 있었습니다.

Roman Emperor worship was to persecuted to christianity*. This went on as long as 300 years.
로마제국은 황제 숭배를 내세워 기독교를 박해했습니다. 그 기간은 장장 300년 동안이나 계속 되었습니다.

Many people feared* the persecution so they split from the Lord.
박해가 계속되자 많은 교인들이 박해를 두려워하여, 교회를 등지고 주님을 떠났습니다.

But people of church of Philadelphia did not betray the Lord*.
이런 고난 속에서도 이 교회의 성도들은 주님을 배반하지 않았습니다.

But the hardest to overcome was the pressure* from the Jews.
그러나 무엇보다 견디기 더 힘들었던 것은, 동족 유대인들에게 핍박을 받는 일이었습니다.

That's verse 9 says, "Those who are of the synagogue of Satan, who claim to be Jews though they are not."
그것을 9절이 말씀합니다. "사탄의 회당, 곧 자칭 유대인" 이라고 했습니다.

If Jews believed in Jesus and those Jews,
유대인으로 예수를 믿게 되면 동족 유대인들은,

"You're not the people." And banished* from the Jewish community*.
"너는 더 이상 우리 민족이 아니다" 라고 하면서 그들의 공동체에서 추방해 버렸습니다.

The worshipping place of the Jews was the synagogue*, they were not

persecuted to christianity 기독교 박해
fear 우려, 두려움, 공포, 걱정하다, 불안
"Did not betray the Lord"
"주님을 배반하지 않았다"

pressure 압력, 압박, 곤란
banish 추방하다, 쫓아내다, 떨쳐버리다
the Jewish community 유대인 공동체

allowed into the synagogue.

또 유대인들의 삶의 중심지이며 예배 장소였던 회당에 들어갈 권리도 박탈해 버렸습니다.

The Jews also told the Roman government they objected 'the Romans emperor for not following their religion'.

로마 관청에 '로마 황제를 거역하는 자들' 이라는 이유로 고발을 한 것입니다.

The Philadelphia church did not betray the belief of Jesus Christ.

빌라델비아교회는 구주 예수 그리스도를 향한 믿음을 배반하지 않고 버리지 도 않았습니다.

I hope all the saint of Jesson Global Church does not betray the Lord's name in times of suffering and adversity but commended by the Lord.

예손글로벌교회 모든 성도는 어떤 고난과 역경 가운데서도 주님의 이름을 배 반하지 않고 주님께 칭찬 받는 교회가 되기를 바랍니다.

2nd | They kept the world while they suffered.
둘째 | 고난 속에서도 말씀을 지킨 교회였습니다.

"Kept the word*." in horsh conditions and obeyed the Lord's message*.

"말씀을 지켰다" 라는 것은 어려운 여건에도 불구하고 주님의 말씀에 순종했 다는 것입니다.

So, they lived by God's words.

또 그 하나님 말씀대로 삶을 살았다는 것입니다.

In verse 8 "You kept my word." God commends them.

8절에서는 "내 말을 지켰다" 라고 칭찬을 했습니다.

In verse 10 "You have kept my commend to endure paitiently." God commends them.

10절에서는 "네가 나의 인내의 말씀을 지켰다" 라고 칭찬했습니다.

So, what message did they keep?

그렇다면 구체적으로 무슨 말씀을 지켰다는 것입니까?

In today's text it not specified.

---

 synagogue 유대교의 예배당,
유대인의 집회, 시나고그

"kept the word" "말씀을 지켰다"
"obeyed the Lord's message!"
"주님의 말씀을 순종했다!"

오늘 본문 속에는 그것이 분명하게 드러나지는 않습니다.

But if you contemplate* today the text*, the message of spiritual is the soul of salvation.

그러나 본문을 자세히 묵상해 보면, 뚜렷하게 드러나는 것이 하나 있는데, '영혼 구원'이라는 메시지였습니다.

What was the last message of Jesus* to the church?
예수님께서 마지막으로 교회에 주신 말씀이 무엇입니까?

Say us in Matthew 28:19-20.

마태복음 28:19-20절에서 우리에게 말씀합니다.

"Therefore go and make disciples of all nations, baptizing them in the name of the Father and of the Son and of the Holy Spirit, and teaching them to obey everything I have commanded you. And surely I am with you always, to the very end of the age."

"그러므로 너희는 가서 모든 민족을 제자로 삼아 아버지와 아들과 성령의 이름으로 세례를 베풀고, 내가 너희에게 분부한 모든 것을 가르쳐 지키게 하라. 볼지어다 내가 세상 끝날까지 너희와 항상 함께 있으리라."

So tell us in Acts 1:8.

사도행전 1:8절이 우리에게 말씀합니다.

"But you will receive power when the Holy Spirit comes on you; and you will be my witnesses in Jerusalem, and in all Judea and Samaria, and to the ends of the earth."

"오직 성령이 너희에게 임하시면 너희가 권능을 받고, 예루살렘과 온 유대와 사마리아와 땅 끝까지 이르러 내 증인이 되리라."

They obeyed the last message of the Lord*.

주님께서 교회들에게 주신 마지막 말씀 앞에 순종했습니다.

And the Church of Philadelphia worked hard for their spirituality to be saved.

그리고 '영혼 구원'을 위해 애쓰고 힘쓴 교회가 빌라델비아교회였습니다.

contemplate 심사숙고(고려)하다, 계획하다, 바라보다
today the text 오늘의 말씀, 본문 말씀, 이번 주 설교 본문

the last message of the Lord
마지막 주님의 메시지

Worshiping 'Jesson Global Church', though evangelism and ministry, Let's be commended by God.
오늘 설립예배를 드리는 '예손글로벌교회'도 전도와 사역에 힘쓰므로, 하나님께 크게 칭찬 받는 교회가 되기를 바랍니다.

Let's be like the church of Philadelphia and obey the message of "Soul of salvation."
이렇게 "영혼을 구원하라"는 말씀에 순종하는, 빌라델비아교회에 나타난 주님의 모습을 주목해 보십시오.

Verse 7 says, "To the angel of the church in Philadelphia write: These are the words of him who is holy and true, who holds the key of David. What he opens no one can shut, and what he shuts no one can open."
7절입니다. "빌라델비아교회의 사자에게 편지하라 거룩하고 진실하사 다윗의 열쇠를 가지신 이, 곧 열면 닫을 사람이 없고 닫으면 열 사람이 없는 그가 이르시되."

The Lord appears* with the key.
우리 주님께서 열쇠를 가지고 등장하십니다.

Person with the key can open and shut the door.
열쇠를 가지신 분이 문을 열 수도 있고 닫을 수도 있습니다.

The Lord opened the door to this devoted church.
그런데 주님은 그 열쇠로 충성된 이 교회 앞에서 문을 여셨습니다.

Look verse 8. "I know your deeds. See, I have placed before you an open door⋯."
8절을 보십시오. "볼지어다 내가 네 앞에 열린 문을 두었으되⋯."

It is declared that the person with the key of David put the open door in front of the church.
다윗의 열쇠를 가지신 분이 이 교회 앞에 열린 문을 두었다고 선언하십니다.

Which door is the opened door? This expression is mentioned* a lot in the Bible,
이 열린 문은 어떤 문일까요? "문을 연다"는 표현이 성경에 많이 나오는데,

'Opened door' words are mentioned especially when it depicts the opportunity of ministry(Acts 14:27-28, 1 Corinthians 16:8-9).

---

 mentioned 언급된, 언급한   appears 나타나다, 등장하다

특히 선교의 기회를 묘사할 때, '열린 문'이라는 문구를 사용합니다(사도행전 14:27-28, 고린도전서 16:8-9).

This door is 'The door of evangelism', 'The door of mission'.
바로 이 문은 '전도의 문', '선교의 문'이었습니다.

The Lord who holds the key leaves the door of evangelism in the church of Philadelphia
열쇠를 가지신 주님은 빌라델비아교회에게 전도의 문을 열어 놓고 계십니다.

They don't betray the Lord even in struggles.
힘들고 어려운 여건 속에서도 주님을 배반하지 않았습니다.

Jesson Global Church must be work hard for salvation of soul*.
예손글로벌교회는 영혼 구원을 위해 애쓰고 힘쓰는 교회가 되어야 하겠습니다.

Let's believe in deep gratitude and open the door of evangelism like the church of Philadelphia.
빌라델비아교회 처럼, 전도의 문을 열어 주시고, 큰 감격을 허락해 주실 줄 믿습니다.

God used the church of Philadelphia very preciously*.
하나님께서는 빌라델비아교회를 정말 귀하게 사용하셨습니다.

Let's believe that God will use Jesson Global Church very preciously also.
또한 이 같이 예손글로벌교회도 귀하게 사용하실 줄 믿습니다.

As seven churches fall one by one, the church of Philadelphia survived until modern times.
일곱 교회가 하나씩 망가져 갈 때, 빌라델비아교회는 소아시아 지역에서 근세까지 남아 있었습니다.

They were left behind, keeping up, because their heart for Mission.
그들이 오래도록 남아있었던 것은, 선교를 향한 뜨거운 심장을 가지고 있었기 때문입니다.

Even in the region of minor Asia where the gospel of faith was going away,

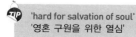 'hard for salvation of soul'
'영혼 구원을 위한 열심'

precious 소중한, 귀중한, 중요한, 귀여운

소아시아 지역에 복음의 영광이 떠나가는 가운데서도,

God held on to this church and used it until the end.
하나님은 이 교회를 끝까지 사용하시고 끝까지 붙잡으셨습니다.

Which church would God use today*?
오늘도 하나님께서는 어떤 교회를 사용하십니까?

Which church would he on to?
어떤 교회를 끝까지 붙잡으십니까?

It is the church that obeys the words of the Lord and saved for soul and the work of evangelism.
주님이 마지막 명령하신 말씀대로 순종하여 영혼을 구원하는 교회, 선교하는 일에 순종하는 교회입니다.

3rd | They held on to the crown while they suffered.
셋째 | 고난 가운데서도 면류관을 굳게 잡은 교회였습니다.

Verse 11 says,
본문 11절이 말하고 있습니다.

"I am coming soon. Hold on to what you have, so that no one will take your crown."
"내가 속히 오리니 네가 가진 것을 굳게 잡아 아무나 네 면류관을 빼앗지 못하게 하라."

The church of Philadelphia held on to the crown.
빌라델비아교회는 굳게 잡은 것이 있었습니다. 그것은 상급, 곧 면류관이었습니다.

They did not lose the crown.
그들은 자기들에게 주어진 면류관을 잃지 않았습니다.

They looked straight of the crown and earned it.
상급을 바라보았고, 그 상급을 얻었던 교회였습니다.

If christians don't participate in evangelism* of the gospel, it does not mean they won't be saved.
그리스도인들이 전도를 안 한다고 해서, 구원을 잃어버리는 것은 아닙니다.

 "Which church would God use today?" "지금 하나님은 어떤 교회를 사용하실까?"

But if christians neglect God's most important command and evangelism and mission then they lose the crown.
그러나 그리스도인들이 하나님의 가장 중요한 명령인 전도와 선교를 등한히 하면 상급을 잃어버리게 됩니다.

There could be those who say 'It is ok not to receive crown'.
'면류관 안 받으면 되지 뭐!' 하고, 단순히 생각할 사람이 있을지 모릅니다.

But you should not think simply that there is no crown.
그러나 상급이 없다는 사실을 단순하게만 생각해서는 안 됩니다.

To think I don't have a crown to receive in this life,
내가 받아야 할 상급이 없다는 것은 이 땅에 사는 동안에,

is to say there has not been any work done for the Lord.
주님을 위해서 아무 것도 한 일이 없다는 말입니다.

How fearful is this? No longer do dwell on fear, and must toward go to God's the crown of glory*.
이 얼마나 두려운 일입니까? 더 이상 두려움에 머물지 말고, 하나님의 영광의 상급을 향하여 나아가기 바랍니다.

However, you shall get that the crown.
그리고 그 상급을 차지하기 바랍니다.

👑 Finally | Paul want use for the life of God's glory.
마지막으로 | 바울은 하나님 영광을 위하여 사용되기 원했습니다.

Paul feared the life without God's use of him.
바울은 하나님의 영광을 위하여 쓰임 받지 못한, 가치 없는 생애를 항상 두려워했습니다.

This is the confession of Paul take out him "No, I beat my body and make it my slave so that after I have preached to others, I myself will not be disqualified* for the prize"(1 Conrinthians 9:27).
그래서 그는 "내가 내 몸을 쳐 복종하게 함은 내가 남에게 전파한 후에 자신이 도리어 버림을 당할까 두려워함이로다" (고린도전서 9:27)라고 고백하고 있습니다.

| "Don't participate in evangelism…" | "toward go to God's the crown of glory" |
| "전도를 안 한다고 해서…" | "하나님의 영광의 면류관을 향하여 간다" |

'Thraw away' does not refer to going to hell,
여기서 '버림'은 "지옥에 가게 된다." 라는 것이 아니라,

It refers to "being useless to God*."
"더 이상 하나님 앞에 쓸모없는 자"가 된다라는 것입니다.

if I don't take good care of my life and do not preach the gospel,
만약 내가 나의 삶을 잘 관리하지 못하고, 복음을 전하기에 합당한 삶을 살지 못한다면,

then I would become useless to God.
마침내 나는 하나님 앞에서 버림을 받고 말 것입니다.

Think about being useless to God.
여러분, 더 이상 하나님이 나를 쓰지 않는다는 사실을 생각해 보십시오.

Is there anything more tragic than having no hope from God.
하나님이 나를 향해서 아무런 기대도 하지 않는다는 것처럼 큰 비극이 어디 있습니까?

God appointed Saul as the first king of Israel,
하나님은 이스라엘의 초대 왕으로 사울을 세우셨지만,

but he didn't do a good job, so God appointed someone else.
왕 노릇을 제대로 못하니까, 그 일을 다른 사람에게 넘기셨습니다.

If I don't do God's work does not mean the work stops.
내가 하나님의 일을 못한다고 해서 그 일이 중단되는 것은 아닙니다.

If I don't show devotion, public service, and preaching of gospel,
내가 충성하지 않고 봉사하지 않고 전도하지 않는다고 해서,

does not mean the growth of the church stops.
교회의 성장이 멈추는 것이 아닙니다.

If I don't do it then God does it through others.
하나님은 내가 안 하면 다른 사람을 통해서 하십니다.

So, if the church obeys the words with little strength if has then,
그럼 이렇게 작은 능력을 가지고 말씀에 순종하는 성도와 교회가 될 때,

 disqualified 자격을 잃은, 실격이 된   'being useless to God' 하나님 앞에서
(qualified 질 좋은)   쓸모없는 자'

"What kind of blessing would God give us*?"
"하나님은 우리에게 어떤 축복을 주십니까?"

God will keep you from the final trial(verse 10).
마지막 시험의 때에 하나님께서 지키시겠다고 하십니다(10절).

"Since you have kept my command to endure patiently, I will also keep you from the hour of trial."
"네가 나의 인내의 말씀을 지켰은즉, 내가 또한 너를 지켜 시험의 때를 면하게 하리라."

I will make a pillar in the temple*(verse 12).
하나님 성전에 기둥이 되게 해 주신다고 했습니다(12절).

"Him who overcomes I will make a pillar in the temple of my God. Never again will he leave it".
"이기는 자는 내 하나님 성전에 기둥이 되게 하리니, 그가 결코 다시 나가지 아니하리라."

Pillar holds and supports the have. Pillar obes not move.
기둥은 집을 받치는 중심입니다. 기둥은 움직이지 않습니다.

Pillar can I hold and support, you to be useful, important and healthy.
기둥이 되게 해 주신다는 것은, 기둥처럼 필요한 사람, 중요한 사람, 든든한 사람이 되게 해 주신다는 뜻입니다.

I will write on him the name of my God which is coming down out of heaven from my God(verse 12).
하나님께서 우리 한 사람 위에, 하나님의 이름을 써 주신다고 했습니다 (12절).

Around the middle of verse 12.
본문 12절 중반 절에서 말하고 있습니다.

"I will write on him the name of my God and the name of the city of my

God, the new Jerusalem, which is coming down out of heaven from my God."
"내가 하나님의 이름과 하나님의 성, 곧 하늘에서 내 하나님께로부터 내려오는 새 예루살렘의 이름과 나의 새 이름을 그이 위에 기록하리라."

Simply speaking*, on judgment day the Lord will be our assurance.
간단히 이야기해서, 우리가 하나님의 심판대 앞에 설 때, 주님께서 우리 보증이 되신다는 말입니다.

Let pray that Jesson Global Church will make big accomplishments like the church of Philadelphia.
이제부터 예손글로벌교회가 빌라델비아교회처럼 작은 능력을 가지고 큰일을 감당하는 교회가 되는 꿈을 꾸면서 기도합시다.

Let's pray with those three kinds* of blessings.
기도하시되 크게 세 가지를 놓고 기도합시다.

When pray for The Jesson Global Church,
예손글로벌교회를 위해서 기도할 때 제목들은,

One, In our region*, send the most missionaries to the world.
하나, 우리 지역에서 선교사를 가장 많이 파송하게 하소서.
Two, In our region, save the most soul*.
둘, 우리 지역에서 영혼을 가장 많이 살리게 하소서.
Three, Serve the region and many work towards give relief.
셋, 우리 지역을 섬기고 구제하는 일을 많이 하게 하소서.

Let's all participate in this prayer, lets be obedient to God.
이 기도에 여러분 모두가 함께 동참하시고, 이 하나님의 요청에 함께 순종하십시다.

Let's believe that Jesson Global Church will be commended and bred by the Lord.
그리할 때, 예손글로벌교회는 주님 앞에 칭찬 받고 사랑 받는 교회가 될 줄 믿습니다.

'simply speaking' '간단히 말해서'
"Let's pray with those three kinds"
"세 가지를 놓고 기도합시다"

'in our region…' '우리 지역에서…'
"save the most soul!"
"많은 영혼을 구원하게 하소서!"

Only God can fill an empty heart.
오직 하나님만이 공허한 마음을 채우실 수 있다.

Chapter 9

Our Eyes on Jesus!
예수를 바라보자!

Hebrews 12:1-3 / 히브리서 12:1-3

1 Therefore, since we are surrounded by such a great cloud of witnesses, let us throw off everything that hinders and the sin that so easily entangles, and let us run with perseverance the race marked out for us.

2 Let us fix our eyes on Jesus, the author and perfecter of our faith, who for the joy set before him endured the cross, scorning its shame, and sat down at the right hand of the throne of God.

3 Consider him who endured such opposition from sinful men, so that you will not grow weary and lose heart.

1 이러므로 우리에게 구름 같이 둘러싼 허다한 증인들이 있으니 모든 무거운 것과 얽매이기 쉬운 죄를 벗어 버리고 인내로써 우리 앞에 당한 경주를 하며

2 믿음의 주요 또 온전하게 하시는 이인 예수를 바라보자 그는 그 앞에 있는 기쁨을 위하여 십자가를 참으사 부끄러움을 개의치 아니하시더니 하나님 보좌 우편에 앉으셨느니라

3 너희가 피곤하여 낙심하지 않기 위하여 죄인들이 이같이 자기에게 거역한 일을 참으신 이를 생각하라

First of all
들어가면서

In marathon of game rules is when to start the players all.
마라톤 경기의 법칙이 출발할 때는 선수들이 모두 일시에 한다는 것입니다.

The one who reaches the finish line wins the gold medal.
마라톤에서는 가장 먼저 결승선에 도달하는 선수가 금메달을 받습니다.

However, in the race of faith, everybody who reaches the finish line wins the gold medal.
그러나 믿음의 경주에서는 끝까지 달리기만 하면 누구나 금메달을 받을 수 있습니다.

In the race of faith, the goal is Jesus Christ*.
믿음의 경주에서 달려가야 할 목표는 예수 그리스도이십니다.

Why is Jesus Christ the goal us?
왜 예수 그리스도께서 우리의 목표입니까?

It is because Jesus is the leader of the race*.
그분은 우리보다 앞선 경주자이기 때문입니다.

Jesus has already finished and reaches the goal line where he sat down at the right hand of the throne of God.
예수님은 이미 달려갈 길을 마치고 목적지인 하나님 보좌 우편에 앉아계십니다.

Jesus only son in order for us to that prayer with intercession
예수님은 우리를 위해서 중보로 기도하시는 유일무이한 분입니다.

We have to wear comportable un forms to win the race.
경기에서 승리하기 위해 먼저 달리기에 편한 유니폼으로 갈아입어야 합니다.

However, we have hold onto our strategic point.
그러나 경기를 방해하는 요소를 우리가 잘 파악해야 합니다.

By understanding the underlying cause, we can run well.
우리는 그 원인을 잘 알아야 경기를 잘 할 수 있습니다.

How can we receive the gold medal what should I do?

 'the goal is Jesus Christ'   "Jesus is the leader of the race"
'목표는 예수 그리스도'   "예수님은 앞선 경주자이다"

금메달을 따기 위해 어떻게 해야 합니까?

The game given to us will run until the end well.
우리 앞에 당한 경주를 끝까지 잘해야 합니다.

🏅 1st | We have to wear spiritual clothes(12:1).
첫째 | 영적인 옷으로 갈아입어야 합니다(12:1).

Why do we have to wear spiritual clothes?
왜 영적인 옷으로 갈아입으라고 합니까?

Today the text verse 1 say us.
오늘 본문 1절이 우리에게 말씀하고 있습니다.

"Let us throw off everything that hinders* and the sin that so easily entangles*."
"모든 무거운 것과 얽매이기 쉬운 죄를 벗어 버리고."

Whatever 'hinders' and easily 'entangles' are what interrupts* the race of faith.
'무거운 것'과 '잘 얽어 메는 것'은 신앙의 달음질을 방해하는 것들입니다.

So, these are what interrupts the race of faith.
또한 이것들은 믿음의 경주를 달려갈 때, 승리를 방해하는 것들입니다.

These are the interruptions it' in our faithful lives.
우리가 믿음의 삶을 살아가는데 방해가 되는 것들입니다.

In our lives of faith and church, that's 'sin' is the obstacle*.
우리가 신앙생활과 교회생활을 하는데 장애물이 되는 그것은 '죄'입니다.

Sin is absolutely obstacle to our faith*.
죄는 절대적으로 우리 신앙을 방해하는 장애물입니다.

So, sin is what kind have a property?
죄는 어떤 속성을 가지고 있습니까?

Sin is tied into the tradition* of people's habituation* and action.

hinder 방해하다, 저해하다, 막다
entangle 얽히게 하다, 걸리게 하다,
           알 수 없게 하다
interrupt 방해하다, 중단하다, 끼어들다,
           가로막다, 끊다

obstacle 장애, 방해, 장애물
"Sin is absolutely obstacle to our faith"
"죄는 절대적으로 믿음을 방해하는 장애물이다"
tradition 전통, 전해지는, 관습
habituation 습관화, 익숙해짐, 상용벽

죄는 누구에게나 육적인 습관과 행동, 그리고 전통에 매여서 살게 합니다.

We're lived by the characteristics* of sin in action and behavior.
우리는 죄의 속성으로 세상에서 평소의 습관이나 행동, 전통적 속성으로 편하게 살았습니다.

The Bible say us, Ephesians 4:22.
"You were taught, with regard to your former way of life, to put off your old self*, which is being corrupted by its deceitful desires;".
에베소서 4:22절에서 말씀합니다.
"너희는 유혹의 욕심을 따라 썩어져 가는 구습을 따르는 옛 사람을 벗어 버리고."

Life before belief in Jesus was a life with a characteristic of a flesh.
예수 믿기 이전 생활은 육신적 속성으로 사는 것이었습니다.

This is a characteristic of a flesh.
이런 속성들은 육신적 속성입니다.

It is old-self and you must put off from the character.
이것은 옛 사람이며, 이 옛 사람은 반드시 벗어 버려야만 합니다.

We can't the race of faith.
이런 옷으로는 믿음의 경주를 할 수 없습니다.

You must wear the spiritual clothes only.
영적인 옷으로 갈아입어야만 합니다.

God does not like the characteristic of a flesh*.
이것은 육신적 속성입니다. 이것은 하나님이 좋아하시지 않습니다.

What is the meaning of spiritual clothes?
영적인 옷은 무엇을 말하고 있습니까?

Spiritual clothes*, the meaning is Spiritual character*.
영적인 옷은 믿음의 경주를 잘 할 수 있는 속성입니다. 영적인 옷은 영적인 속성입니다.

That's worship, prayer, praise, thankfulness, dedication are the

characteristic 독특한, 특징적인, 특질	the characteristic of a flesh 육신적 속성
old-self 옛 사람, 옛 자아, 중생하기 전 존재	spiritual clothes 영적(믿음)인 옷
(new-self 새 사람, 새 자아, 중생한 존재)	spiritual character 영적(믿음)인 속성

spiritual.

그것은 예배드리는 것, 기도하는 것, 찬양하는 것, 감사하는 것, 헌신하는 것입니다.

Christians have to transform* themselves into spiritual characters.

그리스도인은 누구든지 이렇게 영적인 속성으로 변화되어야 합니다.

These who are in characteristics of spirituality could finish the race of faith.

영적인 속성으로 변화된 사람만이 끝까지 믿음의 경주를 완성할 수 있습니다.

Why do we have to finish the race of faith?
왜 믿음의 경주에서 끝까지 달려야 합니까?

One, Failure to finish the race of faith is how a soul go to hell.

하나, 믿음의 경주에서 실패하는 것은 내 영혼이 영원한 지옥의 불 못에 빠지게 되는 것입니다.

Two, I have one that fails is ruin families, my house all.

둘, 나 하나의 실패는 내 가족, 가정, 가문, 가계가 모두 파멸할 수 있습니다.

Three, God does not want us to fail.

셋, 우리가 믿음의 경주에서 실패하는 것을 하나님은 원하시지 않습니다.

Fourth, Satan wants us to fail.

마지막으로, 우리가 믿음의 경주에서 실패하는 것을 마귀가 환영하고 좋아합니다.

2nd | We have to fight a bloody battle(verse 2).
둘째 | 피 흘리는 싸움을 해야 합니다(2절).

Why do we have to fight a bloody battle?
왜 피 흘리는 싸움을 해야 합니까?

Because the Satan interferes the race of faith.

믿음의 경주를 하면 반드시 사탄이 개입하기 때문입니다.

 transform 바꾸어(전환) 놓다, 변화(변모)시키다, 만들다

How can we rid of the Satan's interference*?
사탄의 개입을 물리치려면 어떻게 해야 합니까?

Follow the endurance of Jesus*.
예수님의 인내하심을 본받으면 됩니다.

Jesus overcome shame when he died on the cross.
예수님은 십자가에 달리실 때, 수치와 부끄러움을 참아내셨습니다.

What is shameful?
그 부끄럼이 무엇입니까?

In hell there are shame, contempt*, hopelessness*.
하나님이신 분이 지옥까지 내려가는 것이며, 지옥은 수치, 모멸, 절망이 있습니다.

In hell pride, honor, success, happiness, burns in fire.
더 중요한 사실은 지옥에서는 자존심, 명예, 성공, 행복, 노력 등이 다 불타버립니다.

Satan tries to destroy us through characters of sin.
사탄은 우리 죄성을 끈질기게 물고 멸망시킵니다.

Satan tries to ruin families line.
각자의 가문, 가계에 흐르는 저주를 물고 늘어집니다.

Satan tries to ruin households with weak faith in Jesus.
예수를 잘 믿지 않으면 사탄이 끼어들어 온 집안을 파멸시키려고 안간힘을 씁니다.

We have to fight a bloody battle to defeat Satan.
우리는 믿음의 경주를 하는 사람으로서 사탄과 싸워서 피를 흘리며 끝까지 싸워야 합니다.

We have to overcome the way Jesus overcome.
예수님도 믿음의 경주를 위해 끝까지 참았습니다. 우리도 그분을 본받아 인내

the Satan's interference 사탄의 개입
"Follow the endurance of Jesus!"
"예수님의 인내를 본 받으라!"
contempt 경멸, 모욕, 무시

(contemptuous 경멸(모욕)적인,
　　　　　　　업신여기는, 경멸하는)
hopelessness 가망 없음, 절망적인 상태,
　　　　　　　절망

해야 합니다.

If an individual loses to Satan then it's as if our families loss to Satan.
나 한 사람이 사탄과의 영적 싸움에서 패배하면 우리 가문과 가정, 가족이 패배합니다.

Satan can take us as hostages*.
나중에는 사탄의 인질이 되고 지옥으로 가게 될 수도 있습니다.

God prepared happiness for us.
하나님이 우리를 위하여 즐거움을 준비하셨습니다.

The happiness God prepared for us is glorious.
하나님이 준비하신 그것은 믿음의 경주를 끝까지 마친 우리를 위한 것입니다.

It is we'll get the award, It is never have a glorious crown.
우리가 얻게 되는 상급은 상상할 수 없는 가장 영광스러운 것입니다.

Jesus completes us from beginning the end of the race of faith.
예수님은 우리 믿음의 경주를 시작하는 단계부터 마칠 때까지 완전하게 하시는 분입니다.

Therefore we have to look forward to Jesus only*.
그러므로 우리는 그 예수 그리스도만 바라봐야 합니다.

We're business is happy about our success in the world.
우리는 사역이 성공하면 세상에서도 매우 기뻐합니다.

As parents are happy in their child's success.
자녀가 세상에서 성공하면 부모의 면류관이 됩니다.

However, the biggest happiness is spiritual success.
그러나 영적으로 성공하여 믿음의 경주를 잘 마치면 그것보다 더 큰 기쁨이 없습니다.

Would you remember the glory of the finish line in the race of faith is given by God, not the world.
꼭 기억하십시오. 여러분이 믿음의 경주를 잘 마치면, 세상에서 얻을 수 없는 영광을 얻습니다.

---

 hostage 인질, 볼모, 사로잡음   "We have to look forward to Jesus only"
(be hostage to ⋯에 속박되어 있다,   "우리는 예수님만 바라봐야 한다"
⋯에 좌우되다)

🖐 3rd | Let's follow the example of Jesus(verse 3).
셋째 | 예수님의 본을 따릅시다(3절).

What are some of the example of Jesus?
예수님의 본을 잘 따르는 일은 어떤 일들이 있습니까?

Accept the disciplines* of God.
먼저 하나님의 '징계'를 잘 받아들여야 합니다.

Although disciplines are painful, it is painful.
징계는 아프고 고통스럽지만 유익합니다.

When we get only the discipline by God,
우리가 하나님의 징계 받을 때,

only always follow Jesus and his ways.
오직 예수님만 따르면서 그 훈련 방법에 잘 적응하십시오.

Have patience when we're be whipped*.
달리는 말에 채찍질 할 때도 끝까지 참아야 합니다.

God put us through trials and tribulations* during the race of faith to helf us succeed.
하나님은 당신의 자녀들이 믿음의 경주에서 승리하도록 고난과 시험과 환난도 주십니다.

We are not complete, therefore we are disciplined.
우리에게 징계가 필요한 것은, 우리가 완전하지 않기 때문입니다.

We can fall sometimes during the race of faith.
우리는 간혹 믿음의 경주를 힘차게 달리다가 넘어질 수 있기 때문입니다.

We are easily distracted by temptation* of sin.
믿음의 경주를 방해하고 실패하게 만드는 죄에 익숙하여 유혹에 쉽게 걸려서 넘어집니다.

But, God directs us overcome to blocking and racing take win to the finish line.

---

 discipline 징계, 기강, 규율, 훈련, 훈육
whipped 매 맞은, (휘저어)거품을 일게 한
tribulation 시련, 고난, 재난,

(bear tribulations 고난을 견디다)
trials and tribulations 고난, 쓰라린 역경, 시련
temptation 유혹, 시험, 시련

그러나 하나님은 우리가 방해물을 이기고 경기하여 승리하도록 끝까지 이끌어 가십니다.

Put your trust in God. Agree with God's way.
하나님께 모든 것을 의뢰하고 그분의 훈련 방법에 동의하는 것입니다.

First perfectly obey God then will trust to God*.
하나님께 완전하게 의뢰하려면 여러분이 먼저 순종을 해야 합니다.

Those who obey God can do well in the race of faith.
순종을 잘하는 사람은 믿음의 경주를 끝까지 잘 달릴 수 있습니다.

These kinds of people could find the rejoice of win and praise, thanks, ane testimony*.
이런 사람은 승리의 기쁨을 누릴 수 있으며, 찬양하고 감사하고 간증할 수 있습니다.

Let's hope to be the people of God and Jesson Global Curch.
우리 모든 예손글로벌 성도들은 이같은 하나님의 성도들이 되기를 바랍니다.

Let's thanks God. Let's pray God. Let's praise God all.
우리 모두 하나님께 감사합시다. 우리 하나님께 기도합시다. 우리 하나님께 모든 찬양을 올려 드립시다.

Marathon is 42.195km.
마라톤은 42.195km입니다.

Marathon is village located 30km north-east of Athens, Greece.
마라톤은 그리스의 아테네에서 북동쪽 약 30Km 떨어져 위치한 지역 이름입니다.

In 490 B.C. there was war between Persia* and Athens*.
이곳에서 주전 490년에 페르시아 군과 아테네 군 사이에 전투가 있었습니다.

After victory by Athens, the messenger named 'Pedipides*' ran to Athens to deliver the news.
이 전투에서 아테네가 이겼습니다. 그 승전 소식을 아테네에 전한 전령이 '페이디피데스' 였습니다.

 (overcome temptation 유혹을 견디다)
'will trust to God' '하나님께 의뢰하려면'
testimony 간증, 증언, 증거, 입증

Persia 지금 이란의 옛 이름(1935년 Iran으로 개칭)
Athens 아테네(Greece의 수도)
Pedipides 페이디피데스(아테네의 전령 이름)

So, He delivered Athens news of the victory and to be the honor of a death messenger
그는 이 승전 소식을 아테네에 전하고 죽어서 명예로운 전달자가 되었습니다.

Right this, since 1896 A.D. the marathon was introduced in the Olympics.
바로 그를 기리는 뜻에서 주후 1896년 올림픽에서 육상 종목으로 채택되었습니다.

I came! I saw! and I conquered!
왔노라! 보았노라! 이겼노라!

Everyone you like a marathoner*, so hope the end of the race of faith.
여러분도 마라토너와 같이, 믿음의 경주를 끝까지 잘 마치고 승리하기를 바랍니다.

Would must be the great messenger* with the delivery of victory.
승리의 소식을 전하는 위대한 전달자가 되십시오.

And want to take a laurel of victory*.
그리고 승리의 월계관을 쓰기를 바랍니다.

That the laurel leaves are still an emblem of victory.
월계관 나뭇잎들은 여전히 승리의 상징입니다.

You can do receive the laurel crown from the Lord
당신은 주님께서 주시는 승리의 월계관을 받을 수 있습니다.

You must take the laurel crown.
당신이 꼭 승리의 월계관을 쓰십시오.

Amen!
아멘!

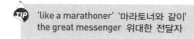

'like a marathoner' '마라토너와 같이'   a laurel of victory 승리의 월계관,
the great messenger 위대한 전달자   최후의 면류관

Chapter **10**

Not Yet End the Run
끝나지 않는 달음질

Philippians 3:12-14 / 빌립보서 3:12-14

12 Not that I have already obtained all this, or have already been made perfect, but I press on to take hold of that for which Christ Jesus took hold of me

13 Brothers, I do not consider myself yet to have taken hold of it. But one thing I do: Forgetting what is behind and straining toward what is ahead

14 I press on toward the goal to win the prize for which God has called me heavenward in Christ Jesus.

12 내가 이미 얻었다 함도 아니요 온전히 이루었다 함도 아니라 오직 내가 그리스도 예수께 잡힌 바 된 그것을 잡으려고 달려가노라

13 형제들아 나는 아직 내가 잡은 줄로 여기지 아니하고 오직 한 일 즉 뒤에 있는 것은 잊어버리고 앞에 있는 것을 잡으려고

14 푯대를 향하여 그리스도 예수 안에서 하나님이 위에서 부르신 부름의 상을 위하여 달려가노라

Each of us have a role which we're given.
누구에게든지 자기에게 맡겨진 역할이 있습니다.

Although an individual who has learned less, has no talent volunteering*,
비록 자신은 남보다 배움이 짧고, 재능과 자원이 없어도,

has lots of flaw from the past,
심지어는 잘못된 과거와 허물이 있어도,

God could do wonderful work though that person.
하나님은 얼마든지 그를 통해 멋진 일을 이루실 수 있습니다.

It is important to have trust to a role.
중요한 것은 각자의 맡겨진 역할에 충실한 것입니다.

If trust is kept then there are no failures.
그처럼 자기 자리에 충실하면 결코 인생에 실패는 없는 것입니다.

A wonderful life is finding one's place, having a purpose in life going to self-life*.
가장 아름다운 인생은 자기 분수를 깨닫는 것이며, 자신이 하는 일을 위해서 달려가는 인생입니다.

Having little possession, small success is no problem.
가진 것이 없어도 괜찮고, 크게 성공하지 못해도 괜찮습니다.

Live a honest life* with full of purpose, this is living for a wonderful life.
자신에게 맡겨진 일에 따라 살면, 떳떳하고 꽤 멋진 인생을 살 수 있습니다.

In this wonderful life the search goes on and the running goes on.
이 멋진 인생을 달음질하는 경주입니다. 그리고 그것은 계속적으로 무엇을 찾아가는 것입니다.

So what can we do to keep on running towards the kingdom of heaven.
그러므로 끝나지 않은 달음질을 하기 위해서 우리는 무엇을 해야 합니까? 그것은 하나님 나라를 향해서 달리는 것입니다.

🏛 1st | Go forward through salvation(verse 12).
첫째 | 구원을 이루면서 나가야 합니다(12절).

 talent volunteering 재능의 드림, 자원 봉사   a honest life 정직(성실)한 인생, 솔직(정당)한 삶
self-life 자신의 인생, 자기의 삶

"I press on to take hold of that for which Christ Jesus took hold of me"(verse 12).
"내가 그리스도 예수께 잡힌바 된 그것을 잡으려고 달려가노라" (12절).

This eagerness* is the result of Jesus taking hold.
이 열심은 예수님한테 포로가 된 상태의 열심입니다.

It's not on eagerness of an individual, but a passion for the Holy Spirit of the Lord.
자신의 열심히 아니라 성령님에 의한 열정입니다.

"That for Christ Jesus took hold" it's a goal set by the Lord and it is a goal of the Lord.
"그리스도 예수께 잡힌 바 된 그것" 은 주님 안에서 목표가 세워진 주님의 목표를 말합니다.

What position should an individual accomplishing a goal have?
이 목표를 이루는 자의 자세가 어떠해야 합니까?

God need a running position of eagerness.
열심히 달리는 자세를 요구하고 있습니다.

Everyone tries to live a good life, it is one life to live and can't live it twice.
누구든지 인생을 잘 살려고 합니다. 단 한번 밖에 없는 인생을 두 번 살 수가 없는 것입니다.

The world cannot bring us down!
세상이 우리를 침몰시킬 수 없습니다!

A deep-sea fishing ships* is very big. Doing far fishing to other country.
원양어선은 매우 큰 배입니다. 멀리 남의 나라의 바다까지 가서 조업을 해야 합니다.
A deep-sea fishing ships has to be waterproof* when it is built.
원양어선을 만들 때, 완벽하게 방수하여 물이 스며들지 않도록 해야 합니다.

eagerness 열성, 열정, 열망, 노력   waterproof 방수의, 물을 막아주는
a deep-sea fishing ships 원양어선,
                        큰 바다의 어선

A fishing ships has to be waterproof so it would sink in the ocean.
넓고 거친 바다를 멀리 항해 할 때, 어떤 폭풍우에도 가라앉으면 안 되기 때문입니다.

Even a little amount of water could fill up fast and sink a ship.
만약 그 배에 바닷물이 조금이라도 새어 들어온다면, 그 물이 거대한 배를 침몰시켜 버리고 맙니다.

Like this secularity is stubborn* through carelessness* if could easily destroy our lives by bring down our soul.
이와 같이 세속성은 조금만 방심하면, 쉽게 우리의 영혼에 파고들어 우리를 파멸시킬 수 있습니다.

Reject secularity and don't let little problems yet tangled up.
아무리 사소한 것이라도 문제가 꼬이지 않게 세속성을 물리쳐야 합니다.

We must live a winning life in our the life*
그리고 우리의 삶 속에서 승리하는 인생을 살아야만 합니다.

This is the kind of life God wants.
하나님께서는 우리에게 이런 삶을 원하고 계십니다.

✋ 2nd | Run Forward(verse 14).
둘째 | 앞을 향한 달음질만 있습니다(14절).

What's the run forward? That's the run forward Jesus Christ*.
무엇을 향한 달음질입니까? 그것은 예수 그리스도를 향해서 달음질하는 것입니다.

Live as if there was no past God wants!
하나님께서는 과거가 없는 것처럼 살아갈 것을 요구하십니다!

"Forget the past and run towards your future!"
"과거의 것을 잊어버리고 앞에 것을 향해 힘껏 달려라!"

"A painful past is beautiful!" What is the meaning of this?

stubborn 고집 센, 완고한, 끈질긴
carelessness 부주의, 경솔, 경망
'a winning life in our the life'
'우리 삶 속에서 이기는 인생'

'the run forward Jesus Christ'
'예수 그리스도를 향한 달음질'

"지나간 추억은 아플수록 아름답다!" 무슨 말입니까?

Most people yearning their life intend the past.
대부분의 사람들은 과거 지향형 삶을 그리워합니다.

Holding on to the past, is like a life of sleepwalking*.
흘러간 과거만 붙잡고 있다면, 몽유병 환자처럼 꿈속에서 깨어나지 못한 인생입니다.

A person that follows a rose is positioned towards the future*.
장미빛 인생을 좇아가는 사람은 미래 지향형입니다.

God using fault as a strong point!
허물을 장점으로 사용하십니다!

Long time ago, there was a water carrying yoke* that delivered water bottles.
옛날에 양 어깨로 물병을 운반하는 물지게꾼이 있었습니다.

There was a crack in one of the bottle and the water poured out.
그중 한 물병에 금이 생겨서 물을 흘렸습니다.

The bottle with the crack was worried* and was regretful*.
금이 간 물병에 늘 수치심으로 걱정하고 후회했습니다.

But the water that poured over made a flower grow.
그러나 자신이 흘렸던 물이 길가 한쪽의 꽃씨에 물을 공급하여 아름답게 피어나게 했습니다.

A beautiful flower has been created.
나중에 아름다운 꽃길이 조성되었습니다.

God uses your fault as a strong point.
하나님께서는 여러분의 허물을 장점으로 사용하십니다.

Believing in Jesus is wonderful. You believe it!
예수 믿는 일이 너무 좋다는 것을 믿어야 합니다!

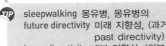

sleepwalking 몽유병, 몽유병의
future directivity 미래 지향성, (과거 지향성,
　　　　　　past directivity)
inner directivity 내부 지향성, (외부 지향성,
　　　　　　outer directivity)

a water carrying yoke 물지게꾼
carrying 운송, 운반(배달)의, 잘 들리는
worried 걱정되는, 우려되는, 두려운
regretful 유감 있는, 애석하게 여기는,
　　　　후회하는

Success in the world is applauded by people and that successful* is observed.

세상에서는 성공하면 사람들에게 갈채를 받습니다. 그리고 그의 인생이 사람들에게 주목을 받습니다.

But an individual who falls is ignored* and all people leave out.

그러나 넘어지거나 도태되면 사람들에게 왕따를 당하거나 무시를 당합니다.

We must give the others to influential!
우리는 영향력을 끼치며 살아야만 합니다!

God gives us the ability to be influential*.

하나님이 우리에게 세상에 영향력을 끼칠 능력을 주십니다.

We give other encourage and comport. Do not discourage to the others.

우리는 이웃들을 격려하고 위로를 줘야 할 것입니다. 상대방을 낙심시키지 말아야 할 것입니다.

So give instruction of the Lord with give Lord's hope to the others.

주님의 진리의 교훈을 전하면서 소망을 갖게 해야 합니다.

So, guid to God's word of inspiration* to the others.

하나님의 영감의 말씀으로 인도해야 합니다.

Just live by God's power and bless to the others.

하나님의 능력과 축복으로 살게 해야 합니다.

Applaud the other person be stand.

상대방을 칭찬하고 지지하며 세워주어야 합니다.

So, will heal though Lord's love*.

그리고 주님의 사랑으로 상처를 치유해야 합니다.

Give caring in a soul of sin*.

죄 가운데 있는 영혼을 보살펴 주어야 합니다.

So, give the comport of power in the world.

세상 가운데 위로와 힘을 주어야 합니다.

---

 successful 성공적인, 잘된, 합격한
ignore 무시(간과)하다, 모르는 체하다, 묵살하다
influential 영향력 있는, 유력한
inspiration 영감, 자극, 원천

'will heal though Lord's love'
'주님의 사랑을 통해 치유한다'
'give caring in a soul of sin'
'죄 가운데 영혼을 보호한다'

Let's live exercise the influence to strengthen.
우리는 이러한 영향력을 가지고 의롭게 행하며 살아가야 합니다.

This is the way of possibility christian life*.
이것이 적극적으로 살아가는 그리스도인의 삶입니다.

Why do you run?
여러분은 왜 달음질 합니까?

A person with an absolute goal runs forward.
분명한 목표가 있는 사람은 앞만 향하여 달음질 하는 것입니다.

There is God's wondrous award at the end. That's God's promise.
그리고 그 끝에는 반드시 하나님의 놀랍고 영광스러운 상급이 있다고 약속하고 있습니다.

On the day of God's glory, the affect of your things are lost.
이 상급이 있는 날, 지금껏 미련을 두고 애쓰던 것이 효력을 잃게 됩니다.

These losses are financial*, assets, apartment, car other.
효력을 상실하는 그것은 주식, 채권, 토지, 아파트, 자동차 등입니다.

And soon it is when money is no longer effective and the day of God.
그리고 세상에서 돈(화폐)의 효력이 더 이상 없게 되는 하나님의 날이 오는 것입니다.

Therefore this is I must do the role the mission*.
그러므로 내가 해야 될 역할은 사명입니다.

The mission is give us and the courage and overcome fear of failure.
사명은 우리를 용기 있게 만들고, 실패와 역경도 두려워하지 않게 만듭니다.

It's not exhausting. It's not boring.
결코, 피곤하지 않고, 지루하지 않습니다.

We think about like living a new life.
우리는 늘 새로운 인생을 사는 것처럼 새로운 것입니다.

We keep on running with ease, comport and intelligence*.

 'possibility christian life'　　　　　　　　　　"I must do the role the mission"
'적극적인 그리스도인의 삶'　　　　　　　　　　"내가 해야 할 역할은 사명이다"
financial 금융의, 경제의, 재정적인, 회계의

우리가 사려 깊고, 평안하게, 현명하도록 인생의 달음질이 끝나지 않게 노력해야 합니다.

A person with vision from belief going strength.
사람은 믿음 안에서 가진 비전만큼 강해지고, 담대해 집니다.

Do not live follow with authority*. Do not count with benefit position.
물질이나 사람이나 권력을 따라 살지 마십시오. 이익과 자리를 계산하지 않는 것입니다.

Instead when you live with mission of duty and people and things follow.
오히려 사명을 따라 살면 필요한 만큼 물질과 사람과 힘도 따라옵니다.

Don't be frustrated* with a little fruit you see.
현재 보이는 열매가 작아도 답답해 하지 않는 것입니다.

Continual running toward in your mission,
여러분의 사명 안에서 앞을 향한 달음질을 계속하면,

the fruit will grow as you run forward.
비록 내가 작을지라도 큰 열매를 맺게 됩니다.

The fruit is small now it's a road made for an offspring* to live on.
지금 내가 얻는 열매가 작아도, 나중에 내 후손이 살아갈 길을 만들어 주는 것입니다.

We must clearly know that's.
우리가 분명히 알아야 할 것이 있습니다.

We go forward through salvation. We run forward only.
구원을 이루면서 나가야 합니다. 앞을 향한 달음질만 있습니다.

Yours the run is not yet.
당신의 달음질은 아직 끝나지 않았습니다.

Your the run don't stopping continue.
당신의 달음질을 끝내지 말고 계속 달려야 합니다.

Would you must run forward your mission.
여러분에게 주어진 자신의 사명을 향해 달려가십시오.

---

intelligence 지성(지적), 지능, 현명함
authority 권한, 권위, 권력, …공사

frustrated 낙담한, 좌절된, 욕구 불만의
offspring 자식, 자손, 자녀, 애들(새끼)

And try toward the kingdom of God with running.
하나님의 나라를 위하여 계속 달려가십시오.

Amen!
아멘!

Risk comes from not knowing what you're doing.
- Warren Buffett
위험은 자신이 무엇을 하는지 모르는 데서 온다. - 워렌 버핏

Chapter 11

Pressing Toward the Goal
푯대를 간절히 추구함

Philippians 3:13-14 / 빌립보서 3:13-14

13 Brother, I don't consider myself yet to have taken hold of it. But one thing I do : forgetting what is behind and straining toward what is ahead

14 I press on toward the goal to win the prize for which God has called me heavenward in Christ Jesus.

13 형제들아 나는 아직 내가 잡은 줄로 여기지 아니하고 오직 한 일 즉 뒤에 있는 것은 잊어버리고 앞에 있는 것을 잡으려고

14 푯대를 향하여 그리스도 예수 안에서 하나님이 위에서 부르신 부름의 상을 위하여 달려가노라

We like looking for the two instruction* of God's* word in today.
우리는 오늘 하나님의 말씀 안에서 두 가지 가르침을 찾을 수 있습니다.

The first instruction is grant of best absolute to 'Now'.
첫 번째 가르침은 '지금'에 최대 가치를 부여하고 있습니다.

This is the other meaning is, we're also, always thinking, feeling, assuring*, behaving, from now all together.
이 단어를 다른 말로 생각하면, 지금 아니면 우리 모두는 언제나 지금에서 생각하고 느끼고 다짐하고 행동하는 것입니다.

Where's all things being from?
이 모든 것을 어디서부터 시작합니까?

Also God's the bible saying from right now.
바로 지금부터라고 성경은 말하고 있습니다.

The people like say "It is now or never!", They are don't restrict* to situation now.
"지금 아니면 다시없어!" 하는 사람들은 현재 상황에 얽매이지 않는 사람들입니다.

Therefore, you're really truly man of freedom. Let us see, that Noah?
그러므로 당신은 진정한 자유인입니다. 자, 우리 노아를 볼까요?

Noah is be confined* in ark 40 day and night.
노아는 40주야를 방주 안에 갇혀 있습니다.

But they're stay with God in the water,
하지만 물위에 계시는 하나님과 함께 있으므로,

his all family eight people and not drown one seed and one beast extend to next age.
그의 8명의 가족과 한 종자, 한 짐승도 다음 세대로 이어지게 되었습니다.

Would you let see, Daniel. He be confined in the cave of a lion.
자, 다니엘을 보십시오. 그는 사자의 동굴 안에 갇혔습니다.

But Daniel with God be taking hold of savage beast,

instruction 교훈, 훈련, 명령   restrict 제한하다, 한정하다, 금지하다
assuring 확신하는, 보증하는 자신을 갖게 하는   confined 감금되는, 한정된, 제한된

맹수를 휘어잡고 계시며 다니엘을 보호하고 계시는 하나님과 동행하므로,

instead, Daniel is can do witness to God trough the crisis.
오히려 다니엘은 위기를 통해서 하나님을 증거하고 있습니다.

If so, how to we're living? We're living about the present, now well.
그렇다면, 우리는 어떻게 살아야 합니까? 우리는 현재를 매우 잘 살아야 하는 것입니다.

Now days 'well-being*' is living very well for now.
요즘 '웰빙' 하는 것은 현재를 잘 살자고 하는 것입니다.

If, you'll be living now well, only serving to God, only seeking the Lord.
진정으로, 현재를 잘 살려면, 하나님을 섬기며 살아가고, 주님을 추구하면서 살아가야 합니다.

You will be serving to God as the qualification* of servant at position.
하나님을 잘 섬기려면, 종의 위치에서 종의 신분으로 섬겨야 합니다.

You'll be living as servant, please moment by moment* living faithfully*.
종의 신분으로 살려면, 순간순간을 충성스럽게 살아가야 합니다.

Only faithfully living for day by day. So, must live very well today.
오직 그날그날을 위해 충성스러운 삶을 살려면, 오늘을 잘 살아야만 합니다.

Because, we're be the people of God*.
그 이유는 우리가 하나님의 백성이기 때문입니다.

Therefore, the people of God is thinking live for the experience of the past.
그러므로 하나님의 백성은 지난 과거의 경험을 생각하면서 살아야 합니다.

And also, as Christian is live look forward to the future.
그리고 역시 그리스도인으로서 미래를 기대하며 살아가야 합니다.

Let us together like looking forward to the future.
자, 우리 모두 함께 미래를 내다보면서 미래를 향해 삽시다.

If so, what's like expert the future?
그렇다면, 미래를 기대하면서 사는 것은 무엇입니까?

well-being 웰빙, 잘사는 것, 복지, 행복(안녕)   faithfully 충실하게, 성실하게, 정확(충실)히
qualification 자격, 자질, 능력   day by day 날이면 날마다, 그날그날
moment by moment 순간순간   the people of God 하나님의 백성, 천국 시민
(step by step 한 계단 한 계단)

Where's we making incomplete to complete*?
우리는 어디서 미완성을 완성하며 살아야 합니까?

Now here we'll make incompletion to completion today.
오늘 지금 여기서 우리는 미완성을 완성하며 살아야 합니다.

And forgetting what is behind. This meaning is overcome to barrier of salvation*.
그리고 뒤엣것을 잊어버리는 것입니다. 이 말은 구원을 방해하는 장애물을 극복하는 것입니다.

Because, The salvation is to eternal life live.
왜냐하면, 구원은 생명을 영원히 살리는 것이기 때문입니다.

Must you overcome do that no any barriers for salvation only.
구원을 위해서는 그 어떤 장애물도 포기해서는 안 됩니다.

Living for glorious and bright of the life. Seeking* toward that and ahead Jesus Christ.
영광스럽고 찬란한 삶을 살기 위해 앞에 있는 것을 추구하며, 그것은 앞에 나타난, 즉 예수 그리스도를 추구하는 것입니다.

What's the choice toward happiness and unhappiness?
행복과 불행 중 어느 것을 선택하며 추구해야 합니까?

What's like the that do you like choice?
당신은 어떤 것을 선택하겠습니까?

If, do you like taking happiness?
만약, 당신은 행복을 선택하기 원한다면?

You take up the train pass of faith the hope tunnel.
당신은 믿음의 열차를 타고 소망하던 터널을 지나가야 합니다.

You must be arrival the station of eternal life.
당신은 영생의 종착역에 도달하는 것입니다.

If you want going to the station of eternal life?
만약 당신은 영생의 종착역에 도달하기를 원한다면?

'making incomplete to complete'
'미완성을 완성하면서'

'overcome to barrier of salvation'
'구원의 방해물을 극복함'
seeking 추구, 모색함, 「…을 찾는」의 뜻

If so, you must pass the tunnel of hope*.
그렇다면, 당신은 소망의 터널을 꼭 통과하시기 바랍니다.

You be taken the train of faith, now.
지금 당신은 믿음의 열차를 타고 있는 것입니다.

The second instruction is that's concentrate* to 'the what is it'.
두 번째 교훈은 '그 무엇'에 집중하는 것입니다.

Many people is what is to the concentrate now?
많은 사람들이 요즘 집중하고 있는 것은 무엇입니까?

I want introduce some one concentrated to 'the what is it'.
'그 무엇'에 집중했던 한 사람을 소개하고 싶습니다.

There was a world-wide famous conductor name Toscani.
세계적인 명지휘자 토스카니가 있었습니다.

He was originally a violinist.
그는 원래는 바이올린 연주자였습니다.

When he play the violin, he wasn't able to see the notes well because of his bad sight.
그는 바이올린을 연주할 때, 시력이 나빠서 악보를 읽지 못했습니다.

Therefore, he wasn't able to stay in true with others musicians*.
그러므로 다른 파트너들과 호흡을 맞추지 못해 연주를 못했습니다.

So he always memorized the notes.
그래서 그는 항상 악보를 암기하여 연주했습니다.

One day, the conductor was absent due to being sick.
어느 날, 지휘자가 몸이 불편하여 연주회에 나오지 못했습니다.

Toscani did not play the violin, that day and instead he conducted the orchestra.
토스카니는 이번 일에 계기가 되어 바이올린을 연주하지 않고, 지휘자 대신 오케스트라 지휘를 하게 되었습니다.

 'must pass the tunnel of hope'
'소망의 터널을 통과하라'

concentrate 집중시키다, 전념하다,
전력을 기울이다
musician 음악가, 가수, 뮤지션

He was able to conduct because he already memorized the notes.
왜냐하면 토스카니는 악보를 전부 암송하고 있었기 때문입니다.

Toscani became a famous conductor* there after.
그 후 토스카니는 계속 지휘를 하게 되었고, 세계적으로 유명한 지휘자가 되었습니다.

His trouble helped him concentrate to conducting.
그에게는 오히려 환난(고난)이 지휘하는 일에 집중하게 했습니다.

And he is able to lead for world-wide famous the choral society.
그리고 세계적인 합창단을 이끌며 지휘하게 되었습니다.

So, he can concentrate to holiness and glory to God with the choir.
또, 그는 합창단과 함께 거룩함과 하나님께 영광 돌리는 일에 집중할 수 있었습니다.

What are you be attached* now? What's the hold fast don't get out now?
당신은 지금 어떤 것에 집착하거나 몰두하고 있습니까? 지금 무엇을 꼭 잡고 놓지 않고 있습니까?

That's be immersed* in that's secular things*.
그것은 세속적인 것에 빠져있는 것입니다.

Why do you be immersed in that's secular things now?
왜 지금 당신은 그 세속적인 것에 푹 빠져 있습니까?

But we're different, all most people concentrate that's all different?
그러나 우리는 다릅니다. 다른 모든 사람이 집착하며 몰두하는 것과 완전히 다릅니다.

What's to be sure the different? That's the different essence.
실로 무엇이 다릅니까? 본질이 다릅니다.

They're try best to limitation*, we're try best to unlimited.
(bad and good - Satans and Angels)
그들이 추구하는 것이 제한적이라면, 우리가 추구하는 것은 무제한적입니다.

So different character. They're try best to spoil, we're try best to eternity.

a famous conductor 유명한 지휘자
attached 덧붙여진, 첨부된, 달라붙은
immersed 침례를 받은, 잠긴, 묻힌
secular things 세속적인 것, 세상적인 물건들

(secularity 세속성, 거룩하지 않음)
limitation 한계, 제한, 제약, 제한하는 것,
　　　　　　무제한(unlimited)

또 속성이 다릅니다. 그들이 추구하는 것이 썩는 것이라면, 우리가 추구하는 것은 영원한 것입니다.

They're try best to variability*, we're try best to unvariability*.
그들이 추구하는 것은 가변적이라면, 우리가 추구하는 것은 불가변적입니다.

Let us please, never don't remember it is.
자, 우리가 결코 잊어서는 안 될 것이 있습니다.

We'll be only concentrate to Jesus Christ, if so, never have no fear.
우리가 예수 그리스도에게만 집중할 수만 있다면, 우리에게는 절대 두려움이 없습니다.

Never give up toward to the Lord. Never don't remember to Jesus Christ. Never don't lost out faith.
주님을 향하는 것을 결코 포기하지 마십시오. 예수 그리스도를 결코 잊지 마십시오. 믿음을 결코 잃어버리지 마십시오.

Will be follow to Jesus Christ for us only.
오직 예수 그리스도를 따르는 우리가 됩시다.

Will be stand in the way of Jesus Christ for us only.
오직 예수 그리스도 안에 서 있는 우리가 됩시다.

Will be imitate to Jesus Christ* for us only.
오직 예수 그리스도를 닮아가는 우리가 됩시다.

---

 variability 가변성, 다양성, 변하기 쉬움,　　　　"Will be imitate to Jesus Christ"
　　　　　불가변성(unvariability)　　　　　　　　　　"예수 그리스도를 닮아가자"

Oh, I would be to others a cheering ray of light. - Bosch
오, 저는 다른 사람들에게 밝은 햇살이 되기를 소원합니다. - 보쉬

PART 3

Great Redemption
위대한 구속

"The only thing that stands between you and your dream is
the will to try and the belief that it is actually possible."
- Joel Brown
"당신과 당신 꿈 사이에 놓여있는 단 하나는, 하고자 하는 의지와
그것이 정말 가능하다는 믿음이다."
- 조엘 브라운

Chapter **12**

Jesus Has Redeemed Us
우리를 구속하신 그리스도

1 Peter 1:18-19 / 베드로전서 1:18-19

18 For you know that it was not with perishable things such as silver or gold that you were redeemed from the empty way of life handed down to you from your forefathers,

19 but with the precious blood of Christ, a lamb without blemish or defect.

18 너희가 알거니와 너희 조상이 물려 준 헛된 행실에서 대속함을 받은 것은 은이나 금 같이 없어질 것으로 된 것이 아니요

19 오직 흠 없고 점 없는 어린 양 같은 그리스도의 보배로운 피로 된 것이니라

We all receive peace and comfort under the cross*.
우리 모두는 십자가 아래서 평안과 안식을 얻습니다.

The Lord's grace has guided our lives through this past one year.
우리가 한 해 동안 살아온 것도 주님의 은혜 때문입니다.

It's a blessing to have peace and comfort from the Lord.
그러므로 주님께서 베푸신 십자가 아래의 평안과 안식은 근본적인 축복입니다.

Jesus gave us the blessings which we have experienced.
지금 우리가 체험하고 소유한 이 축복은 분명히 예수님께서 주셨습니다.

Therefore, Jesus' love is precious*.
그래서 우리 예수님의 고귀한 사랑이 우리에게는 소중한 자산입니다.

Jesus has blessed us*, so who is he?
그렇다면 우리를 축복하신 예수님, 그분은 누구십니까?

Jesus our the Redeemer*
예수님은 우리의 구속자

Jesus has several names in the Bible.
성경에 여러 가지로 불리우는 예수님의 이름들이 있습니다.

Especially one of those names, the name 'Redeemer' is precious.
그중 하나는 나에게 특별히 소중합니다. 그 이름은 '구속자' 입니다.

The word 'redeem' means 'to buy back', 'to recover'.
이 단어 '리딤'의 진정한 의미는 '다시 사다' , '다시 갖다'의 뜻이 있습니다.

This is a suggestion in which products are sold or confiscated* to pay off debt.
이 말은 빚을 갚기 위해서 어떤 물건이 팔렸다든지 또는 '몰수당했다'는 것을 말합니다.

After debt is paid off, what was lost can be redeemed.
이 물건에 대하여 보상의 값을 지불하면 잃었던 것을 다시 찾게 됩니다.

'peace and comfort under the cross'
'십자가 아래에서의 은혜와 평강'
"Jesus' love is precious"
"예수님의 사랑은 고귀하다"

"Jesus has blessed us"
"예수님이 우리를 축복하셨다"
redeemer 다시 사들이는 사람, 구속자,
　　　　　　몸값 주고 빼내는 사람,
confiscate 몰수하다, 몰수한, 징발하다

The old man were bought a slave
노예를 산 노인

Long time ago, an old man went to buy a slave.
옛날에 한 노인이 노예를 사려고 시장에 갔습니다.

He found a slave he wanted to buy.
그는 한 노예를 보고 그 노예를 사기로 했습니다.

He will buy the slave and slave owners with traders*.
그는 노예를 사기 위해 그 주인과 거래했습니다.

He paid to buy the slave and that slave his own.
노예에 대한 값을 지불하고, 그 노예를 완전히 자기 것으로 소유했습니다.

And then set the slave free.
그리고 그 노예를 소유하지 않고 자유를 주어 놓아 주었습니다.

He said, "I will give freedom." "I bought you to give you freedom."
"나는 너에게 자유를 주겠다." "너에게 자유를 주려고 너를 산 것이다." 라고
말했습니다.

His the slave heard "Give freedom for you*." from the new owner.
노예는 자기를 산 주인에게서 "너에게 자유를 주겠다." 라는 말을 들었습니다.

How good the freed a slave must have felt to find freedom?
그는 노예의 신분에서 풀려났으니 얼마나 좋았겠습니까?

The freed slave did not leave, but instead lived with the old man.
그러나 노예는 새로운 주인 곁을 떠나가지 않고 함께 살았습니다.

The freed slave lived as a loyal servant*.
노예는 스스로 일생 동안 새 주인의 충성스런 종이 되었습니다.

Paid value new owner
값을 지불한 새 주인

How did the new owner pay to buy the slave?
새 주인은 노예를 사기 위해 그에 대한 값을 무엇으로 지불했습니까?

trader 무역하는, 트레이더, 상인   'a loyal servant' '충성스러운 종'
"Give freedom for you" "당신에게 자유를 주겠다"

Yes, the new owner was Jesus and he sacrificed his body.
예, 새 주인은 예수님이고, 예수님은 자신의 몸을 희생으로 지불하였습니다.

How did Jesus sacrifice by his body*?
예수님은 자신의 몸을 어떤 모양으로 희생하셨습니까?

He sacrificed his body through death.
그분이 죽음으로, 자기 목숨을 내던짐으로 희생한 것입니다.

Jesus died on the cross to pay for our sins.
예수님은 우리의 죄의 값을 지불하려고 십자가에서 죽으신 것입니다.

Therefore, God is our Lord and his son is Jesus
그러므로 우리의 주인은 하나님이시며, 그분의 아들이신 예수님이십니다.

Jesus is our life and our savior*.
예수님은 우리의 생명이시며 우리의 구세주이십니다.

Why did Jesus give his body to die?
왜 우리 예수님께서 자신의 몸을 판 것처럼 죽으셨습니까?

The reason is people are sinners.
그 이유는 모든 인류가 죄를 범했기 때문입니다.

What was the sin with human in the world and instead Jesus died?
세상 인류가 어떤 죄를 범해서 대신 예수님이 죽으셔야만 했습니까?

First that sin and they took the fruit of good and evil in the garden of Eden*.
하나님이 세상을 처음 창조하셨을 때, 에덴동산에서 선악과를 따먹은 죄입니다.

There after people were exiled from the garden of Eden and imprecation began.
그 후 인류가 에덴동산에서 추방되고 인간에게 모든 저주가 시작되었습니다.

After, people became slaves of Satan and got tied up with sins.
그때부터 모든 인류는 죄에 매여 사탄의 노예가 되었습니다.

 "Jesus sacrificed by his body"　　　　　the Garden of Eden 에덴동산, 파라다이스
"예수님이 자신의 몸으로 희생하셨다"
"Jesus is our life and our savior"
"예수님은 우리의 생명과 우리의 구세주이다"

Everybody is a sinner from birth. No exceptions.
인간은 태어 나면서부터 누구든지 죄인입니다. 단 한 사람도 예외가 없습니다.

Sinners* have to live with pain and oppression*.
죄인은 죄로 인해 고통과 압박을 받으며 저주스럽게 살아야 합니다.

Sinners will be judged, will be died forever.
죄인은 틀림없이 심판을 받게 되며, 나중에 영원히 죽게 됩니다.

But what about us who believe in Jesus?
그러나 여러분과 나, 즉 예수 믿는 우리는 누구입니까?

We are saved from our sins and exempted* from judgement.
우리들은 죄에서 건짐을 받았고, 하나님의 심판을 면제 받았습니다.

What if Jesus did not die on the cross? What would our situation seem like?
만약 우리를 위하여 예수님이 십자가에 대신 죽지 않으셨다면, 우리들의 처지가 어떻게 되었을까요?

Correctly* It would like a beast have a sinful and hopeless life*.
틀림없이 절망 가운데 짐승처럼 죄에 빠져 소망 없이 살고 있었을 것입니다.

Therefore, we have to thank and praise God for guiding us through out our lives.
그러므로 우리는 감사하고 찬양해야 합니다. 여기까지 인도하시고 보살펴 주신 하나님께 감사해야 합니다.

We thank Jesus for saving us from our sins.
우리의 저주스러운 죽음을 대신 죽으신 예수님의 구속을 감사합시다.

The blood of the lamb of God* saved us in a curse.
하나님의 어린 양이신 보배로운 피가 우리를 저주 가운데서 살려주셨습니다.

Jesus poured out his blood and took off his skin*, therefore live us.
예수님이 피를 쏟고 살을 찢으셨습니다. 그래서 우리가 산 것입니다.

Jesus took in all of our sins to the cross.
예수님이 지신 십자가는 모든 인류의 죄를 한 몸에 지신 속죄의 사건입니다.

From the glory of heaven* them back to hell.
그것은 하늘 영광 보좌로부터 지옥의 자리까지 추락하는 사건입니다.

We have to worship, praise, and thank the glory of Jesus.
우리가 당연히 그분께 예배와 찬양과 감사로 영광 돌려야 합니다.

Lovely there, anybody* can live a life through the grace of the Cross*.
사랑하는 여러분, 그러므로 생명이 있는 모든 존재는 십자가의 은혜로 살 수 있습니다.

Let us take the Cross which Jesus was on two thousand ten years ago on the mountain of Calvary*.
2010여 년 전, 갈보리 산 위에서 예수님이 지신 십자가를 우리도 짊어지고 갑시다.

Until the second coming of Jesus, let's work through the grace of the Cross.
예수님이 다시 오시는 그날까지 십자가의 은혜 가운데서 일합시다.

Let's overcome world adversity so we can live in heaven forever.
우리가 천국에 영원히 살기 위해서 세상의 역경들을 극복합시다.

Let's overcome distress failure, and frustration.
인생의 고난도 극복합시다. 삶의 실패도 극복합시다. 인생의 좌절도 극복합시다.

Let's not live with tear, worries, affliction*, and disappointments.
다시는 지겨운 눈물과 근심과 괴로움과 실망을 가지고 살지 맙시다.

Let's meet Jesus, who saved us, in heaven.
우리를 구원하신 그리스도를 천국에서 만납시다.

Happiness is already for us over there in heaven.
우리들의 안식과 행복이 저 천국에 마련되어 있습니다.

Amen!
아멘!

 'the glory of heaven' '하늘의 영광'
anybody 아무나, 누군가, 이렇다 할 사람
'the grace of the Cross' '십자가의 은혜'

the mountain of Calvary 갈보리 산
affliction 고통, 고뇌, 불행, 재난

Chapter 13

The Lamb of Abel
아벨의 어린 양

Hebrew 11:4 / 히브리서 11:4

4 By faith Abel offered God a better sacrifice than Cain did. By faith he was commended as a righteous man, when God spoke well of his offerings. And by faith he still speaks, even though he is dead.

4 믿음으로 아벨은 가인보다 더 나은 제사를 하나님께 드림으로 의로운 자라 하시는 증거를 얻었으니 하나님이 그 예물에 대하여 증언하심이라 그가 죽었으나 그 믿음으로써 지금도 말하느니라

Why called by an unfamiliar name*?
왜 생소한 이름으로 불렀습니까?

John the Baptist* was committed* to the ministry.
세례 요한은 그에게 주어진 사역을 맡아서 최선을 다하고 있었습니다.

Along with his two disciples* are part of the conversation.
그러던 중에 자신의 두 제자와 함께 한 대화의 일부분입니다.

Jesus was coming closer to them.
예수님께서 그들에게 가까이 다가서고 계셨습니다.

John is pointing to Jesus, "Look, the Lamb of God, who takes away the sin of the world!"(John 1:29).
요한은 예수님을 가리키면서, "보라 세상 죄를 지고 가는 하나님의 어린 양이로다" (요한복음 1:29).

Here the 'Lamb of God', this word is John introduces about Jesus into an unfamiliar name.
여기서 '하나님의 어린 양'은 요한이 예수님을 두고 생소한 이름으로 소개하고 있습니다.

John, why is it so called? What is the meaning of 'Lamb of God'?
요한은 왜 그렇게 불렀습니까? '하나님의 어린 양'이라는 호칭의 의미는 무엇입니까?

This is the central message being proclaimed.
그것이 지금 선포되는 메시지의 중심이 되는 것입니다.

 1st | Offering: The 'sinners' sense of identity offer sacrifices.
첫째 | 드림: '죄인'이라는 정체감이 산제사를 드리게 됩니다.

Recognition of the identity of sinner*
죄인의 정체감 인식

TIP baptist 침례, 침례파의,
              세례 요한(the Baptist)
         committed 헌신적인, 빠져 있는, 기울어 있는

disciple 제자, 문하생, 신봉자/
              예수의 12제자(twelve disciples)
unfamiliar name 생소한 이름
the identity of sinner 죄인의 정체감

We hope to resolve the question of 'Lamb of God' in the old testament of Cain and Abel from the narrator.
구약의 가인과 아벨의 이야기에서, '하나님의 어린 양'의 궁금증을 풀어주게 될 것이라는 기대를 해 봅니다.

First, Cain and Abel what will give to God with conflict.
먼저 가인과 아벨은 하나님께 무엇을 드릴 것인가를 갈등하게 됩니다.

They heard the circumstances of the Garden of Eden. Their parents Adam and Eve,
그들은 부모인 아담과 하와가 현재 처한 상황과 이전의 에덴동산의 상황을 분명히 들었을 것입니다.

So, they heard that their parents Adam and Eve were expelled from the Garden of Eden.
또한 그들은 하나님께 저주 받고 에덴에서 추방당했던 원인이 무엇인가도 들었습니다.

Also, heard due to the sins of the parents(human).
또한 부모(인간)의 죄 때문이었음을 듣게 되었습니다.

Adam's family was a sinner, therefore they weren't satisfied with their situation.
아담 가족은 죄인이기에 자신들의 형편을 만족하게 여기지 않았습니다.

Their previous life was in paradise*.
이전의 삶은 그야말로 파라다이스 최고의 삶이었습니다.

That life was over due to their sins
그 삶은 그들의 죄로 인하여 끝난 것입니다.

So, have been fall into sinner in a devastating* from sin of the tree good and evil*.
그래서 선악과 나무의 열매를 따먹은 죄로 인하여 죄인으로 전락하고 말았습니다.

The concern of Cain and Abel was "Maybe can God accept a Sinner?"
가인과 아벨에게 찾아온 갈등은 "어떻게 죄인을 하나님께서 받으실까?" 라는 것입니다.

---

 paradise 파라다이스, 낙원, 천국   the tree good and evil 선악과 나무
devastating 파괴적인, 충격적인, 괴멸적인

Cain's offering*
가인의 드린 제물

Cain and Abel knew their identities as a 'sinner'.
가인과 아벨은 자신들이 '죄인'이라는 정체감을 알았습니다.

They hesitated* on deciding* what would make God happy.
과연 죄인으로서 무엇을 드려야 하나님께서 기뻐하실지 망설였습니다.

God is looking for thoughtfulness* rather than perfection.
하나님은 완전한 것보다 정성으로 드리는 것을 받으십니다.

Cain was a farmer. He picked his crops from the field to offer to God*.
가인은 농부였습니다. 자신의 입장에서 하나님께 바칠 물건을 선택하는데, 자신의 소유인 과수원에서 거둔 소득 중에 골랐습니다.

He picked many fruits to offer God(Genesis 4:3).
여러 가지의 많은 과일 중에서 골라 제단에 드렸습니다(창세기 4:3).

Thinking about Cain's offerings!
가인이 드렸던 제물을 생각해 보십시오!

These were good quality fruits and show case on sensible* ride was decorated in good taste.
그 과일들은 양질의 것이었습니다. 그리고 마치 진열장에 담긴 것처럼 멋있고 탐스러운 과일이었습니다.

Cain filled the basket with fruit and was satisfied.
가인은 광주리에 과일인 제물을 소담스럽게 담았으며, 그 모양을 보고 스스로 흐뭇해 했습니다.

'I tried my best*!' He thought this was enough to earn recognition from God.
'나는 최선을 다했다!' 이 정도면 하나님 앞에 인정받을 정도의 수준이라고 자족自足해 했습니다.

Cain's offering 가인의 제물
hesitate 주저하다, 망설이다
deciding 결정적인, 결정적인 것이 되는, 결승의
thoughtfulness 사려 깊음, 친절함

(fore thoughtfulness 사전에 숙고함)
"offer to God" "하나님께 제물을 드리다"
sensible 현명한, 합리적인
"I tried my best!" "나는 최선을 다했다!"

Abel's offering - himself to be aware as a sinner
아벨이 드린 제물 - 자신을 죄인으로 자각

Abel was a shepherd*. looking at the context* of his offering, this showed his clear consciousness* that he was a sinner.

아벨은 목자였습니다. 아벨이 제사를 드리는 정황으로 봐서, "자신이 죄인이다." 라는 자각이 충분했습니다.

His thought was that "God will be happy as long as he offered what God wanted."

그러기에 그는 "하나님이 원하시는 것을 드리면 몹시 기뻐하실 것이다" 라고 생각했습니다.

This is Abel's strength*.

바로 이런 면이 아벨의 강점强占입니다.

He felt deeply* that the death of his offering was necessary.

그렇다면 자신이 드리는 제물도 마땅히 죽어야 되는 것이라고 강하게 느꼈을 것입니다.

He did his best offer to God.

그는 자신이 하나님께 드리는 것에 최선을 다했습니다.

He knew that he lacked what was necessary to wash his sins

그것으로 부족하기에, 자신의 죄를 깨끗하게 할 수 있는 마땅한 것이 없음을 알았습니다.

As he was contemplating his worries,

다른 어떤 것이라도 대신해서, 마땅히 죽어야 할 것을 고민한 끝에,

he was one of the most sane flocks* raised lamb, The first will be dedicated to holding the altar(Genesis 4:4).

자기가 길렀던 양 떼 중에 가장 온전한 어린 양, 첫 것을 잡아서 제단에 바친 것입니다(창세기 4:4).

He struggled as he sheds the blood of the lamb.
그는 어린 양을 피 흘려 잡아 드리면서 고민합니다.

---

 shepherd 목자, 셰퍼드, 양치기
the context 정황, 상황, 문맥
consciousness 의식, 인식, 정신

Abel's strength 아벨의 강점(强占)
deeply 깊이, 몹시, 정말, 열심히
flock (양의) 떼, 무리

'Through this, will God cleanse my sins?'
'과연 이 제물로 인해서 하나님이 나의 죄를 깨끗하게 해 주실까?'

It is clear that this was Abel's realization*.
어쨌든 아벨은 이런 점을 잘 간파하면서, 하나님께 제물을 신중하게 드린 것이 분명합니다.

Abel always heard the word of God.
아벨은 하나님 말씀을 늘 청종했습니다.

This is the difference between Abel and Cain.
아벨이 가인보다 남다른 점이 바로 이것입니다.

When God spoke to him, he listened more than Cain.
하나님이 그에게 말씀하실 때, 그는 하나님의 가르치심을 가인보다 새겨들었습니다.

"By faith Abel offered God a better sacrifice than Cain did …"
(Hebrew 11:4).
"믿음으로 아벨은 가인보다 더 나은 제사를 하나님께 드림으로…"
(히브리서 11:4).

If he didn't listen to God through faith,
만약 그가 믿음으로 하나님의 말씀을 듣지 않았다면,

he wouldn't have made the offering.
하나님께 드리는 제물을, 하나님의 원하시는 수준과 마음으로 드리지 못했을 것입니다.

"Faith comes from hearing …"(Romans 10:17).
"믿음은 들음에서 나며…" (로마서 10:17).

"For in the gospel a righteousness from God is revealed, a righteousness that is by faith from first to last, just as it is written: "The righteous will live by faith"(Romans 1:17).
"복음에는 하나님의 의가 나타나서 믿음으로 믿음에 이르게 하나니 기록된 바 오직 의인은 믿음으로 말미암아 살리라 함과 같으니라" (로마서 1:17).

Abel got closer to God by faith. And he offering lived living sacrifice*.

---

 realization 실현, 깨달음, 자각　　　　living sacrifice 산제사, 받으시는 제물,
　　　　　　　　　　　　　　　　　　　　　　　　　　　생생한 제물

아벨은 믿음으로 하나님께 더 가까이 나아갔습니다. 그리고 산제사를 드리고 살게 되었습니다.

🏛 2nd | Offering: Offer what God wants!
둘째 | 드림: 하나님이 원하시는 제사를 드려야 합니다!

Put off and put on - implied* blood shed sacrifices
벗음과 덮음 - 피 흘리는 제사 암시

If you do not know, it's alright to put it off. However, if you know then put it on.
모르면 벗어도 괜찮습니다. 그러나 알면 덮어야 합니다.

Adam and Eve was happy when they were naked without knowing sins.
아담과 하와는 죄를 몰랐을 때, 벌거벗은 채로 마냥 행복했습니다.

But, after their realization of sins, they covered their nakedness*.
그러나 그들은 죄를 알았을 때, 벗은 것을 수치(죄)로 안 것입니다.

That sin has to be put on.
그럴 때 그 죄를 방치하면 안 되고, 덮어주어야 합니다.

"The LORD God made garments of skin for Adam and his wife and clothed them"(Genesis 3:21).
"여호와 하나님이 아담과 그 아내를 위하여 가죽옷을 지어 입히시니라" (창세기 3:21).

Because of sins committed by humans, they slaughtered* innocent* animals to cover up their sins.
인간이 저지른 죄 때문에 생긴 벗음을 덮기 위해서 죄 없는 짐승 한 마리를 잡아야 그들의 죄(수치)를 덮을 수 있었습니다.

The blood shed of the for lamb and express to the typology of Jesus Christ*.
아담을 위해서 피 흘려 가죽을 제공한 한 마리 어린 양은, 바로 예수 그리스도를 예표하고 있습니다.

implied 암시된, 함축된, 언외(言外)의	innocent 죄 없는, 순수한, 선량한, 단순한
nakedness 솔직함, 발가벗음, 있는 그대로임	the typology of Jesus Christ
slaughtered 만취한, 곤드레만드레 취한	예수 그리스도의 모형(예표)

This was after thousands of years, on behalf of mankind's sins and,
이것은 수천 년 후에 인류의 죄를 대신하여 흘리실,

showed the crucifixion of Jesus Christ*.
예수 그리스도의 십자가의 구속을 보여주고 있습니다.

So, "without the shedding of blood there is no forgiveness"
(Hebrews 9:22).
그렇습니다. "피흘림이 없은즉 사함이 없느니라"(히브리서 9:22).

To be God Jesus have incarnation*(Philippians 2:6-7).
하나님이신 예수님이 성육신 하신 것입니다(빌립보서 2:6-7).

And Jesus comes die for on the cross*(Philippians 2:8).
그리고 십자가에서 죽기 위해 오셨습니다(빌립보서 2:8).

There is no forgiveness without bleed crucifixion.
피를 흘려 십자가에 못 박히는 죽음 없이, 죄는 결코 사해지지 않습니다.

It's clearly Cain and Abel's seemed equal. Until then offering was the
same.
가인과 아벨이 똑같이 하나님께 제물을 드린 것이 분명합니다. 그때까지는 그
들이 바쳐진 제물은 동일한 것 같이 보였습니다.

But God accepted Abel's lamb only one. Abel dedicated lamb on the
altar of God*.
그러나 하나님이 받으신 제물은 단 하나뿐입니다. 아벨이 하나님의 제단에 드
린 어린 양을 하나님이 받으셨습니다.

That's lamb be burned and shall recognized fragrant sacrifice*.
그 어린 양이 태워지고 향기로운 제물로 합당하게 여기신 것입니다.

Cain's offering did not burn, the offer was not accepted by God.
가인의 제물은 타지 않았습니다. 가인이 악해서 그가 바친 제물을 받지 않으
셨기 때문입니다.

Abel wasn't received by his righteous. God recognized him righteous,
that's his offering received.

the crucifixion of Jesus Christ
예수 그리스도의 십자가 구속
"Jesus have incarnation"
"예수님이 성육신 하셨다"

"Jesus comes die for on the cross"
"예수님이 십자가에서 죽기 위해 오셨다"
the altar of God 하나님의 제단
fragrant sacrifice 향기로운 제물,
받음직한 희생

아벨 그가 의로워서 받은 것은 아닙니다. 하나님이 그를 선하게 인정하셔서 그의 제물을 받으신 것입니다.

The best recourse that God wants
하나님이 원하시는 최선에 의지함

Today there are many people like Cain.
오늘날 우리 주변에 가인과 같은 사람이 많습니다.

They try to be self-righteous* without the wisdom of God
하나님의 의義를 무시하거나 혹은 무관심하거나, 반면에 자기 의義를 내세우려고 합니다.

Next then it is naturally disobeyed to God*(Romans 10:3).
다음엔 자연적으로 하나님께 복종하지 않게 됩니다(로마서 10:3).

If all go to heaven with only individual dedications, the shedding of blood is not necessary.
만약, 인간의 최선으로 모두 천국 가면, 피 흘리는 제사가 필요 없을 것입니다.

"For all have sinned and fall short of the glory of God" (Romans 3:23).
"모든 사람이 죄를 범하였으매 하나님의 영광에 이르지 못하더니" (로마서 3:23).

Therefore, God is seeking people like Abel.
그러므로 하나님은 지금도 아벨 같은 사람을 찾으십니다.

God likes the person best to do to sacrifice.
제사를 최선을 다하여 드리는 사람을 좋아하십니다.

Abel understood clearly of God's desire*.
아벨은 하나님의 원하심을 간파한 사람입니다.

God say to us. "Although you didn't try your best, I'll accept the offering of what I want."
하나님은 말씀하십니다. "너희가 최선을 다하지 못했지만, 내가 원하는 제사면 받겠다."

self-righteous 자기 의(義)   God's desire 하나님의 원하심
'disobeyed to God' '하나님께 불순종 함'

Through the death of Jesus Christ, sins were forgiven. This is the God who has worked hard for our salvation.
하나님은 자신의 아들을 죽여서, 인간의 죄를 사하기 위하여 무진 애를 쓰신 분이십니다.

Don't rely on the best as a worshiper*, rely on your best to find out God's desires.
예배자는 자신의 최선에 의지하지 않고, 최선을 다해서 하나님의 원하심을 찾는 것입니다.

Through the death of Jesus Christ, God forgave our sins*.
하나님은 그 최선의 방법으로 외아들을 죽이시고, 대신 우리를 살려주셨습니다.

Jesus is most precious to God.
그 외아들 예수님은 하나님이 가장 귀하게 여기시는 분입니다.

I want to ask.
묻고 싶습니다.

Is today's offering your best? Or is yours?
오늘 여러분이 드리는 예배에 최선을 다했습니까? 혹시 자신에게 드렸습니까?

If so, it may be considered as such by Cain's offering.
그렇다면 그것은 가인과 같은 제물로 여겨질 수도 있습니다.

Make offering like Abel.
하나님이 원하시는 아벨과 같은 제물을 드려야 합니다.

Cain's offering with false pride
가인의 거짓 자랑 같은 제사

In Jude 1:11, 'They have taken the way of Cain',
유다 1:11절에서 '가인의 길에 행한 사람',

'They have rushed for profit into Balaam's error'
'발람의 어그러진 길로 몰려간 사람',

worshiper 예배자, 숭배자, 참배자   Korah's rebellion 고라의 패역(반역)
"God forgave our sins"
"하나님께서 우리의 죄를 용서하셨다"

'They have been destroyed in Korah's rebellion*'.
'고라의 패역을 따라 멸망 길로 간 사람'을 기록하고 있습니다.

In verse 12 telling, "…They are clouds without rain, blown along by the wind".
12절에 "…바람에 불려가는 물 없는 구름"을 말하고 있습니다.

In Proverbs 25:14, "Like clouds and wind without rain is a man who boasts* of gifts he does not give."
잠언 25:14절에서, "선물한다고 거짓 자랑하는 자는 비 없는 구름과 바람 같으니라" 라고 말합니다.

Just like Cain is this showing off of gifts.
마치 가인은 이렇게 거짓 선물을 자랑하는 것이나 다름없습니다.

Without rain is can make a beautiful landscape with see also good nice.
물 없는 구름은 보기에 좋고 멋있고 아름다운 풍경을 만들 수 있습니다.

You can not make up showers of blessing and showers of grace.
축복의 소나기, 은혜의 장맛비는 만들 수 없습니다.

Rather, are we directed by the wind?
오히려 바람 가는대로 정처 없이 떠돌 수밖에 없는 것 아닙니까?

Abel's validity* of righteous offering
아벨의 의로운 제사의 유효성

"By faith Abel offered God a better sacrifice than Cain did. By faith he was commended as a righteous man*"(Hebrew 11:4a).
"믿음으로 아벨은 가인보다 더 나은 제사를 하나님께 드림으로 의로운 자라 하시는 증거를 얻었으니" (히브리서 11:4상).

Abel offered God a better sacrifice, bloody sacrifices and God received his offering.
아벨이 하나님께 드린 더 나은 제사는 피 흘린 제사였으며, 그 제사를 받으신 하나님이셨습니다.

---

 boast 자랑하다, 가지고 있다, 뽐내다, 호언장담하다

validity 유효성, 타당성, 정당성, 객관성
righteous man 의로운 사람

Since that time, there has been bursts of water of grace and through Abel's line who found redemption.

그 시간 이후로부터 계속 아벨의 구속의 혈통(맥)을 통해 은혜의 생수가 터져 나오듯 했습니다.

There is shower of blessing and the downpour of grace pouring raining.

축복의 소나기, 은혜의 장맛비가 쏟아져 내리고 있습니다.

Abel's recognized of offering to God*, this validity was adopted by the Israelites.

아벨의 이러한 하나님께 인정받는 제사, 그 축복은 먼 훗날 이스라엘 자손들에게 유효성이 있습니다.

Israelites came out of the land in Egypt.

이스라엘 자손들이 속박의 땅 애굽에서 나오게 되었습니다.

And God requires them process into the land of Canaan*.

그리고 약속의 땅 가나안으로 들어가는 과정에서 하나님은 그들에게 요구하십니다.

"The priest shall take the basket from your hands and set it down in front of the altar of the LORD your God"(Deuteronomy 26:4).

"제사장은 네 손에서 그 광주리를 받아서 네 하나님 여호와의 제단 앞에 놓을 것이며" (신명기 26:4).

This word, 'Abel the lamb of bloody sacrifice at the altar of the LORD' long time ago was already received by God.

이 말씀은 '이 제단에서 아벨이 피 흘려 드렸던 어린 양'을 이미 오래 전에 하나님이 열납하셨다는 것입니다.

And there many in Abel's line who found redemption*.

그리고 아벨의 구속의 혈통에서 구원 얻은 자손들이 많이 있습니다.

They're shall rejoice all the blessings were in the downpour of blessing with grace(Deuteronomy 26:11).

그들은 축복의 장맛비 같은 은혜 속에서 모든 축복을 즐길 수가 있었습니다 (신명기 26:11).

Look, the validity of Abel's one time offering to God continues.

 "Abel's recognized of offering to God"
"하나님께 인정받은 아벨의 의로운 제사"
the land of Canaan 가나안 땅

'Abel's line who found redemption'
'아벨의 구속의 혈통'

보라, 아벨이 하나님께 한 번에 드렸던 의로운 제사로 인하여 그 유효성은 계속됩니다.

This is the Biblical evidence* of God's blessings throughout* long history.
장구한 세월이 흘러도 자손대대로 하나님의 축복이 넘치게 됨을, 성경의 증거로 목격하고 있습니다.

Our's sin forgiven through the name of Jesus*.
우리의 죄가 예수님의 이름으로 사함을 받았습니다.

We shall make offerings that God shall receive.
우리가 드리는 예물을 하나님께서 열납하시도록 해야 합니다.

Abel's lamb should be the model to our the worship and give to God.
그리고 아벨의 어린 양을 예배의 모델로 삼고 하나님께 드려야 합니다.

The Lord tell, "This is to my Father's glory, that you bear much fruit, showing yourselves to be my disciples"(John 15:8).
주님께서 말씀하십니다. "너희가 열매를 많이 맺으면 내 아버지께서 영광을 받으실 것이요 너희는 내 제자가 되리라" (요한복음 15:8).

 'the Biblical evidence' '성경적 증거'
throughout …내내, …동안, 통하여

"Our's sin forgiven through the name of Jesus"
"우리의 죄가 예수님의 이름으로 사함 받았다"

No gift is greater than the gift of Christ Himself.
예수님 자신보다 더 큰 선물은 없다.

Chapter 14

No Cross No Crown! - 1
십자가 없이 영광 없다! - 첫째

Matthew 16:24-25 / 마태복음 16:24-25

24 Then Jesus said to his disciples, "If anyone would come after me, he must deny himself and take up his cross and follow me.

25 For whoever wants to save his life will lose it, but whoever loses his life for me will find it.

24 이에 예수께서 제자들에게 이르시되 누구든지 나를 따라오려거든 자기를 부인하고 자기 십자가를 지고 나를 따를 것이니라

25 누구든지 제 목숨을 구원하고자 하면 잃을 것이요 누구든지 나를 위하여 제 목숨을 잃으면 찾으리라

The pain* is not an exception to anyone.
고통은 누구에게나 예외가 없습니다.

Is there anyone, among the people who live in this world, who lives without pain?
이 세상을 살아가는 사람 중에 고통 없이 사는 사람, 과연 한 사람이라도 있습니까?

Students are under pressure* with the burdens* of testing.
학생들에게는 늘 입시라는 부담이 압박을 가합니다.

People of society are under pressure with competition*.
사회인들은 직장에서 능력을 인정받거나 승진하기 위해서 치열한 경쟁에 늘 시달리고 삽니다.

Business people are worried about their success.
사업가들은 벌여놓은 사업의 성공을 위해 늘 고심하고 삽니다.

Sportsmen train hard with sweats* to win.
운동선수들은 오직 우승이라는 부담을 안고 피와 땀을 쏟는 훈련을 합니다.

Professors or leaders are struggling with research* projects,
교수들이나 지도자들은 연구 업적의 고통에 시달리고 있으며,

the head of a family is worry about the livelihood* of the family.
It's the reality we live in and can't be denied.
가장家長에게는 가족 생계에 대한 고통에 시달리고 사는 것이 우리가 사는 현실임을 부인할 수 없습니다.

Even pastors struggle* from the spiritual responsibilities of his members.
심지어 목사들에게도 성도들의 영적 책임에 대한 고통에 예외일 수 없습니다.

People seek to escape* their struggles.
누구나 자신의 고통을 인정하지 아니할 수 없다는 데서 어떤 돌파구를 찾게 됩니다.

---

 pain 고통, 아픔, 노고
burden 부담, 짐, 책임, 부담감
pressure 압력, 압박, 부담, 스트레스
competition 경쟁, 대회, 시합, 경합
"Who lives without pain?"
"누구든 고통 없이 살 수 있을까요?"

sweat 땀을 흘리다, 스웨트, 걱정(초조)하다
research 연구, 조사, 탐구
livelihood 생계, 민생, 생활, 살림
pastors struggle 목회자의 고통스러움
'people seek to escape'
'사람은 돌파구를 찾는다'

However, when looking at the Cross*, there is realization of the meaning.
그러나 이런 고통은 십자가를 바라볼 때, 비로소 저급한 고통이라고 깨닫게 됩니다.

Only at the present of the cross, there are no more struggles.
오직 십자가 앞에서만 이런 고통에서 완전히 벗어날 수 있다는 진리입니다.

The Cross is more precious than your life.
십자가는 목숨보다 더 귀합니다.

The Cross is made of wood and a tool of death.
십자가는 나무를 재료로 한 십자가 모양의 사형 도구입니다.

There are some Cross filled with sins of humanity.
그러나 그렇게 혐오스러운 십자가, 보잘 것 없는 십자가에는 인류의 모든 죄가 실려 있습니다.

Also, salvation and life. As a Christian, in what are you recognize the Cross*?
또 구원과 생명이 담겨있습니다. 그리스도인으로서 당신은 십자가를 어떻게 인식하고 계십니까?

Matthew of the New Testament* talks about the two subjects of the Cross.
본문을 비롯하여 마태복음에서 십자가에 관하여 두 군데나 강조하고 있습니다.

That the matthew chapter 10 and chapter 16.
마태복음 10장(갈릴리 1차 사역)과 마태복음 16장(갈릴리 3차 사역)이 그것입니다.

There is lesson of life in the Cross.
내용은 십자가를 말씀한 후에 목숨을 언급한 것이 공통점이라는 것입니다.

Why the mention of life?
왜 목숨을 언급했습니까?

'When looking at the Cross'
'십자가를 바라볼 때'
"What are you recognize the Cross?"
"당신은 십자가를 어떻게 인식하고 계십니까?"

Matthew of the New Testament
신약성경 마태복음

The life and the Cross are the relationship of the heart and breath.
십자가와 목숨은 심장과 호흡과의 관계라고 말할 수 있습니다.

Life is gained and lost. Life lost is gained.
자기 목숨을 얻는 것은 잃는 것이요. 자기 목숨을 잃는 것은 얻는 것입니다.

This is the paradox in truth*. A life with no Cross is not a life.
이것이 역설적인 진리입니다. 십자가가 없는 목숨은 온전한 목숨이 아니라는 말입니다.

It's to clearly know what's more important between life and Cross.
따라서 목숨이 더 중요한지, 십자가가 더 중요한지 명확하게 알게 되는 진리입니다.

A life that knows the Cross can't be compared to a life that doesn't,
십자가를 아는 생명은 모르는 생명과 비교가 될 수 없을 만큼,

the Cross is worth more than life*.
목숨보다는 십자가가 더 가치 있다는 말입니다.

Today, there are lessons regarding this.
오늘 말씀 중에 찾아볼 수 있는 교훈이 있습니다.

1st | A strong self-denial when going to the glory of the Cross.
첫째 | 강한 자기부정이 이뤄질 때 십자가의 영광에 이릅니다.

The Cross can right self-recognition* & right self-denial.
십자가는 올바른 자기인식과 올바른 자기부정을 하게 합니다.

First, in order to do well, you need self-recognition.
우선, 자기부정을 잘하려면 자기인식이 있어야 합니다.

This is talking about self-recognition of 'old self*',
여기 자기인식은 '옛 사람'을 인식하는 것이며,

there is no life, future, and eternity with old self.
옛 사람으로는 생명도, 미래도, 영원한 것도 없습니다.

TIP

"This is the paradox in truth"
"이것이 역설적인 진리이다"
"The Cross is worth more than life"
"십자가는 목숨 보다 더 가치 있다"

self-recognition 자아 인식, 자기 인식
old self 옛 사람, 옛 자아(영적)

Living only in present and time passes,
오직 현재만 살다가 현재라는 시간이 지나가면,

at that moment there is non-existent* life, so what hope is there?
그 순간 아무 것도 아닌 존재인데 무엇을 생각하고 기대한단 말입니까?

When self-recognition is solid, self-denial* can be fixed.
자기존재에 대한 인식을 확실하게 할 때, 자기부정을 올바로 할 수 있습니다.

But the problem is people struggle with self-denial.
그러나 문제가 되는 것은 자기부정을 좀처럼 하기 힘들다는 것이 모든 사람의
고민입니다.

In Galatians 2:20 say, "I have been crucified with Christ and I no longer
live, but Christ lives in me. The life I live in the body, I live by faith in the
Son of God, who loved me and gave himself for me…".
갈라디아서 2:20절은 말합니다. "내가 그리스도와 함께 십자가에 못박혔나니,
그런즉 이제 내가 사는 것이 아니요. 오직 내 안에 그리스도께서 사시는 것이
라…"고 합니다.

A good expression of self-denial, working together with the Lord is
when you can fix your problems.
자기부정을 잘 표현한 구절이며, 자기부정은 주님과 함께 동사, 동행할 때 이
뤄지는 것입니다.

Moses of the Old Testament* was a man of old self-denial.
옛 사람을 아주 잘 부인했던 구약의 인물은 모세입니다.

As he looks in to his past,
그는 하나님 앞에서 지나온 자신의 과거를 살피며,

Moses was not with God while he was in Egypt for 40 years of his life.
모세는 하나님과 동행하지 못했던 애굽에서의 40년 생활이라고 했습니다.

Moses acknowledged* to God 'I'm nothing*'.
모세는 하나님과 동행하는 광야에서의 40년 생활을 '나는 아무 것도 아니다'
라고 고백했습니다.

Standing before God, shameful of his past, Moses told himself "I'm nothing."

non-existent 아무 것도 아닌 존재,
　　　　　　존재하지 않는
self-denial 자기 부정, 자제, 극기, 무욕(無慾)

'Moses of the Old Testament'
'구약성경의 모세'
acknowledged 승인된, 인정받은(일반적)
'I'm nothing!' '나는 아무 것도 아니다!'

이 말은 무엇보다 하나님 앞에 서보니, 자신의 옛 사람이 부끄러워서 자신을 "아무 것도 아니다." 라고 말했습니다.

The Cross can be self-denial with reject mammonism.
십자가는 자기부정을 하게 하며 황금만능주의를 거부합니다.

There are three kinds of rich in the New Testament.
신약성경에는 세 종류의 부자가 출현합니다.

'A rich young man'(Matthew 19:16-30), with interest in eternal life, went to Jesus and asked, "What do I have to do for an eternal life?"
그중 '부자 청년' (마태복음 19:16-30)은 소유한 재물이 많아지면서 영생에 대한 관심이 깊어졌습니다. 그가 예수님께 찾아와 "어떻게 하여야 영생을 얻을 수 있습니까?" 라고 말했습니다.

The Lord says to him "Come back after you give your possessions to your neighbors."
주님은 "네 가진 것을 이웃에게 다 나눠주고 다시 오라"고 했습니다.

The rich young man just he went back away sad*.
부자 청년은 주님의 요구에 "근심하며 슬픈 기색으로 그냥 돌아갔다" 라고 했습니다.

Next the rich man wealth was blocking* his self-denial.
다음의 부자에게는 재물이 자기부정을 가로막고 있었습니다.

His wealth secured his happiness before he met Jesus.
예수님을 만나기 전 까지 그에게 재물은 행복을 보장해 줄 수 있었습니다.

'The foolish rich*' is concerned about his harvest and that there is no place to store his harvests.
'어리석은 부자'는 올해도 풍년이 들어 곡식을 쌓아 둘 곳 없어 근심했습니다.

In Luck 12:20 say. "But God said to him, You fool! This very night your life will be demanded from you. Then who will get what you have prepared for yourself?"
누가복음 12:20절은 말씀합니다. "하나님은 이르시되 어리석은 자여 오늘 밤에 네 영혼을 도로 찾으리니 그러면 네 준비한 것이 누구의 것이 되겠느냐?

 "He went back away sad"   blocking 장애물, 가로막음, 거친
"그는 슬픔으로 돌아갔다"   'The foolish rich' '어리석은 부자'

The Lord say "Foolish soul, if your life is demanded* tonight, your riches are owned by whom?"
주님은 "어리석은 영혼아 오늘 밤 네 생명을 취하면, 네 재물은 누구의 것이 되겠느냐?"라고 말씀하셨습니다.

Only his riches became attached to his self-consciousness*.
재물이 자기 존재의식에만 애착을 갖게 했습니다.

The pain of oblivion* for the neighborhood never made self-denial.
이웃에 대한 아픔을 망각한 나머지 전혀 자기부정이 이루어지지 않았습니다.

He thought his wealth could protect him until the end.
생전生前에는 재물이 그를 끝까지 지켜주는 줄 알았습니다.

However, this text talks about how wealth can't no longer protect the rich.
그러나 생후生後에는 재물이 그를 더 이상 지켜주지 못한다는 것을 말하고 있습니다.

Some poets criticized the mammonism* in the transition of satire.
어떤 시인은 요즘 황금만능주의 세태 풍자를 이렇게 꼬집었습니다.

"Scripture say / Blessed are the poor in spirit / 20 billion amassed wealth / 19.9 billion amassed wealth / For his kingdom of heaven / 19.8 billion amassed wealth is blessed."
"성경에 가라사대 / 마음이 가난한 자는 복이 있나니 / 2백억 축재한 사람보다 / 1백 9십 9억 축재한 사람은 / 그만큼 마음이 가난했으므로 / 천국이 그의 것이로다. / 1백 9십 9억 축재한 사람보다 / 1백 9십 8억 축재한 사람은 복이 있나니 / 그만큼 마음이 가난했으므로 / 천국이 그의 것이로다."

The Cross blocking come nihilism.
십자가를 방해하는 것은 허무주의입니다.

Humans need to live happier and in the civilization of modern machines*.
현대 기계문명 속에서 인간이 더 행복하고 더 평안한 생활을 해야 됩니다.

 demand 요구하다, 수요, 요청하다
(on demand 주문, 필요, VOD)
self-consciousness 자기 존재의식
oblivion 망각, 잊기 쉬움, 잊혀져 있는 상태

mammonism 황금, 황금 만능주의, 배금사상
the civilization of modern machines
현대 기계문명

None the less*, many life is threatened*.
그럼에도 불구하고 많은 생명이 위협을 받는다고 합니다.

In Korea, the daily average of 43.6 people commit suicide*. That's every 33 min.
우리나라에서는 하루 평균 43.6명이 스스로 목숨을 끊는다고 합니다. 33분 만에 한 명꼴입니다.

15,906 people committed suicide in Korea in 2011.
지난 2011년 기준, 우리나라의 연간 자살자 수는 15,906명에 달합니다.

The stigma called the republic of suicide* can't be denied.
자살 공화국이라는 오명을 덮어씌워도 변명조차 하기 힘든 수치입니다.

The Renaissance* took place in the 16th century.
16세기 르네상스가 일어났습니다.

The history is being carried out to the Age of Enlightenment - 17th century, the Age of Reason - 18th century, the Age of Progress -19th century, the Age of Nihility - early 20th century.
세계의 역사는 계몽시대(17세기), 이성시대(18세기), 진보시대(19세기), 허무시대(20세기)로 흘러가고 있습니다.

History of the world than ever is approaching* impractical*, pointlessness*.
세상의 역사는 과거 어느 때보다도 허무성과 무의미가 엄습하고 있습니다.

Japan's young men draws attention to significant '6 affects'. Irresponsibility, pointlessness, lack of concern, heartlessness, lawlessness, powerlessness.
일본의 젊은이들에게 크게 영향을 주는 '6가지 허무주의'가 있습니다. 무책임, 무의미, 무관심, 무정함, 무법함, 무력함이 그것입니다.

The philosopher Jaspers said, "Boundary situation of human is nihility."
철학자 야스퍼스는 "인간의 한계 상황은 허무" 라고 했습니다.

And the contents of circumstances* is the death, distress, fight, sin, etc.
그리고 상황의 내용은 죽음, 고민, 싸움, 죄 등입니다.

none the less 그럼에도 불구하고, 그래도 역시
threatened 위험에 직면한, 위협당한,
　　…위기에 직면한
suicide 자살, 자살하다, 자멸하다
the republic of suicide 자살공화국

The Renaissance 르네상스, 문예부흥
approach 접근하다, 접근법, 방법, 다가오다
impractical 비현실적인, 비실용적인
pointlessness 무의미, 무디다(pointless)
nihility 허무, 무(無), 무효

People are despaired when encountered with these situations.
인간은 이러한 일을 만나면 벽을 느낄 만큼 절망합니다.

Martin Heidegger said, "Humans come nihility, lives nihility, goes nihility."
하이데거는 "인간이 온 것도 무요. 사는 것도 무요. 가는 것도 무" 라고 했습니다.

Sören Aabye Kierkegaard said, "Human beings ride the train of insecurity and through the tunnel of despair*. death to the terminus of the existence."
키에르케고르는 "인간은 불안의 열차를 타고 절망의 터널을 지나서 죽음의 종착역에 이르는 실존" 이라고 했습니다.

In what ways can this be solved?
그렇다면 이런 근본적 허무를 해결할 수 있는 길은 무엇입니까?

A road of solution of people of God's creation*,
하나님의 창조를 받은 인간이 피조물의 허무를 해결하는 길은,

there is glory of the Cross for those who properly meets the Creator*.
창조자를 올바로 만날 때, 가능할 뿐만 아니라 십자가의 영광이 있게 됩니다.

The Cross 'If no Cross' home & society it's darkness.
'십자가를 부정'하는 가정과 사회는 암담합니다.

The Cross was established* and through this Cross there was salvation by the creator.
창조자는 그 길을 십자가로 세우시고 십자가를 통해서 구원에 이르게 하셨습니다.

American society was very religious in the 1930s.
1930년대 미국의 사회는 매우 종교적인 분위기였습니다.

Work for 6 days, and on 7th day, the whole family went to church with Bibles.
일주일에 6일 동안은 근면하고 7일째 주일은 온 가족이 성경책을 가지고 교

---

the contents of circumstances 상황의 내용	established 설립된, 정해진, 자리를 잡은, 시작된
the tunnel of despair 절망의 터널	(unestablished 설립되지 않은, 미확정의, 임시의)
people of God's creation 하나님의 창조의 사람	the Creator 창조주, 주물주, 세상을 지은 이

회로 나왔습니다.

This was about 80% of Americans.
이러한 가정이 미국 전체의 약 80%였습니다.

At that time, the family conversation was about 3-4 hours a day.
그 당시 가정은 부모와 자녀의 대화가 하루 3-4시간이었습니다.

In 1980, the conversation was about 14 minutes 30 seconds. 12 minutes of conversation was lecturing. Now it's more serious.
1980년, 미국 가정은 부모와 자녀의 대화는 하루 14분 30초 정도였습니다. 그 중에 12분은 잔소리입니다. 지금은 더 심각합니다.

Therefore, how different is the American society today?
따라서 오늘 미국의 사회는 어떻게 변했습니까?

It's filled with individualism and egotism*.
문명의 이기는 사람들을 개인주의, 이기주의에 물들게 했습니다.

Intoxicated* in materialism and higher fences.
물질주의에 취해서 혼자 움켜쥐고 담을 높이 쌓기 시작했습니다.

Higher wall meant more isolations*.
물질로 높이 쌓으면 쌓을수록 점차적으로 고립되기 시작했습니다.

Rushed with anxiousness* and depression*.
그리고 불안하고 초조하고 우울증이 겹쳐왔습니다.

There was an advertisement* in U.S. that said, "Swallow the happiness."
미국에서 "행복을 삼켜요!" 라는 광고가 있었습니다.

In the pharmaceutical market in 1987 and the next three years, revenues were at four hundred million dollars.
1987년에 시판되어 3년간 4억 달러나 매상을 올렸습니다.

This advertisement was 'Prozac'*.
이 광고는 우울증 치료제 '프로잭' 광고였습니다.

When you look at those instances, how anxious are people in today's society?

---

 egotism 이기주의, 자만심, 자기중심 성향
intoxicated 술 취한, 흥분한, 들떠 있는
isolation 고립, 소외, 고독
anxiousness 불안, 염려, 초조

depression 우울, 침체, 공황, 불경기
advertisement 광고, 홍보, 선전
Prozac 프로잭, 항우울제, 신경안정제

그 실례를 볼 때, 현대인들이 얼마나 불안 속에서 초조하게 살아가고 있습니까?

There are critiques in regards to this.
어떤 사람이 현대문명에 취한 사람을 이렇게 꼬집는 것을 봅니다.

"Modern civilization is my shepherd, I shall not want.
"현대문명은 나의 목자시니 내가 부족함이 없으리로다.

He makes me lie down in Modern civilization,
나로 하여금 현대문명의 요람에 눕게 하시며,

he leads me beside the dazzling neon streets.
눈부신 네온 가로 나를 인도하시는 도다.

I will fear no evil, / for Modern civilization is with me.
내가 해를 두려워하지 아니함은 / 현대문명이 나와 함께 있음이라.

Comfort of greed with egotism and pleasures*."
탐욕과 이기의 지팡이와 쾌락의 막대기가 나를 안위하시나이다."

So, the truth to homes and societies with no Cross,
그래서 십자가 없는 가정, 십자가 없는 사회의 현실은,

there is only darkness in the future.
우리에게 암울한 미래만 제시할 뿐입니다.

Now, the Cross is the 1500 old chapel should not be treated only as a structure,
이제, 십자가를 더 이상 유럽의 1500년 된 고풍스러운 예배당 벽에 부착된 형상으로만 취급해서는 안 됩니다.

Neither should it be just for looks.
어떤 화려한 예배당 꼭대기의 장식품으로만 방치해서도 안 됩니다.

When you look at the Cross, God is everywhere in the world*.
십자가를 바로 바라보면, 하나님은 한국이나 어느 곳에서나 계십니다.

 pleasure 기쁨, 즐거움, 유쾌   "God is everywhere in the world"
                                          "하나님은 세계 어느 곳이든지 계신다"

God is with all race.
하나님은 흑인종, 황인종, 모든 인종에도 거하십니다.

However, He is a standing God, not a sitting God*,
그리고 앉아있는 하나님이 아니시고, 일하시는 하나님이 되셔서,

who delivers us from trouble and despair,
우리를 세상의 고통과 절망의 기막힌 웅덩이 속에서 건져주시고,

and will give us the crown of glory as we look at the Cross*.
그러면 영광 중에 면류관을 주신다는 사실을 믿고, 십자가만 바라보아야 하겠습니다.

Chapter 15

No Cross No Crown! - 2
십자가 없이 영광 없다! - 둘째

Matthew 16:24-25 / 마태복음 16:24-25

24 Then Jesus said to his disciples, "If anyone would come after me, he must deny himself and take up his cross and follow me.

25 For whoever wants to save his life will lose it, but whoever loses his life for me will find it.

24 이에 예수께서 제자들에게 이르시되 누구든지 나를 따라오려거든 자기를 부인하고 자기 십자가를 지고 나를 따를 것이니라

25 누구든지 제 목숨을 구원하고자 하면 잃을 것이요 누구든지 나를 위하여 제 목숨을 잃으면 찾으리라

2nd | Adventures with challenge* leads to the glory of the Cross.
둘째 | 강한 도전의 모험만이 십자가 영광에 이릅니다.

The Cross' challenge guarantees victory.
십자가의 도전은 승리를 보장합니다.

God's strong work is reflected through people of faith.
믿음의 사람들을 통해서 하나님의 강한 역사는 수없이 일어났습니다.

This is because a drastic challenge from restful place with 'comfort zone*', to adventure accompanied with 'uncomfort zone*'.
원인은 안주할 수 있는 '평안한 장소'에서, 모험이 동반된 '불편한 장소'로 과감한 도전이 있었기 때문입니다.

Abraham, who never saw his homeland* of Canaan, was on his way.
아브라함은 잔뼈가 굵은 고향 땅으로부터, 생전 보지도 못한 땅, 가나안으로 도전했습니다.

This is impossible without challenging adventures* of faith.
이것은 모험이라는 믿음이 없으면 불가능한 일이었습니다.

Joshua who was in tears across the Jordan River*,
여호수아는 눈물과 궁핍이 거세게 몰아치는 요단 강 건너편에서,

went on a challenging adventure to Canaan flowing with milk and honey*.
젖과 꿀이 흐르는 가나안의 관문인 여리고 성으로 도전했습니다.

David, living in comfort in the field with flock of sheep, went to fight Goliath.
다윗은 양들과 함께 거주하던 평온한 들판에서 골리앗이 살기등등하여 기다리는 전쟁터로 쉼 없이 도전했습니다.

---

challenge 도전, 이의를 제기하다, 난제,
    자극하다
reflect 반영하다, 반성하다, 비추다,
    곰곰이 생각하다
comfort zone 편안한 곳(지역)
uncomfort zone 불편한 곳(지역)

homeland 조국, 고향, 땅
adventure 모험, 어드벤처, 도전
the Jordan River 요단 강(성경),
    요르단 강(현대 지명)
'Canaan flowing with milk and honey'
'젖과 꿀이 흐르는 가나안'

The Cross is even in moments of despair, endure the pain.
십자가는 절망의 순간에도 고통을 견디게 합니다.

Anyone can fall into challenge? So You can get a comfortable nest?
과연, 누구나 안락한 보금자리를 박차고 불안한 도약의 자리로 뛰어들 수 있습니까?

The challenge is anybody never easy.
도전이라는 것이 아무나 쉽게 행해지는 것이 결코 아닙니다.

However, due to the rise in height of the world not known, you'll experience the glory.
그러나 멀리 나는 새는 높이 오르기 때문에 남이 알지 못하는 세계까지 보게 되는 영광을 맛보게 됩니다.

The bird fly a high pitch with this is possible from endured pain.
높이 비상하는 새는 부력에 터질 것 같은 압박과 고통을 견디므로 가능한 것입니다.

Millions of Jews were slaughtered* in Auschwitz concentration camp*.
수백만의 유태인이 아우슈비츠 수용소에서 학살당했습니다.

Among the few people who survived*, there was a young surgeon*.
그들 중에 살아남은 몇 사람 중 젊은 외과의사가 있었습니다.

People dying in the gas chambers* were overflowing at the camp day by day.
그 수용소에는 하루에도 가스실에서 수없이 죽어가는 사람들로 넘쳐났습니다.

The young surgeon shaved with blue glass.
젊은 외과의사는 파란 유리조각으로 자신의 턱을 면도하기를 쉬지 않았습니다.

Every morning, Germans executed Jews.
독일군은 아침마다 처형자들을 유태인들 중에서 골라냈습니다.

However, they didn't take the young surgeon to the gas chamber.
그러나 젊은 외과의사를 대할 때, 싱싱하게 보이는 그를 가스실로 데려가지 못했습니다.

slaughter 학살하다, 도살하다, 도살
Auschwitz concentration camp 아우슈비츠
수용소

survive 살아남다, 생존하다, 견디다
surgeon 외과의사, 군의관
the gas chambers 가스실, 가스로 독살하는 방

So he was able to be excluded from the subject of death*.
그래서 그는 죽음의 대상에서 제외될 수 있었습니다.

Until that in fear of death,
그렇게 되기까지 그는 혹독한 죽음의 공포 속에서,

with his desire to live, he shaved until there was blood on his chin.
살아야 된다는 의지를 가지고 자신의 턱에 피가 날 정도로 파랗게 면도를 했습니다.

This wasn't possible without challenge of pain through faith.
이것은 고통스럽도록 강한 도전의 믿음이 없으면 불가능한 일이었습니다.

The Cross is coarse stone change into a stepping stone.
십자가는 거침돌을 디딤돌로 바꾸게 합니다.

Set up an ideal goal is bound with non ideal goal.
목표를 이상적으로 정하면, 반드시 비이상적인 장애물은 나타나기 마련입니다.

However, the Cross is have to set goals, that because coarse stone* was able to change into a stepping stone*.
그러나 십자가는 목표를 고정시키며, 그것 때문에 오히려 거침돌을 디딤돌로 바꿀 수 있었습니다.

Abel's goal was a complete worship, he was determined to offer God what he had.
아벨은 온전한 예배를 목표했습니다. 그리고 그는 하나 밖에 없던 첫 것을 하나님께 드리는 결단을 감행했습니다.

Abel is becoming a role model among christians for his devotion to God*.
아벨의 헌신은 가고 오는 모든 세대의 그리스도인들에게 예배의 모델이 되고 있습니다.

Apostle Paul looked up to eternal house of heaven*.
사도 바울은 하늘의 영원한 집을 사모했습니다.

---

 the subject of death 죽음의 대상
a coarse stone 거친 돌, 방해되는 돌
a stepping stone 디딤 돌, 도움되는 돌

"His devotion to God"
"하나님께 대한 그의 헌신"
eternal house of heaven 하늘의 영원한 집

He gave up comfort of his home and found happiness.
그는 세상의 장막 집에서 안주할 수 있는 미련을 완전히 포기하므로 마음의 행복을 온전히 소유할 수 있었습니다.

Keep racing enduring to the Cross, although with pain and temptation.
십자가를 목표하는 경주, 고통스러운 시험이 와도, 오히려 숨을 몰아쉬면서 인내하며 달려갑니다.

The Cross can lead to the seat of glory.
십자가는 영광의 자리까지 이르게 합니다.

To take off is wear. To give is to receive dying is living forever.
벗는 것은 오히려 입는 것입니다. 주는 것은 반대로 얻는 것이며, 더 나아가서 죽는 것은 영원히 사는 것입니다.

Two people each took a Cross and went on a road.
어떤 두 사람이 각각 십자가를 지고 길을 떠났습니다.

As sun goes up and the day got hotter, the Cross became a very heavy burden.
해가 돋고 날은 더워져, 십자가가 아주 무거운 짐이 되었습니다.

One threw away the long vertical part of the Cross and only carried the short horizontal part of the Cross.
한 사람은 십자가의 긴 쪽을 떼버리고 짧은 쪽만 지고 갔습니다.

The other one carried the Cross* and it taken the Cross become a very heary burden.
한 사람은 그 십자가가 덥고 짐이 되어도, 떼내어 버릴 수 없어 끝까지 그대로 지고 갔습니다.

Finally*, they arrived at the destination*.
드디어 수십 길이 되는 계곡에 당도했습니다.

The other one couldn't connect the Cross to the valley. He take transformed the Cross.
십자가를 떼버리고 메고 온 한 사람은 십자가로 이쪽에서 저쪽으로 연결시킬

 'The other one carried the Cross'
'다른 한 사람은 십자가를 그대로 지고 갔다'
finally 마침내, 드디어, 결국, 마지막으로, 결정적으로

destination 목적지, 목표, 종착지, 도착지, 행선지

수가 없었습니다.

The other one was able to connect the Cross to the valley.
그러나 한 사람은 자기가 메고 온 십자가로 충분히 이쪽과 저쪽을 연결시켜 건너갈 수 있었습니다.

This should be considered as a preview of good instruction* for christians.
우리들에게 깊이 시사하는 좋은 교훈이라고 봐야 합니다.

So we have to think about our past with changed bad attitude.
우리는 그동안 손해 보는 것 같으면 안면 몰수했던 때를 생각합니다.

As Abraham went on with his faith, 42 generations later, Jesus Christ was born.
아브라함은 생명의 위험까지 무릅쓰고 개척자의 믿음으로 나아갔을 때, 그를 통해 그 42대 후손에서 예수 그리스도가 태어났습니다.

Work of the salvation of Jesus Christ happened behind 1300 years.
그의 개척의 길에서 예수 그리스도의 구원 역사가 1300년 뒤에 일어났습니다.

There are times pioneers* are filled with worries, frustrations, and anger.
개척자의 길은 고생스럽고 짜증스러울 때도 많습니다.

Nervousness and worries are not digesting* properly.
불안, 초조, 두근거림으로 먹어도 소화가 안 됩니다.

No matter what you do, sometimes the feeling of assurance is not filled.
무엇을 해도 안심이 안 되는 일이 얼마나 많은지 알 수 없습니다.

But pioneers must not stop although they have to go through struggles.
그러나 아무리 큰 어려움이 닥치더라도 개척자는 전진하면서 중단해서는 안 됩니다.

Don't hesitate*, keep hopes and visions going later, you must obtain glory of the Cross.
머뭇거려서도 안 되며, 좌절 속에서도 희망과 비전을 크게 갖고 도전하며, 나중에 십자가의 영광을 얻어야 할 것입니다.

 'a preview of good instruction'
'시사(時事)하는 좋은 교훈'
pioneer 개척자, 선구적인, 개척적인, 창시자

digest 이해하다, 다이제스트, 요약하다, 소화하다
hesitate 주저하다, 망설이다, 머뭇거리다

Lord's voice from 2000 years ago is being heard in the world of callous*.
2000년 전, 주님의 목소리가 현대의 비정한 세계 속에서 들려오고 있습니다.

"Take up the Cross follow me!"
"십자가를 지고 나를 따르라!"

"If anyone would come after me, he must deny himself* and take up his Cross and follow me."
"누구든지 나를 따라오려거든 자기를 부인하고 자기 십자가를 지고 나를 따를 것이니라."

Is the Cross that you're carrying an original form or transfered form?
당신이 지금 지고 가는 십자가는 원형입니까? 변형입니까?

TIP the world of callous 비정한 세계   "must deny himself" "자기를 부인하고"

God will never forget our service done out of love
for Him who first loved us. - C. P. Hia
우리를 먼저 사랑하신 하나님께 사랑하는 마음으로 바친 우리의 헌신을
하나님은 절대로 잊지 않으신다. - C. P. 하이아

Chapter 16

Your Faith Has Made You Well
네 믿음이 너를 구원하였느니라

11 Now on his way to Jerusalem, Jesus traveled along the border between Samaria and Galilee.

12 As he was going into a village, ten men who had leprosymet him.

13 They stood at a distance and called out in a loud voice, "Jesus, Master, have pity on us!"

14 When he saw them, he said, "Go, show yourselves to the priests." And as they went, they were cleansed.

15 One of them, when he saw he was healed, came back, praising God in a loud voice.

16 He threw himself at Jesus' feet and thanked him--and he was a Samaritan.

17 Jesus asked, "Were not all ten cleansed? Where are the other nine?

18 Was no one found to return and give praise to God except this foreigner?"

19 Then he said to him, "Rise and go; your faith has made you well."

11 예수께서 예루살렘으로 가실 때에 사마리아와 갈릴리 사이로 지나가시다가

12 한 마을에 들어가시니 나병환자 열 명이 예수를 만나 멀리 서서

13 소리를 높여 이르되 예수 선생님이여 우리를 불쌍히 여기소서 하거늘

14 보시고 이르시되 가서 제사장들에게 너희 몸을 보이라 하셨더니 그들이 가다가 깨끗함을 받은지라

15 그 중의 한 사람이 자기가 나은 것을 보고 큰 소리로 하나님께 영광을 돌리며 돌아와

16 예수의 발 아래에 엎드리어 감사하니 그는 사마리아 사람이라

17 예수께서 대답하여 이르시되 열 사람이 다 깨끗함을 받지 아니하였느냐 그 아홉은 어디 있느냐

18 이 이방인 외에는 하나님께 영광을 돌리러 돌아온 자가 없느냐 하시고

19 그에게 이르시되 일어나 가라 네 믿음이 너를 구원하였느니라 하시더라

Leprosy* is an infectious disease which rotten* the body.
나병(한센병)은 만성 전염병으로서 세균에 감염되어 몸이 썩어 들어가는 질병입니다.

Also sensible* part hands and feet be separate have a pain and unseemly.
아울러 감각기관이 마비되어 손발이 떨어져 나가도 아픔을 못 느끼며 추하게 만드는 병입니다.

If a person has leprosy that person detached from the society,
이 병에 걸리면 사회로부터 격리되어,

and lives alone or lives with others who has the same disease.
혼자 살아가거나 같은 나병환자들 하고 지내야 합니다.

If you think about it, what's the our spiritual situation in the past was, like a person with leprosy.
몇 가지를 생각하면서, 과거 우리들의 영적인 상태는, 곧 나병환자 같았습니다.

Our spirituality was rotten because of the infection of sin.
세상 죄에 감염되어 우리들의 영혼이 썩어 들어가고 양심은 마비되었습니다.

That's unable to feel the pain of sin as sinners, our past with the spirit rotten made us.
죄인으로서 죄악의 고통을 느낄 수조차 없었던, 영적인 나병환자가, 곧 우리들의 과거였습니다.

It's how much miserable*?
이것이 얼마나 불쌍한 일입니까?

Just you know our past is as rotten by the spirit*,
꼭 아서야 합니다. 우리의 과거는 영적으로 문드러진 나병환자였습니다.

So, our body is which as rotten the body.
우리의 몸은 썩은 육체였습니다.

Today the text is about Jesus meeting 10 leper.
오늘 본문 말씀은 10명의 나병환자가 예수님을 만나게 됩니다.

---

leprosy 나병(한센병), 문둥병, 도덕적 부패
rotten 썩은, 형편없는, 망치다, 썩은 냄새 나는
sensible 현명한, 합리적인
(supersensible 초감각적인, 정신적인, 영혼의)
miserable 비참한, 불행한, 절망적인

"Our past is as rotten by the spirit"
"우리의 과거는 영적으로 썩었다"
encounter 만나다, 마주치다, 직면하다
부딪(충돌)치다

They heal completely from this encounter* with Jesus and you will get
the disease.
그들은 예수님을 만남으로 이 질병으로부터 완전히 치유를 받게 됩니다.

We, too, like a leper who seems to be the situation.
나병환자들 같이, 역시 우리들의 상황과 같습니다.

We have received new life of spirituality and have been saved from our
sin.
우리는 죄에 감염되어 죽을 수밖에 없었던 우리 영혼도 주님을 만나 새로운
생명을 얻었습니다.

As these people are healed, they share the message of Jesus*.
이제 이들이 고침을 받는 과정 중에 예수님의 메시지를 함께 나누고자 합니다.

👆 1st | "As they went, they were cleansed"(verse 14).
첫째 | "저희가 가다가 깨끗함을 받은지라"(14절).

10 people with leprosy begged Jesus to heal their disease.
10명의 나병환자들은 예수님께 자신들의 병을 낫게 해달라고 애원했습니다.

But it wasn't right away that Jesus healed their disease*.
예수님은 이들의 애원함을 듣고 병을 곧바로 고쳐 주신 것이 아니었습니다.

In verse 14 tell those, Jesus said "go show yourselves to the priests*."
14절에서 그들에게 말씀합니다. 예수님은 말로만 "가서 제사장들에게 너희
몸을 보이라"고 명령하셨습니다.

Jesus ordered them to go to the priests with just the way they were.
나병이 들어 있는 현재의 상태 그대로 제사장에게 가라고 명령했습니다.

As they were going they were cleansed.
그런데 그들은 제사장에게 가다가 깨끗함을 받았습니다.

They haven't yet completely recovered. But they were obedient of
going to the priests.
이들은 나병이 완쾌되지 않은 상태였습니다. 그러나 제사장에게 가는 순종의
태도가 있었습니다.

 "They share the message of Jesus"   "Jesus healed their disease"
"그들은 예수님의 메시지를 나눴다"   "예수님은 그들의 병을 고치셨다"
                                        priest 제사장, 신부, 사제, 성직자, 목사, 승려

"Go show to the priest." They were able to be healed from their disease because they were obedient to the Lord*.
"가서 제사장에게 가서 보이라." 여기서 나병환자들이 고침 받을 수 있었던 것은 주님의 명령에 순종했기 때문입니다.

If they did not obey them they probably 'would not have been cleaned'.
'가라'는 주님의 명령에 따르지 않았다면 이들에게는 '깨끗함'도 없었을 것입니다.

So 'Go!' when Jesus tell you. Even though your problems couldn't be solved, if you more then they could be solved.
예수님이 '가라!'고 하면 곧바로 갈 바랍니다. 문제가 아직 해결이 안 됐지만 행동에 옮길 때 해결됩니다.

Although there are some difficulties and move into action. Jesus saw that belief right now*.
어떤 장애가 있더라도 행동에 옮기십시오. 예수님이 그 믿음을 보고 계십니다.

👏 2nd | "Praising God in a loud voice"(verse 15).
둘째 | "큰 소리로 하나님께 영광을 돌리며"(15절).

This Bible verse is 10 leper-does not apply to all.
이 성경구절은 10명의 나병환자들 모두에게 해당되는 것이 아닙니다.

If only applies to one of them who is from Samaritan*.
오직 단 한 사람, 사마리아 출신의 나병환자에게만 해당되는 말씀입니다.

Of course, it's not only the person from Samaria making the loud voice*.
물론, 사마리아 지방 출신의 나병환자만 큰 소리를 낸 것은 아닙니다.

Today the text verse 13 says. that 9 others people with leprosy called out in a loud voice.
본문 13절에서 말씀합니다. 나머지 9명의 나병환자들도 소리를 높였다고 합니다.

However, the loud voice of the person from Samaria,
그러나 사마리아 출신의 이 나병환자가 큰 소리를 낸 것과,

"Obedient to the Lord…"
"주님께 순종하는…"
"Jesus saw that belief right now"
"예수님이 그 믿음을 보고 계신다"

Samaritan 사마리아인, 사마리아어,
착한 사마리아 사람
the loud voice 큰 목소리, 큰, 시끄러운 소리,
화려한

and the loud voice of 9 others had different goals.
나머지 9명의 나병환자가 소리를 높인 것은 각각 목적이 달랐습니다.

What's the 9 people with leprosy called out in a loud voice because
they wanted to heal from their disease.
9명 나병환자가 소리를 높인 이유는 예수님께서 나병을 고쳐주시기를 간구하
기 위함이었습니다.

One peson from Samaria called out in a loud voice because that person
wanted to glory to God*.
1명의 사마리아 출신 나병환자가 큰 소리를 낸 것은 하나님께 영광을 돌리기
위한 것이었습니다.

As the person from Samaria honored Jesus in a loud voice, Jesus asked
him.
그가 큰 소리로 하나님께 영광 돌리며, 예수님께 감사하는 것을 듣고 예수님
은 질문했습니다.

"Were not all ten cleansed*? Where are the other nine*(verse17)?"
"열 사람이 다 깨끗함을 받지 아니하였느냐? 그 아홉은 어디 있느냐(17절)?"

Many saints call out in a loud voice when there is a problem.
많은 성도들이 문제가 생겼을 때에는 주님 앞에 나아와 큰 소리로 부르짖습
니다.

They request* in a loud voice to the Lord they beg eagerly.
큰 소리로 주님께 간구합니다. 간절히 애원합니다.

However, there isn't much of honoring the Lord with 'loud voice' after
their problems are solved.
그러나 문제가 해결된 다음에 '큰 소리로' 주님께 감사와 영광을 돌리는 경우
는 별로 없습니다.

Do we pray in a loud voice just for the purpose of wanting something?
우리가 큰 소리로 기도하고 탄원하는 목적이 소원성취만 위한 것입니까?

We are not much different than the nine people in today's text.
우리들도 오늘 본문에 등장하는 나머지 9명의 나병환자와 다를 바 없습니다.

Therefore, Jesus would ask the same question in modern times.
그렇다면, 예수님께서 이 시대에도 똑같은 질문을 우리에게 던지실 것입니다.

"Where are those with their problems solved?"
"죄 사함과 문제의 해결함을 받은 그들은 어디에 있느냐?"

The Lord seeks those who are thankful*.
주님께서는 감사하는 성도를 찾으십니다.

The Lord seeks those who honors the Lord with a loud voice.
큰 소리로 주님께 영광을 돌리는 성도를 찾고 계십니다.

🔔 3rd | "Your faith has made you well"(verse 19).
셋째 | "네 믿음이 너를 구원하였느니라"(19절).

The Lord said this to the person from Samaria who honored him with a loud voice.
큰 소리로 하나님께 영광 돌린 사마리아 출신의 나병환자에게 주님께서 하신 말씀입니다.

Jesus said to the leper from Samaria. "Your faith has made you saved*."
예수님께서 그에게 말씀하셨습니다. "네 믿음이 너를 구원하였느니라."

This person was healed and also 'Saved him'.
이 사마리아 출신의 나병환자는 깨끗함(병이 나음)과 함께 '구원함'까지 받은 것입니다.

There is a different in substance between being 'cleansed*' and being 'saved*'.
'깨끗함'을 받았다는 것과 '구원함'을 받았다는 것은 본질적인 차이가 있습니다.

'Cleansed' expresses the meaning of the symptom of the disease being healed,
'깨끗함'이라 함은 나병의 '증세'가 없어졌음을 의미하는 반면,

'saved' expresses the meaning of liberation.
'구원함'이라는 것은 질병 자체에서의 '해방'을 의미합니다.

"Seeks those who are thankful"	'being cleansed' '깨끗함을 받았다'
"감사하는 성도를 찾는다"	'being saved' '구원을 받았다'
"Your faith has made you saved"	
"네 믿음이 너를 구원하였다"	

In other words, if a person is not saved,
다시 말해서 질병의 근원으로부터 자유롭지 않은 상태에서,

and only that person 'symptoms' of the disease are gone, then that person is stil not fully healed.
'증세'만 사라졌다고 해서 병이 나은 것은 아니라는 뜻입니다.

We offen focus on the physical.
우리들은 대부분 '육신적인 상태'에 신경을 씁니다.

We worry when there is a problem physically, and we are happy when we succed physically.
육신적으로 문제가 생기면 염려하고, 육신적으로 성공하면 복 받았다고 좋아합니다.

However, physical aspect of things we can see are only 'symptoms*'.
그러나 육신적인 것들, 즉 눈에 보이는 것들은 단지 '증세'에 불과한 것입니다.

Our souls are our source.
보다 더 근본적인 것은 우리들의 영혼입니다.

We must be saved from more of this source.
우리는 보다 더 근본적인 것에서 구원함을 받아야 합니다.

In 3 John verse 2 say us. "Dear friend, I pray that you may enjoy good health and that all may go well with you, even as your soul is getting along well."
요한 3서 2절이 우리에게 말합니다. "사랑하는 자여 네 영혼이 잘 됨 같이 네가 범사에 잘 되고 강건하기를 내가 간구하노라."

This verse teaches us where the source is. It's in our 'salvation of souls*.'
이 말씀은 우리 삶의 근본이 어디에 있는지 잘 가르쳐 줍니다. 이것이 바로 우리들의 '영혼 구원'입니다.

Those who are graceful have good smell, those who are ungraceful had bad smell.
은혜를 아는 사람에게는 향기가 나고, 배은망덕한 사람에게서는 추한 냄새가 납니다.

Those who search the spiritual is pursuing the good smell.

 symptom 증후군, 증상, 증세   "Our salvation of soul" "우리의 영혼 구원"

영적 가치를 추구하는 사람은 향기를 쫓아 갑니다.

Those who search the physical is pursuing the bad smell.
육신적 가치를 추구하는 사람은 더러운 냄새를 쫓아 갑니다.

A disciple who aknowledges what cannot be seen are thankful.
눈에 보이지 않는 것들의 가치를 아는 성도는 감사할 줄 아는 사람입니다.

Only those who are thankful can glory to God*.
감사할 줄 아는 성도만이 하나님께 영광을 돌릴 수 있습니다.

They can receive true grace and God's salvation*.
그리고 진정한 구원의 은혜를 누리게 됩니다.

To be thankful to God with our salvation.
우리의 구원과 함께 하나님께 감사하십시오.

To be praising to God with our blessing.
우리의 축복과 함께 하나님께 찬양하십시오.

To be glory to God with our faith.
우리의 믿음과 함께 하나님께 영광을 돌리십시오.

Chapter 17

The Triumph from Death
죽음에서 승리

1 Corinthians 15:50-58 / 고린도전서 15:50-58

50 I declare to you, brothers, that flesh and blood cannot inherit the kingdom of God, nor does the perishable inherit the imperishable.

51 Listen, I tell you a mystery: We will not all sleep, but we will all be changed--

52 in a flash, in the twinkling of an eye, at the last trumpet. For the trumpet will sound, the dead will be raised imperishable, and we will be changed.

53 For the perishable must clothe itself with the imperishable, and the mortal with immortality.

54 When the perishable has been clothed with the imperishable, and the mortal with immortality, then the saying that is written will come true: "Death has been swallowed up in victory."

55 "Where, O death, is your victory? Where, O death, is your sting?"

56 The sting of death is sin, and the power of sin is the law.

57 But thanks be to God! He gives us the victory through our Lord Jesus Christ.

58 Therefore, my dear brothers, stand firm. Let nothing move you. Always give yourselves fully to the work of the Lord, because you know that your labor in the Lord is not in vain.

50 형제들아 내가 이것을 말하노니 혈과 육은 하나님 나라를 이어 받을 수 없고 또한 썩는 것은 썩지 아니하는 것을 유업으로 받지 못하느니라

51 보라 내가 너희에게 비밀을 말하노니 우리가 다 잠 잘 것이 아니요 마지막 나팔에 순식간에 홀연히 다 변화되리니

52 나팔 소리가 나매 죽은 자들이 썩지 아니할 것으로 다시 살아나고 우리도 변화되리라

53 이 썩을 것이 반드시 썩지 아니할 것을 입겠고 이 죽을 것이 죽지 아니함을 입으리로다

54 이 썩을 것이 썩지 아니함을 입고 이 죽을 것이 죽지 아니함을 입을 때에는 사망을 삼키고 이기리라고 기록된 말씀이 이루어지리라

55 사망아 너의 승리가 어디 있느냐 사망아 네가 쏘는 것이 어디 있느냐

56 사망이 쏘는 것은 죄요 죄의 권능은 율법이라

57 우리 주 예수 그리스도로 말미암아 우리에게 승리를 주시는 하나님께 감사하노니

58 그러므로 내 사랑하는 형제들아 견실하며 흔들리지 말고 항상 주의 일에 더욱 힘쓰는 자들이 되라 이는 너희 수고가 주 안에서 헛되지 않은 줄 앎이라

The largest enemy of Resurrection is Greek philosophy* and stoicism*.
부활의 최대의 적은 헬라 철학과 스토아 철학입니다.

This two kinds there are two basic structure deny flesh and received the soul and the spirit only.
이 두 가지의 기본 골격은 육체를 부정하고, 영혼이나 정신만을 인정하고 받아들입니다.

it's the flesh is truly be raised* and if deny rise up from death with the Resurrection,
육체가 실제적으로 변화되어 다시 사는 부활의 진리에서 육체를 부인한다면,

It's the Resurrection it does not constitute from first step.
첫 단계부터 부활은 성립되지 않습니다.

Meanwhile*, the United States church* pastors, elders and other leaders about the Resurrection,
한편, 미국교회의 목회자, 장로 등 지도자들이 부활에 대하여,

did not believe the fact about 35-40 percent.
약 35-40%가 사실로 믿지 않고 있는 실정입니다.

The foundation of the christian faith is not the lesson of Jesus or his death.
기독교 신앙의 기초는 예수님의 교훈이나 그분의 죽음에 있지 않습니다.

The point of the christianity faith* is Jesus rose again from the death*.
기독교 신앙의 핵심은 예수님이 죽은 자 가운데서 부활하신 것입니다.

Denying the Resurrection of Jesus Christ is to destroy the whole of the christian faith.
예수 그리스도의 부활을 부인하는 것은 기독교 신앙의 전체를 파괴하는 셈입니다.

This the fact of the Resurrection is all things based on. If not the Resurrection,
이 부활의 사건은 모든 것에 기초하고 있습니다. 만일 부활이 없다면,

philosophy 철학, 생각, 이념, 이론
stoicism 스토아 철학, 금욕(주의) 극기
"the flesh is truly be raised"
"육체가 실제로 변화되다"
meanwhile 한편으로는, 반면, …동안

the United States church 미국교회,
아메리칸의 교회
'the point of the Christianity faith'
'기독교 신앙의 핵심'
"Jesus rose again from the death"
"예수님은 죽음에서 살아 나셨다"

meaningless* another for the foundation of christianity, and the loss worth it.
기독교 근간을 이루는 다른 요소들은 아무런 의미가 없으며, 그 가치가 상실되는 것입니다.

1st | The Resurrection is very important.
첫째 | 그러므로 부활은 중요합니다.

One, The Resurrection important for whom?
하나, 부활이 누구에게 중요합니까?

The Resurrection is important to human.
부활은 인간에게 중요합니다.

Humans commonly have three important desire and because has been dominated.
인간은 공통적으로 세 가지의 중요한 욕망을 가지고 있고, 이 지배를 받고 있기 때문입니다.

1. The survival instinct of the human desire to appetite.
1. 생존의 본능을 지닌 인간의 욕망은 식욕입니다.

The desire to eat the most basic desire*.
먹고자 하는 욕망은 가장 기초적인 욕망입니다.

Newborn babies* are born from their sucking milked mother and whatever eating from nature.
갓난아기가 태어나면서부터 어머니 젖을 빠는 것은 무엇이든 먹으려는 본성에서 비롯되기 때문입니다.

2. There is the desire for the opposite sex.
2. 이성에 대한 욕망입니다.

The flesh growing with the soul and must likes man to woman or woman to man.
정신과 더불어 육체가 성장하면서 남자는 여자를 여자는 남자를 좋아하게 되어 있습니다.

---

meaningless 무익한, 의미가 없는,
가치(목표) 없는

basic desire 기초적 욕망
newborn babies 신생아, 갓난 아기

God made the system of marriage* from in the garden of Eden.
하나님께서 결혼이라는 제도를 에덴동산에서부터 만들어 놓으셨습니다.

The first human couple married can love.
최초의 인간 커플이 결혼하여 사랑하게 하셨습니다.

3. It is the desire of life. All organisms* had the desire.
3. 생명의 욕구입니다. 모든 생물체는 욕구를 지녔습니다.

Organics is an instinctive desire to preserve life.
생명체는 생명을 보존하기 위한 본능적인 욕망이 있습니다.

So tumbling while their needs to chase.
몸부림을 치면서 그 욕구들을 이루려고 합니다.

The desire of life is should try to continue until eternity.
살고자 하는 욕망은 영원까지 지속하려고 합니다.

By the way this one is being more and more powerful and persistent*.
그런데 이것은 고등한 존재일수록 더 강력하고 끈질깁니다.

The Bible say 1 Corinthians 15:19, "If only for this life we have hope in Christ, we are to be pitied more than all men."
고린도전서 15:19절이 말합니다. "만일 그리스도 안에서 우리의 바라는 것이 다만 이 세상의 삶뿐이면 모든 사람 가운데 우리가 더욱 불쌍한 자이리라"고 말합니다.

The Lord temporal, but enjoys the benefits that give you live well, here enjoying to happiness only,
주님께서 현세만 잘 살게 해 주어 그 혜택을 누리고, 여기서만 행복을 즐기고,

if happy with the success and only in the world, it self is only a thug-free existence*.
세상에서만 성공하고 만족한다면, 자체가 별 볼일 없는 존재일 뿐입니다.

Therefore the Resurrection is not a thought or recognizing also and not concept.
그러므로 부활만큼은 생각이나 인식이 아니고, 관념도 아닙니다.

The Resurrection is a great event in the history of the earth and, promises of eternal life with this present life*.

the system of marriage 결혼 제도(시스템)
organism 생물, 유기체, 인간, 생명체
a thug-free existence 별 볼일 없는 존재
this present life 이생, 현존의 인생

부활은 지구 역사상에 실제적으로 발생된 큰 사건으로서, 이생과 더불어 영원한 생을 약속하고 있습니다.

Two, Consciousness about eternality
둘, 영원에 대한 의식

If, the following three deprived of the basic benefits given to humans,
다음 세 가지는 인간에게 주어진 기본적인 혜택을 박탈당하면,

humans lose the seat of standing. Because 'If' with the assumption and you should look the Lord's grace to ponder.
인간은 설자리를 잃게 됩니다. 그렇기 때문에 '만일'이라는 가정과 함께 주님의 은혜를 심사숙고해 보아야 합니다.

1. If God paralysis* the universe in order to attack,
1. 하나님께서 다스리시는 질서정연한 우주 질서를 마비시킨다면,

you are in this world and how to survive yourself?
여러분은 이 세상에서 당신 자신을 어떻게 생존하게 할 것입니까?

2. If God Is canceled forgiveness grace*,
2. 만일 하나님이 내일이라도 사죄의 은혜를 베풀고 계시는,

with His promise and how do you do?
그분의 약속을 거두어 가시면 여러분은 어찌할 것입니까?

3. If God denied about the world with His son died and is canceled our eternal life and how do you do?
3. 하나님께서 자신의 아들을 죽게 한 세상에 대하여 등을 돌리시며 영생을 거두시겠다면 여러분은 어찌할 것입니까?

Human is all the people, what's society, any religion*, any community etc,
인간은 모든 사람, 어떤 사회, 어떤 종교, 어떤 집단, 조직이라도,

their wanted to be sure about the problem with after the death of man*.
사람의 사후에 대한 문제를 확실하게 알고 싶어 합니다.

Never do not satisfied about towards the end there's going.

paralysis 마비, 파행, 반신불수   any religion 어느 종교, 어떤 신앙
forgiveness grace 사죄(용서)의 은혜   'after the death of man' '사람의 사후'(死後)

끝을 향해가고 있는 존재는 중간 존재에 대해 절대 만족하지 못합니다.

Three, Confirmation of Scripture about after the death of man
셋, 사후에 대한 성경의 확증

The Bible confirm about after the death of man.
성경은 사람의 죽음 이후의 문제를 확증하고 있습니다.

Hebrew 9:27 telling, "Just as man is destined to die once*, and after that to face judgment."
히브리서 9:27절은 "한번 죽는 것은 사람에게 정하신 것이요 그 후에는 심판이 있으리니" 라고 말합니다.

John 5:29 telling, "and come out--those who have done good will rise to live, and those who have done evil will rise to be condemned."
요한복음 5:29절은 "선한 일을 행한 자는 생명의 부활로, 악한 일을 행한 자는 심판의 부활로 나오리라"고 말하고 있습니다.

Be eternal life* and eternal death* in the world and eternal heaven* and eternal hell* in the world.
세상에는 영원한 생명과 영원한 죽음이 있으며, 영원한 천국과 영원한 지옥이 있습니다.

Therefore, The Bible is it says about after the death and life's real-life.
그러므로, 성경은 죽음 이후의 삶의 실재에 대하여 명백히 말합니다.

However, the Resurrection of Christ's death is by paid for the value of the sin with a ransom for death*.
그러나 그리스도의 죽으심은 부활하심으로 죄의 값을 지불하는 대속代贖의 죽음이 되었습니다.

It's overcome to the death and it is victory to free.
이것은 죽음을 이기고 승리하므로 믿는 자들을 자유하게 한 것입니다.

So we're believed faith is does best to the fact of the Resurrection*.
그래서 우리는 우리가 믿는 신앙은 부활의 사실에 최선을 다합니다.

Germany philosopher Netzsche say "When comes Sunday bell ringing

TIP	
"Just as man is destined to die once"	eternal heaven 영원한 천국(하늘나라)
"한번 죽는 것은 정하신 것이요"	eternal hell 영원한 지옥
eternal life 영원한 생명	a ransom for death 대속(代贖)의 죽음
eternal death 영원한 죽음	'the fact of the Resurrection' '부활의 사실'

of the whole world in the church."

독일 철학자 니체는 "주일만 되면 세계 교회당에서 종이 울린다."

That's two thousand ago one of death row of the Rome is he claimed to be God but There is no evidence anywhere."

그것은 2000년 전, 베들레헴에서 로마의 한 사형수가 자신이 하나님이라고 주장했기 때문이다. 그러나 그 증거는 아무데도 없다." 라고 했습니다.

1. Indeed, no?

1. 과연 없습니까?

Then the incident occurred on the earth for evidence,

그때 지상에서 평범하게 일어났던 사건을 증거하기 위해,

the twelve Apostles, the Apostles Paul, Barnabas, Silas, Luke, Priscilla and Aquila, Timothy, etc. and many were of the Gospel ministry*.

12사도, 사도 바울, 바나바, 실라, 누가, 브리스길라와 아굴라, 디모데 등 수 많은 복음 사역자들이 있었습니다.

Apostolic Fathers, Church Fathers, Bishops, etc and each and every time with there are people who have lived pietistic*.

속사도, 교부, 감독 등 각 시대마다 경건하게 살았던 사람들이 있었습니다.

They are hopelessly quit like a gold of life.

그들은 금쪽같은 생애를 초개같이 내놓았습니다.

And unable to delete and never bled with pour in lot of time and sweat.

그리고 결코 지울 수 없는 피를 흘리며 많은 시간과 땀을 쏟았습니다.

2. That's as well?

2. 과연 그뿐입니까?

In the 1930s, imperialist Japan* is exacted pilgrimage to the shrine of Japan* to pastor Joo.

1930년대 일제는 주기철 목사에게 일본 신사에게 참배하라고 강요했습니다.

We once again have to listen to against and the blood has to balance with pastor Joo's preaching*.

우리는 항거하면서 피맺히도록 절절한 주기철 목사의 마지막 설교를 다시 한 번 들어야 합니다.

 'the Gospel ministry' '복음 사역자'　　　　the shrine of Japan 일본의 신사
"lived pietistic" "경건하게 살았다"　　　　pastor Joo's preaching 주기철 목사의 설교
imperialist Japan 제국주의 일본

"Be incapable and incapable as Christ's the bride and can't worship for the other gods.

"못하리이다 못하리이다 그리스도의 신부는 다른 신에게 정절을 깨뜨리지 못하리이다,

never bow down to the shrine of Japan and must offer this one life to The Lord."

일본 신사에게 절을 못하리이다. 드리리이다 드리리이다 이 목숨이나마 주님께 드리리이다."

Pastor Joo, this cry ending died for six years with agonizingly after finishing the prison life.

주기철 목사는 이 외침을 끝으로 6년간 아비규환 같은 감옥생활을 마치고 순교하고 말았습니다.

2nd | Do you want to be eternal life? - You must believe to that!
둘째 | 영생하고 싶습니까? - 부활을 믿으십시오!

If do not believe the Resurrection, never not be christian*.
만일 부활을 믿지 않으면, 절대 그리스도인이 될 수 없습니다.

Romans 10:9 say us, "That if you confess with your mouth, 'Jesus is Lord,' and believe in your heart that God raised him from the dead, you will be saved."

로마서 10:9절에서 "네가 만일 네 입으로 예수를 주로 시인하며 또 하나님께서 그를 죽은 자 가운데서 살리신 것을 네 마음에 믿으면 구원을 받으리라" 라고 했습니다.

Like this, salvation is seting to the faith of Resurrection*.
이처럼, 구원은 부활 신앙에 근거를 두고 있습니다.

Therefore, if you self believe to the Resurrection of Jesus Christ, now or don't believe to that whoever,

따라서, 만일 자신이 예수 그리스도의 부활을 믿고 있는지 아닌지, 모르겠다고 하는 사람이 있다면,

anything believe that but not yet saved him.

TIP "never not be christian"
"절대 그리스도인이 될 수 없다"

the faith of Resurrection 부활 신앙

그가 무엇을 주장하든지 그는 구원받지 못한 자입니다.

So, Paul is effective declare about the greatly truth of Resurrection* in today scripture.
그래서 바울은 오늘 본문에서 부활의 위대한 진리를 조직적으로 증거 하고 있습니다.

What is the persuasion that's the Resurrection's evidence and the Resurrection's important, the Resurrection's order, the Resurrection's facts and the Resurrection's value.
부활의 증거, 부활의 중요성, 부활의 차례와 사실에 대한 세부적인 묘사, 그리고 그 가치에 대해서 강력하게 주장하고 있습니다.

One, What's the inevitably event?
하나, 부활은 필연적인 일입니까?

In scripture 1 Corithians 15:50 say, "···that flesh and blood cannot inherit the kingdom of God, nor does the perishable inherit the imperishable."
고린도전서 15:50절은, "혈과 육은 하나님 나라를 이어 받을 수 없고 또한 썩는 것은 썩지 아니하는 것을 유업으로 받지 못하느니라."

So, verse 53 say, "For the perishable must clothe itself with the imperishable, and the mortal with immortality."
그리고 53절에서도 말합니다. "이 썩을 것이 반드시 썩지 아니할 것을 입겠고 이 죽을 것이 죽지 아니함을 입으리로다."

I like say again, we're must can live changed in that's area.
다시 말해서, 우리는 그 영역에서 살기 위하여 변화하지 않으면 안 됩니다.

In verse 47-49 tell, We're like Adam "As was the earthly*", like Christ "As from the heaven*".
본문 47-49절에서, 우리는 아담처럼 "흙에 속하고", 그리스도처럼 "하늘에 속하게" 된다고 말합니다.

 'the greatly truth of Resurrection'
'부활의 위대한 진리'
like Adam "As was the earthly"
"아담처럼 땅에 속한다"

like Christ "As from the heaven"
"그리스도처럼 하늘에 속한다"

1. Blood and flesh
1. 혈과 육

It's only this is using word for meterial body in the New Testament.
이것은 단지 물질적인 육체를 나타내는 말로서 신약성경에서만 사용되었습니다.

So, Paul say in verse 50 'That blood and flesh' or the nuture man is do not entry into the kingdom of God(Heaven)*.
바울은 50절에서 '혈과 육' 또는 자연적 존재는 하나님 나라에 들어갈 수 없다고 말합니다.

2. The kingdom of God*
2. 하나님 나라

Mention the kingdom of God in verse 50, It's not the cosmotic or spiritual meaning for the kingdom of God,
50절에 언급된 하나님 나라는, 우주적 또는 영적 의미에서의 하나님 나라가 아니라,

it's perfect meaning for the kingdom of God and eternity.
완전한 의미에 있어서의 하나님 나라, 즉 영원한 상태를 말합니다.

And Paul say us, we're the body of present, never cannot entry into heaven, we only changed for entry into heaven.
바울은 우리가 현재의 몸으로는 영원한 나라天國에 들어갈 수 없으며, 그 나라에 입성하기 위해서 우리는 변화해야 된다는 것을 말하고 있습니다.

But it's all bring about a question.
그러나 이 모든 것은 중대한 의문을 야기 시킵니다.

We're experience for changed die christian only?
이 변화를 체험하기 위하여 그리스도인은 죽어야만 합니까?

When Christ coming, we're living*,
그리스도께서 오실 때에 살아있으며,

also when we rise how to be christian? Just they're changed.
또한 부활 시에 살아있는 그리스도인들은 어떻게 됩니까? 그들은 필경 변화합니다.

 "do not entry into the kingdom of God"
"하나님나라에 들어갈 수 없다"

"when Christ coming, we're living"
그리스도께서 오실 때, 우리는 살아있다"

Two, The mystery of Resurrection(verse 51).
둘, 부활은 비밀입니다(51절).

In verse 51, "Listen, I tell you a mystery: We will not all sleep, but we will all be changed*…."
본문 51절에서, "보라, 내가 너희에게 비밀을 말하노니 우리가 다 잠잘 것이 아니요… 다 변화되리니."

I like say again, do not sleeping what self, so will be changed.
다시 말해서 죽지(잠들지) 않은 자들도 변화하게 된다는 것입니다.

As rot and die for flesh, never live in immortality heaven*.
썩고 죽을 육체는, 썩지 않으며 불멸하는 하나님 나라에서 살 수 없습니다.

Going into the earth, to be person changed with the rise a moment out a grave. We're raised from the death.
우리 가운데 땅 속에 들어갔다가, 무덤에서 나오는 순간, 변화하는 자가 있습니다. 우리는 죽음에서 일어난다고 합니다.

So, changed when sleeping, driving, flying, play a match the Bible tell us*.
잠을 자던 중, 운전하던 중, 비행하던 중에 변화하게 된다고 성경은 말합니다.

Three, How to be changed?
셋, 어떻게 변화합니까?

This express for how to be changed by 'in the twinkling*.'
'순식간 홀연히' 라고 표현하고 있습니다.

It's not longtime changed it's changed by 'Brief, suddenly' only we will be this experience for changed.
어떤 과정을 오래 동안 거치는 변화를 말하는 것이 아니라 짧은, 불시에 일어나는 변화, 바로 이 변화를 체험하는 것입니다.

This "Instant" meaning greek is 'Atomos' and english is 'Atom*.'
여기서 '순식간'의 의미의 헬라어는 '아토모스'이며, 영어로는 '아톰' - 원자

 "we will all be changed…"
"우리는 모두 다 변화된다"
"never live in immortality heaven"
"불멸하는 천국에서 살 수 없다"

"the Bible tell us" "성경은 우리에게 말한다"
"in the twinkling" "순식간에 홀연히"

(原子, 물질의 기본 구성단위인 입자)입니다.

This word is or more not divide for a piece, a cell.
이 단어는 더 이상 나눌 수 없는 조각, 부분, 양을 말합니다.

It's material of the smallest quantity or the minimum short time.
이것은 물질로서 최대한 소단위 양과 최대한 짧은 시간을 말합니다.

It's may be an eye wink-ten hundred million one second.
눈 깜짝할 사이는 약 10억분의 1초를 말합니다.

Four, When be changed?
넷, 언제 변화합니까?

In verse 52, "at the last trumpet*", This sound is full stop about the death and all trouble in the Old Testament age and the New Testament age and history of church
본문 52절에서, "마지막 나팔에", 이 소리는 구약시대와 신약시대의 그리고 교회시대의 죽음과 싸움을 종식시키는 소리가 될 것입니다.

We all participate to rise Resurrection with this the last trumpet sound when called to the chosen people of God*,
부활로 참여하는 이 나팔 소리와 함께 선택된 하나님의 백성이,

their full stop history of the earth.
마지막 부름이 되고 지구 역사는 종지부를 찍기 때문입니다.

Next, the Resurrection order.
다음은 부활하게 되는 순서입니다.

First time is Jesus Christ.
처음으로 예수 그리스도가 부활하셨습니다.

Second time is when Jesus second comes His people will be rise to forever life.
다음엔 예수님이 재림하실 때, 그분의 백성이 영원한 삶을 위해 일어납니다.

 atom 원자, 원자력, 조금 아톰,　　　　　"at the last trumpet"
'아톰'-원자(原子,물질의 기본　　　　　"마지막 나팔에"
구성단위인 입자)　　　　　　　　　'the chosen people of God'
　　　　　　　　　　　　　　　　　'선택된 하나님백성'

🖐 3rd | The Resurrection overcome to death.
결론으로, 부활은 사망을 이겼습니다.

In verse 53, "For the perishable must clothe itself with the imperishable, and the mortal with immortality."
본문 53절에, "이 썩을 것이 반드시 썩지 아니할 것을 입겠고."

Sneer to death in verse 55, "Where, O death, is your victory? Where, O death, is your sting?"
본문 55절에, "사망아 너의 승리가 어디 있느냐 사망아 네가 쏘는 것이 어디 있느냐?" 하고 사망을 비웃고 있습니다.

One, The people of God is never overcome to death.
하나, 하나님 백성은 절대 죽음을 이깁니다.

The existence of life is quaking in this death.
세상에서 생명을 지닌 존재는 이 사망 앞에 떨 수밖에 없습니다.

Only Jesus Christ sneer to death*.
오직 예수 그리스도께서는 사망을 비웃고 있습니다.

Never overcome to death a hero, a gallant, a wise man, a great man, the other whoever.
세상의 영웅, 호걸, 박식한 사람, 위대한 사람, 그 누구도 죽음을 이겨본 적이 없습니다.

Alexander the Great* is when 34 years celebrate for the win of war and stop his the heart he died.
알렉산더 대왕은 34세 때, 전쟁 승리를 자축하며 술잔을 꺽다가 심장이 멈춰 죽었습니다.

Napoleon* is miserable disease died in a place of exile.
나폴레옹은 유배를 당해 무인도에서 비참하게 병으로 죽었습니다.

Jenghis Khan* is atrocious died by pieced in the battle field.
칭기즈칸은 싸움터에서 칼에 찔려 무참하게 죽었습니다.

"only Jesus Christ sneer to death"
"예수 그리스도만 사망을 비웃는다"
Alexander the Great 알렉산더 대왕,
Alexander Ⅲ

Napoleon 나폴레옹, 프랑스 황제
Jenghis khan 몽고 제국을 세운 세계 3대
영웅 중 한 사람
(= Genghis Khan)

We like called the great man in the world and never overcome to death*.
이 지구상에 위대한 사람들도 절대 죽음을 이기지 못합니다.

But we're the people of God never overcome to death*.
그러나 우리 하나님의 백성은 절대 죽음을 이깁니다.

What's overcome to death by the power?
무슨 힘으로 죽음을 이깁니까?

That's never overcome to death by the power of Resurrection.
부활의 힘으로 죽음을 극복하는 것입니다.

Two, The chain of death is eternal.
둘, 사망의 사슬은 영원합니다.

Only the death sting who's and that it's not changed by raised, not saved didn't entry to heaven.
사망은 오직 부활로 변화되지 못한 자, 구원받지 못한 자, 천국에 들어가지 못한 자에게만 죽음이라는 저주를 쏘게 됩니다.

So, it's just one's sting by the chain of death be bound forever.
이 저주에 한번 쏘이면 영원히 사망의 사슬에 매이고 맙니다.

In verse 56, "The sting of death is sin, and the power of sin is the law."
본문 56절은, "사망이 쏘는 것은 죄요, 죄의 권능은 율법이라"고 했습니다.

If so, how to forgiveness of sin?
그렇다면, 어떻게 죄 사함을 받을 수 있습니까?

Only believe to Jesus Christ crucified*, never sting by death overcome to death.
십자가에 달리신 예수 그리스도만 믿으면, 사망에 쏘이지 않고 사망을 극복하게 됩니다.

"That Jesus is die for my sin!" and believed,
"저 분이 내 죄 때문에 죽으셨구나!" 라고 믿고,

by confess "Oh my the Lord, Oh my God! you're my savior!",
"나의 주 나의 하나님, 당신은 나의 구세주!" 라고 고백하면,

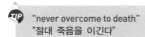

"never overcome to death"   "only believe to Jesus Christ crucified"
"절대 죽음을 이긴다"   "오직 십자가에 달리신 예수 그리스도만 믿으면"

God promised with in today's never control by death.
절대 사망의 지배를 받지 않는다고 오늘 본문은 우리에게 약속하고 있습니다.

The Resurrection is never overcome to the power of sin.
부활은 절대로 죄의 권세를 이깁니다.

The people of God will be participate never be bound sin overcome that.
부활에 참여할 예수 믿는 성도는 절대로 죄에 매이지 않고, 결국 그것을 이깁니다.

This is really the victory from the death.
이것이 진정한 죽음에서의 승리입니다.

Amen!
아멘!

Little is much when God is in it.
하나님이 함께 하시면 적은 것도 많은 것이 된다.

Chapter 18

Small but the Great Creative Minority
적지만 위대한 창조적 소수

Judges 7:6-9 / 사사기 7:6-9

6 Three hundred men lapped with their hands to their mouths. All the rest got down on their knees to drink.

7 The LORD said to Gideon, "With the three hundred men that lapped I will save you and give the Midianites into your hands. Let all the other men go, each to his own place."

8 So Gideon sent the rest of the Israelites to their tents but kept the three hundred, who took over the provisions and trumpets of the others. Now the camp of Midian lay below him in the valley.

9 During that night the LORD said to Gideon, "Get up, go down against the camp, because I am going to give it into your hands.

6 손으로 움켜 입에 대고 핥는 자의 수는 삼백 명이요 그 외의 백성은 다 무릎을 꿇고 물을 마신지라

7 여호와께서 기드온에게 이르시되 내가 이 물을 핥아 먹은 삼백 명으로 너희를 구원하며 미디안을 네 손에 넘겨 주리니 남은 백성은 각각 자기의 처소로 돌아갈 것이니라 하시니

8 이에 백성이 양식과 나팔을 손에 든지라 기드온이 이스라엘 모든 백성을 각각 그의 장막으로 돌려보내고 그 삼백 명은 머물게 하니라 미디안 진영은 그 아래 골짜기 가운데에 있었더라

9 그 밤에 여호와께서 기드온에게 이르시되 일어나 진영으로 내려가라 내가 그것을 네 손에 넘겨 주었느니라

Nice to see you within the Lord.
주안에서 이렇게 만나게 되어 반갑습니다.

We're as the kingdom of God, naturally his live through grace*.
우리는 하나님 백성으로서 마땅히 그분의 은택으로 살 수가 있습니다.

So, we're desire God's grace and take from heaven's things
우리는 하나님의 은혜를 사모하며 그 축복을 받아야 할 것입니다.

Today the text is Judges 7:6-8 and the Old Testament.
오늘 본문은 구약성경 사사기 7장 6절에서 9절의 말씀입니다.

The title "Smaller but the great creative minority".
제목은 "적지만 위대한 창조적 소수" 입니다.

Today, the world is going into a situation of unprecedented crisis.
오늘날, 세계가 모두 전례 없는 난국을 맞고 있는 상황입니다.

Humanism* and egotism in nations are changing the social structures are becoming shaky*.
인본주의와 황금만능주의, 이기주의가 나라와 민족과 그리고 사회 구조를 흔들고 분열을 조장하고 있습니다.

Anywhere you go in the world, generational* conflicts are highly tide up*.
세계 어느 곳을 가더라도 지역간, 세대간, 계층간의 갈등이 고조되고 있습니다.

The world is becoming filled with moral corruption*.
도덕적, 윤리적 타락이 극렬해지고 있는 세상입니다.

This is the world that's shaking the moral values of the people.
이런 세상은 사람들의 가치관을 흔들어 대고 있습니다.

Modern society has bogged down deeper into plural of idols.
현대는 다수의 우상에 깊이 빠져들고 있습니다.

"naturally God live through grace"
"마땅히 하나님의 은택으로만 살 수 있다"
humanism 인본주의, 인간주의
(secular humanism 세속적 인간주의)
shaky 흔들리는, 비틀거리는, 떨리는

generational 어떤 세대의, 세대간의, 세대적인
(intergenerational 세대 사이의, 각 세대 간격의)
highly tide up 고조되는, 높아져 가는
moral corruption 도덕적(윤리적) 타락,
　　　　　　　도덕질서 붕괴

The attribute* of the world is becoming strong. Also, seeking a lot of things.
세상의 속성은 강한 것을 내세우고 있습니다. 또 많은 것을 추구하고 있습니다.

But following this is becoming a problem.
그러나 그것들을 맹목적으로 따르는데 심각한 문제가 됩니다.

It's power expansion of majority rule is in the place of politics*.
정치의 장에서는 다수결의 원칙을 내세워 세를 확장해 갑니다.

The group of people have stood the ground of labor*.
노동 현장은 다수가 무력을 행사하며 주장을 굽히지 않습니다.

Teacher's opinions are being ignored in campuses.
캠퍼스에서는 소수 스승의 의견은 무시되고 있습니다.

Why are students' strong opinions becoming selfish?
다수 학생의 이기적 소견이 우세한 것은 왜 그럴까요?

It's modern people is very likes the plural*.
현대인들이 다수를 선호한다는 것입니다.

So there are became many idols for the plural. This is infiltrating the churches all over the world.
다수가 그들의 우상이 되어버렸습니다. 그 다수 선호 사상이 사회에서 교회까지 침투하게 되었습니다.

In order to find out a pastor's skills, throw in a few official questions.
처음 대면하는 목사의 실력을 알려면, 그를 향해 몇 가지 공식적 질문을 던져 보면 안다고 합니다.

"How many church members do you have? What about the area of the church? Is it yours building? or a rented building?"
"목사님 교회의 성도 수는 몇 명입니까? 예배당 평수는요? 자체 건물입니까? 아니면 임대 건물입니까?"

"Is the building for sale? What are the details? ground or under ground?"
"아니면 교회 건물을 분양받았나요? 구체적으로 지하입니까? 지상입니까?"

attribute 원인(탓)으로 여기다,
　　　　…로 여기다, …에 따른
the place of politics 정치의 장
the ground of labor 노동 현장

plural 복수의(in the plural 복수형으로)
"modern people is very likes the plural"
"현대인들은 다수를 매우 좋아 한다"
idols for the plural 다수를 위한 우상

"How much to the budget of one year? What about the history of the church?"

"일 년 예산은 얼마입니까? 교회 역사는요? 등등."

These questions are derived from the conscience of possession*.

이런 질문은 많이 소유하고자 하는 의식에서 비롯됩니다.

When comparing small things to big things, it brings out regrets and insufficiency.

이런 현상은 적은 것은 많은 것에 비해 뭔가 아쉽고, 섭섭하고, 부족한 것입니다.

So, assuming these are all most people's dreams*,

그래서 대다수의 사람들의 꿈이라면,

that's to extend a small house to a large house, small land to spacious land, small-scale to big-scale.

좁은 집에서 넓은 집으로, 아파트에서 여유 있는 하우스로, 좁은 땅에서 광활한 땅으로, 소규모에서 대규모로 확장하는 것입니다.

Since loved possessing many things through, biggest, and the plural 'Odd principle*', it has captured* us in a secular world.

언제부터 많은 것, 큰 것, 다수가 좋다는 '괴상한 원칙'이 우리를 사로잡기 시작했고, 또 다수의 우상을 섬기게 합니다.

God's object of the redemption is plural.
하나님의 구원의 대상은 다수입니다.

What is God thinking about 'the plural'?

그렇다면, '다수'를 하나님께서 어떻게 생각하고 계실까요?

God never turns away from the plural.

하나님은 다수를 절대 외면하지 않으셨습니다.

Israel's population of 600,000 people(women, children including 2,000,000 people) are clearly God's object of the redemption*.

the conscience of possession 소유 의식   captured 사로잡다, …을 붙잡다, 체포하다
'all most people's dreams'   'God's object of the redemption'
'대다수 사람들의 꿈'   '하나님의 구원 대상'
odd principle 괴상한 원칙, 무모한 원리

이스라엘 민족 60만(여자, 아이 포함하여 200만 명 추정) 명의 다수는 분명히 하나님의 구원의 대상이었습니다.

430 years while in the tyranny of Egypt, God provided exodus to the 600,000 people and gave redemption.
430년 동안 애굽의 학정 속에서, 그 60만에게 출애굽을 시키는 은혜를 주셔서 구원을 행하셨습니다.

The fruition in the Holy Spirit of Jerusalem early church was 3,000 people.
예루살렘 초대교회의 성령 역사의 결실은 3,000명이었습니다.

Jesus made the gospel work in Bethsaida* and fed 5,000 people with five small barley and two small fish(woman and child include 20,000 people).
예수님께서 일으키신 벳세다의 복음의 역사는 오병이어를 가지고 5,000명을 먹이는 기적의 역사였습니다(부녀자까지 2만 명 추정).

This clearly shows God's actions through the people of Israel*.
이러한 역사를 눈여겨보면, 분명히 하나님께서는 이스라엘 민족의 다수 속에 그분의 살아 계심을 확인할 수 있습니다.

It's cleary fact that God loves the plural with God's providence*.
하나님께서 다수를 사랑하시는 것은 틀림없는 사실입니다.

It is God's providence them the object of the redemption.
하나님께서는 그들을 구원의 대상으로 삼으신 것입니다.

The text introduce this instruction.
본문은 이런 가르침을 잘 소개하고 있습니다.

Today, we willingness get two instructions.
오늘, 우리는 이 말씀에서 두 가지 큰 가르침을 얻고자 합니다.

Would you get can not think of the great grace.
예상하지 못했던 큰 은혜를 받으시기를 바랍니다.

 1st | God used minority in the plural.
첫째 | 하나님은 다수 속에서 소수를 사용하십니다.

TIP Bethsaida 벳새다,   the people of Israel 이스라엘 백성
　　　현재는 없어짐(오병이어 역사 현장) God's providence 하나님의 섭리

'Minority*' meaning is marginality. Gideon* was called to Israel by God.
'소수'라 함은 변두리 사람을 말합니다. 기드온이 하나님의 부름을 받고 이스라엘을 구국하게 되었습니다.

The exploitation* of the Midians of seven years caused the crisis of living conditions.
미디안이 7년 동안 이스라엘을 수탈하고 억압하여 도저히 살아갈 수 없게 된 위기의 때였습니다.

Gideon played the trumpet to go to war with Midian. Crowd of 32,000 people.
기드온은 미디안과 전쟁하기 위해 모병 나팔을 불었습니다. 전쟁터로 몰려온 수가 32,000명이었습니다.

These numbers and powers were not nearly enough to fight the big army of the Midians.
이 수와 힘은, 지금 이스라엘을 포위하고 밀려들어오는 수십만의 미디안 적병을 물리칠 충분한 인원은 아니었습니다.

Now, 32,000 people fought like a thousand gold resources of war in the situation.
지금, 현 시국에서 32,000명은 천금과 같은 전쟁 자원이었습니다.

So this plenty to Gideon was easy to war with Midian.
그래서 기드온에게는 미디안과 전쟁하는데 유리한 다수였습니다.

The possibility of victory in the war.
어쩌면 전쟁에서 승리하는데 실현 가능한 다수였습니다.

The small numbers accomplished the redemption.
적은 수는 구원 역사를 성취하는 수였습니다.

However, God tell in verse 2 and 3 of the text.
그러나 본문 2-3절에서는 하나님께서 말씀하십니다.

"You have too many men for me⋯, Let 22,000 people go back each to his own place."

---

 minority 소수, 주변, 사이드(변두리), 제2군
(major 주요한, 큰, 메이저, 대기업, 전공의)

Gideon 기드온, 미디안 사람의 정복자,
국제 기드온 협회원
exploitation 착취, 개척, 개발

"너를 좇는 백성이 너무 많다. 22,000명을 집으로 돌려보내라"고 말씀을 하십니다.

But don't stopping and say, in verse 4-5, "There are still 10,000peple too many men. So, 9,700 people pick and go back to home."
그러나 하나님의 요구는 여기서 그치지 않고 4-5절에서 "10,000명도 많다. 9,700명을 골라서 또 집으로 돌려보내라"고 하십니다.

And in verse 6-7, "Their hands to their mouths on their knees to drink with will deliver for Israelites* by 300 people."
그리고 6-7절에서는 "내가 이 물을 손으로 핥아먹은 300명으로 너희를 구원하리라."

Final, God give win to Israelites.
결국, 하나님이 이스라엘을 승리하게 하셨습니다.

This is profundity "God's salvation paradigm*"
이것이 깊고 오묘한 "하나님의 구원의 모범" 입니다.

31,700 people is they're not set up deliver of Israelites.
31,700명, 그들은 이스라엘의 구원을 이루는 주역이 아니었습니다.

Only God the demand small numbers 300 people is God made deliver the quantity.
적은 수, 300명이 하나님의 요구하시는 수였고, 하나님이 구원을 이루시는 양이었습니다.

It' is number is not men and spiritual number
이 수는 인간의 수가 아니고 영적인 수입니다.

Only it's set up the creative redemption of God* and the example of victory.
이것은 하나님의 창조적인 구속의 역사를 이루는 승리의 모범 답안이었습니다.

We must have to realize.
우리는 깨달아야만 합니다.

"will deliver for Israelites!"   'the creative redemption of God'
"이스라엘 백성을 구원할 것이다"   '하나님의 창조적 구속'
'God's salvation paradigm'
'하나님의 구원의 모범표'

Like the light at the wind to Israelites rescue number is not 'The plural.*'
풍전등화 같은 이스라엘을 구원할 수 있는 수는 '다수'가 결코 아닙니다.

Human's logic and computation number of plural is never make God's the redemption.
인간의 논리와 계산으로 짜여진 다수로는 하나님의 구원 역사가 일어나지 않습니다.

It's instruction from today's the text.
이것이 오늘의 본문이 주는 큰 가르침입니다.

Only, in fact God's the redemption of the leading 'the small'.
오직, 하나님의 구원 역사를 이끄는 주역은 '소수'라는 사실입니다.

God want leading that the small his redemption*.
하나님은 이 소수로 구원 역사를 영원히 이끌어 가시길 원합니다.

So myself precious the resources of redemption.
나 자신도 구원 역사의 소중한 자원입니다.

We're always concern* about the number of human.
우리는 언제나 인간의 수에만 관심을 두고 있었습니다.

What God is the planning*?
하나님이 어떤 계획을 세우고 계시는지?

Build up to the redemption through who's?
구원의 역사를 과연 누구를 통해 이루어 가시는지?

Our's spiritual concern about the redemption and ignorantly.
구원에 대한 우리의 영적 관심은 무지하기만 했습니다.

God's the number of concern is not's many and the small,
하나님의 관심의 수가 많은 수가 아니고 적은 수요,

knowing in that in inclusion me.
그 안에 내가 포함된 것을 알았습니다.

"Israelites rescue number is not 'The plural'"
"이스라엘 백성을 구원할 수는 '다수'가 아니다"

"God want leading that the small his redemption"
"하나님은 적은 수로 구원을 주도해 가시길 원한다"
planning 계획, 예정, ~할 생각

If so, standing me and so weakness myself*,
그렇다면, 지금 이 자리에 서있는 연약한 나 자신도,

build up doing the redemption of God and in fact the resources.
하나님의 구원을 이루어 가시는 중요한 자원이라는 사실입니다.

Begin now, have to have a feeling pride about myself.
지금부터라도 나 자신에게 떳떳한 긍지를 가져야겠습니다.

Oh Lord, what is about 'I am*'?
주님, 나라고 하는 존재가 도대체 무엇입니까?

What is 'I am' and take care called the people of God?
내가 무엇이관대 하나님 당신의 백성으로 부르셨습니까?

There more I'm not worthy. In fact, God making the redemption through me.
거기에 더욱 내가 황송한 것이 있습니다. 그것은 주님께서 나를 통해 구원을 수행해 간다는 사실입니다.

I am too dissatisfied* the redemption of God.
나는 하나님의 일을 하기엔 너무 부족한 점이 많습니다.

However, greatly the Lord and I must going to best do that. So, thankful use up loyally to the Lord.
그러나 주의 은혜가 크시오니 내게 맡겨주신 사명을 최선을 다하겠습니다. 그리고 감사함으로 주 여호와께 충성을 다하겠습니다.

Let us together readiness* and resolution* to God now.
우리 다같이 각오와 결단을 지금 하나님 앞에서 하길 바랍니다.

🖐 2nd | God wants humbleness than greatness.
둘째 | 하나님께서 큰 자보다는 작은 자를 원하십니다.

Here we speak about a small as a 'Humble person.*'
여기서 작은 자라 함은 '겸손한 자'를 말합니다.

People of Israel finished 40 years of rugged wilderness and arrived at the land of flowing milk and honey.

---

weakness myself 연약한 나 자신, 부족한 자신
"What is about 'I am'?"
"나라는 존재는 무엇인가?"

dissatisfied 불만족, 불만스러운, 만족 못한
readiness 용의, 준비된 상태
resolution 결의, 가결, 결단

이스라엘 백성들이 거친 광야생활 40년을 마치고, 젖과 꿀이 흐르는 가나안 땅에 입성했습니다.

The challenge and struggles continued for the Israelites.
이스라엘 백성들에게 외부로는 원주민의 도전이 계속되었습니다.

Instead of God, they served Baal* of the natives and the Ashtoreths*.
내부로는 원주민들이 섬기던 바알, 아스다롯이라는 우상 신을 하나님 대신 섬겼습니다.

When they served idols instead of God drew a stick of wrath.
우상을 하나님 대신 섬길 때 진노의 막대기를 드셨습니다.

Israelites served other idols instead of God* and committed sins.
이스라엘 백성들은 하나님 대신 우상을 섬기고 불신앙을 마음껏 저질렀습니다.

Antagonism* and conflicts of the twelve tribes* didn't end.
12지파 사이에 반목과 대립이 끊이질 않았습니다.

The economic power and the number of military grew. They became about the plural.
그들에게 경제적 힘이 불어나고 군사적 수가 많아지게 되었습니다. 그들에게 다수라는 배경이 조성되었습니다.

They started to distance themselves from God and his laws.
그들은 하나님을 서서히 떠나게 되었고, 하나님의 율법에서 서서히 멀어지게 되었습니다.

Israel people stay on wilderness with coming affliction*, approaching fear, waiting death,
광야에 머물던 이스라엘 백성들은 고난이 엄습하고, 공포가 서리며, 죽음이 기다리는 곳에 머물렀습니다.

That time, they wanted show humbleness to God*.
그때, 그들은 차라리 하나님 앞에 겸허했습니다.

humble person 겸손한 사람, 부드러운 인간	"Israelites served other idols instead of God"
Baal 바알 신, 북 이스라엘 아합 왕이 섬긴 바알 신	"이스라엘이 하나님 대신 우상을 섬겼다"
Ashtoreth 아스다롯 신, 이스라엘 백성이 하나님 대신 섬긴 우상	antagonism 적대, 대립, 반목
	the twelve tribes 열 두 지파, 이스라엘 조상
	affliction 고통, 고뇌, 고난, 재해
	"they wanted show humbleness to God"
	"그들은 하나님 앞에서 겸허함을 보였다"

Then obeyed God. They liked the awakening*.

그때 하나님의 말씀이면 무조건 순종했습니다. 언제나 자신들을 돌아보며 각성하기를 좋아했습니다.

But they could only think now in the land of Canaan with civilizations and cultural life.

그러나 지금 가나안 땅의 문명문화 생활 속에서 배부른 것만 생각합니다.

And take out themselves out of faith and disobey God's will.

신앙에서 벗어나고, 하나님 뜻에 순종하지 않습니다.

And in swamp of corruption, they're started living like beasts.

그리고 타락의 늪으로 끌려가서 짐승처럼 살고 있습니다.

God drew stick of wrath of His people. They were the people of the strong military Midian tribe.

견디다 못해 하나님은 친 백성을 향해 진노의 막대기를 드십니다. 진노의 막대기가 바로 호전성이 강한 미디안 족속이었습니다.

Israel people couldn't stand the 7years of Midian's oppression and plundering*.

이스라엘 민족은 지겹게도 지난 7년간의 미디안의 압제와 수탈에 견디지 못했습니다.

So they desired for God's guidance. Eventually God answered their prayer*.

그들은 본문에 기록된 것처럼 간절히 하나님을 찾았습니다. 드디어 그 간구를 하나님이 들으셨습니다.

Gideon confirmed the inherentence of God*
기드온은 하나님의 '내재성'(그분의 동행하심)을 확인했습니다

God was determined to rescue His people of Israel.

하나님은 당신의 이스라엘 백성을 건지시기로 작정하셨습니다.

Because they were deprived* of everything from Midians.

왜냐하면 모든 것을 미디안에게 빼앗긴 채 도륙당하고 있었기 때문입니다.

---

 awakening 자각, 사람을 깨닫게 하는, 각성
"Midian's oppression and plundering"
"미디안의 압제와 수탈"

"God answered their prayer"
"하나님께서 그들의 기도를 응답하셨다"
'the inherentence of God' '하나님의 내재성'

Gideon, a farmer's son, took over his father's legacy.
기드온은 농부의 아들이며, 부친의 가업을 이어받았습니다.

Gideon was a regular farm worker. He was to be the leader of Israel chosen from God.
기드온은 농부 일을 하던 보통 사람이었습니다. 이스라엘 지도자로 하나님께 선택을 받았습니다.

Even though he lacked the experience and didn't have much,
비록 폭넓은 아직 인생의 경험은 없어 부족한 것은 많지만,

he was first to confirm the inherentence of God.
그는 먼저 하나님의 내재성을 확인하게 되었습니다.

In text 6:37, Gideon say to God "You will save Israel. If there is dew only on the fleece and all the ground is dry."
본문 6:37절에서, 기드온은 하나님께, "이스라엘을 구원하시려거든 양털을 젖게 하고 주변 땅을 마르도록 해 주옵소서" 라고 요구했습니다.

And he asked to be shown of the opposite form. And he requested God's miracle.
그리고 다시 정반대의 현상을 보여 달라고 했습니다. 하나님의 기적을 요구하며 나섰습니다.

As Gideon realized his weaknesses, he seeked and he demands God's miracles*.
기드온은 자신이 약한 것을 깨달을수록 하나님의 기적을 요구했습니다.

Gideon realize he couldn't rescue the Israelites by himself.
자신의 힘으로 도저히 백성들을 구해낼 수 없음을 자각했습니다.

That made his faith of God unshakable*.
그럴수록 그에게 필요한 것은 하나님에 대한 확고한 믿음입니다.

So Gideon want deny to man dwells on the soft nature of sin.
그래서 기드온에게는 인간의 연약한 본성에 도사리는 죄를 부정하기 원했습니다.

So come true from sin with denial and doubt. It's he who needed the inherentence of God.

deprived 빈곤한, 풍족하지 못한
"He demands God's miracles"
"그는 하나님의 기적을 요구했다"

"His faith of God unshakable"
"하나님에 대한 확고한 그의 믿음"

그 죄로 인하여 당연히 찾아오는 부정과 회의를 불식시키기를 원했습니다. 이것은 하나님의 내재성을 요구한 것이었습니다.

So showed his personality of honest faith through Gideon.
기드온에게 침착하고 솔직한 믿음의 인격을 찾아보게 됩니다.

Needless to say God gave to Gideon demands.
기드온의 이런 요구에 하나님께서 두말없이 응해 주셨습니다.

Gideon confessed by faith. "I'm weak so powerless*."
기드온은 믿음으로 고백합니다. "나는 연약하고 무력한 존재입니다".

The Lord is almighty, if the Lord is with me, I can do everything.
주님은 전능하시기에, 주님께서 나와 함께 계신다면 무엇이든 능치 못함이 없습니다.

Gideon had this faith. He believed he could do everything through faith.
기드온은 이러한 믿음을 가지고 있었습니다. 무엇이든 믿음을 통해서 할 수 있다는 신앙의 각오였습니다.

This was 'the humbleness of Gideon*'.
이 결심이 '작은 자다운, 겸허한 기드온'의 모습이었습니다.

Gideon recognized the transcendence of God*.
기드온은 하나님의 '초월성'(시, 공간 역사하심)을 인정했습니다.

One can search, he shall recognize 'the transcendence of God' with strong faith.
또 하나 살필 수 있는 것은, '하나님의 초월성'을 인정하려는 기드온의 장한 믿음의 모습입니다.

It's the remaining people turn back 31,700 people in 32,000 people.
이것은 32,000명 중 31,700명이 돌아가고 남은 자는 300명입니다.

This 300 people fighting are those who believe?
이 300명은 도대체 누구를 믿고 싸우겠습니까?

Here find Gideon's view of faith with belief the transcendence of God.
여기서 하나님의 초월성을 굳게 믿는 기드온의 신앙관을 발견할 수 있습니다.

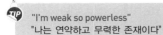

If Gideon did not confirm God's presence any where*, he never would've returned many meterials of war.
기드온은 하나님이 어디든지 임재하시고 역사 하신다는 그 확신이 없었다면, 많은 전쟁의 자원을 돌려보내지 않았을 것입니다.

So he do not leave miserable 300 people with look external view.
외형적으로, 초라하기 그지없는 300명만 남기지 않았을 것입니다.

Transcended time and space of God
시공간을 초월하시는 하나님

His faith is that regardless* of the condition, God always leads to victory.
그의 믿음은 하나님은 어떠한 형편이든지 찾아오셔서 분명히 이기게 해 주신다는 것입니다.

Conclusion Gideon has strengthened* confirmation about God,
결국 기드온이 가지고 있는 하나님에 대한 굳은 확신은,

God to be fight Gideon with much ado about 300 people.
기드온과 함께 별 볼일 없는 300명으로 싸우게 하셨습니다.

And never win fight to strong enemy Midian,
그리고 도저히 이길 수 없는 강적 미디안과 싸웠습니다.

Finally God give great win to Gideon and 300 people.
결국, 하나님께서 그들에게 위대한 승리를 안겨 주셨습니다.

300 people live through martyr faith*.
300명은 순교적 신앙으로 사는 자들입니다.

22,000 people, they're fear about the small.
22,000 명은 다수에 의존하여 소수에 대해 두려워하는 자들입니다.

They cannot escape from the weak conditions, and no courage sluggish people at anytime*.

"God's presence any where"
"하나님께서 어디든지 임재하신다"
regardless 무관심한, 개의치 않는
strengthen 강화하다, 강하다, 튼튼하다, 증강시키다

martyr faith 순교적 신앙
"no courage sluggish people at anytime"
"매사에 용기 없는 지지부진한 사람들"

그들은 항상 인간의 나약한 조건에서 탈피하지 못하고, 매사에 용기를 찾아볼 수 없는 지지부진한 자들입니다.

So stood under the stage just as viewers*.
또한 그들은 무대 밑에 서 있는 구경꾼같은 자들입니다.

9,700 people are included in the plural.
9,700명은 다수 속에 포함된 사람들입니다.

They're do not know the meaning of existence.
그들은 그 존재 의미를 모르는 자들입니다.

Anyway, only greed blinds the soul, worthless sell, we're as Esau spiritual pitiable object*.
어찌됐든, 탐욕에만 눈이 어두워 자신의 영혼을 하찮은 것에도 팔아치우는, 우리는 에서와 같이 영적으로 가련한 자들입니다.

Those 300 people are courageous.
300명은 치밀하고 용감한 자들입니다.

However lot of soldiers with that leave their surroundings are unshakable.
아무리 절대적인 수, 그들이 자기들을 떠나가도 흔들리지 않는 자들입니다.

While those who watch all directions and be contented a fistful of quantity.
사방을 경계하면서 한 움큼의 양으로 만족하는 자들입니다.

The many water are let in finger space so those who be contented from that's poorness water.
많은 물이 손가락 사이로 새나가도, 그 빈약한 물로 만족하는 자들입니다.

They're those who are content from smallness.
이들이 적은 량에 만족하며 충성하는 자들입니다.

They're confessing "If I perish, I perish"(Esther 4:16) at the righteousness of God.

 viewer 구경꾼, 참관자   "as Esau spiritual pitiable object"
                                                "에서와 같이 영적으로 가련함"

결코 의로운 하나님의 역사 앞에서 '죽으면 죽으리라'(에스더 4:16) 고백하는 사람들입니다.

So those who live by martyrdom faith*.
바로 그들이 순교적 신앙으로 사는 사람들입니다.

Now, God is looking for "But smallness that can achieve greatness*."
지금, 하나님이 "적지만 위대한 창조적 일"을 이룰 수 있는 구속의 주역을 찾으십니다.

Who are they? Not other people, but you and me.
그들은 누구입니까? 다른 사람들이 아닙니다. 여러분과 나 자신입니다.

It's not a 'plural' but 'small'. It's not a 'big person' but 'small person'.
'다수'가 아니라 '소수'입니다. '큰 자'가 아니고 '작은 자'입니다.

God used though 'small but creative minority' with God will achieve God's great work of the redemption.
하나님께서는 비록 '적지만 창조적인 소수'를 사용하여 하나님의 위대한 구원 역사를 이루시는 것입니다.

Only, God can do that like gold instruction that weeps our mind.
오직, 하나님만 할 수 있는 황금과 같은 교훈이 우리 가슴을 찡하게 합니다.

German John Pon Schiler told "The voice of the majority is no proof of, justice".
독일의 요한 폰 쉴러라는 시인은 "다수의 주장이 반드시 정의라는 주장은 없다"라고 했습니다.

These words bring brightness of the true faith.
이 말은 오늘 이 말씀의 진리를 더욱 빛나게 해 줍니다.

 "who live by martyrdom faith"   "but smallness that can achieve greatness"
"순교적 신앙으로 산다"   "적지만 위대함을 이룰 수 있다"

PART 4

Christian's Life
그리스도인의 삶

He uses both good and bad to transform us and guide us
on our journey. - Dennis Fisher
하나님은 좋은 것과 나쁜 것 모두 사용하셔서 우리 삶의 여정에서
우리를 변화시키시고 인도해 주십니다. - 데니 피셔

Chapter 19

The Mentor of My Life
나의 인생 조언자

Ecclesiastes 4:7-12 / 전도서 4:7-12

7 Again I saw something meaningless under the sun:

8 There was a man all alone; he had neither son nor brother. There was no end to his toil, yet his eyes were not content with his wealth. "For whom am I toiling," he asked, "and why am I depriving myself of enjoyment?" This too is meaningless-- a miserable business!

9 Two are better than one, because they have a good return for their work:

10 If one falls down, his friend can help him up. But pity the man who falls and has no one to help him up!

11 Also, if two lie down together, they will keep warm. But how can one keep warm alone?

12 Though one may be overpowered, two can defend themselves. A cord of three strands is not quickly broken.

7 내가 또 다시 해 아래에서 헛된 것을 보았도다

8 어떤 사람은 아들도 없고 형제도 없이 홀로 있으나 그의 모든 수고에는 끝이 없도다 또 비록 그의 눈은 부요를 족하게 여기지 아니하면서 이르기를 내가 누구를 위하여는 이같이 수고하고 나를 위하여는 행복을 누리지 못하게 하는가 하여도 이것도 헛되어 불행한 노고로다

9 두 사람이 한 사람보다 나음은 그들이 수고함으로 좋은 상을 얻을 것임이라

10 혹시 그들이 넘어지면 하나가 그 동무를 붙들어 일으키려니와 홀로 있어 넘어지고 붙들어 일으킬 자가 없는 자에게는 화가 있으리라

11 또 두 사람이 함께 누우면 따뜻하거니와 한 사람이면 어찌 따뜻하랴

12 한 사람이면 패하겠거니와 두 사람이면 맞설 수 있나니 세 겹 줄은 쉽게 끊어지지 아니하느니라

There is a natural order in which men are born*. However, there is no natural order in which men die*.
사람이 태어나는 것은 순서가 있습니다. 그러나 사람이 죽는 것은 순서가 없습니다.

Everyone has a different life style in the world.
사람이 이 세상을 살아가는 여정도 똑같지 않습니다.

Everyone's life circumstances are different.
사람이 살아가는 형태도 각각 다를 수밖에 없습니다.

Why is each person's life circumstances different?
왜 삶의 형태가 제각각 다르게 나타나는 것입니까?

Some people value money more than anything.
어떤 사람은 돈 밖에 중요한 것이 없다고 합니다.

Some people believe having knowledge is everything.
어떤 사람은 지식이 중요하다고 합니다.

Some people value power, strength, and or honor.
어떤 사람은 권력이, 어떤 사람은 체력이, 어떤 사람은 명예가 중요하다고 합니다.

Nevertheless, the important thing is that a man is born.
어쨌든, 사람이 태어난다는 것은 중요하다고 합니다.

Some people believe it is important when a man dies.
어떤 사람은 죽는 일이 중요하다고 합니다.

If so, how do we determine what's important in the course* of our lives?
그렇다면 우리가 세상을 살아갈 때, 어떻게 사는 것이 중요하다고 생각하십니까?

1st | It is living together*.
첫째 | 함께 살아가는 것입니다.

Let us begin by reading today's scripture* verse 9 together.

TIP
"a natural order in which men are born"
"사람이 태어나는 것은 순서가 있다"
"no natural order in which men die"
"사람이 죽는 것은 순서가 없다"

course 과정, 코스, 수업, 강좌, 과목
'living together' '함께 살아가는 것'
"Let us begin by reading today's scripture"
"자, 우리 오늘 본문 말씀을 봉독합시다."

자, 우리 오늘 본문 말씀 9절을 함께 봉독합시다.

Verse 9, "Two people working together will bring greater reward than working alone."

9절에서, "두 사람이 한 사람보다 나음은 그들이 수고함으로 좋은 상을 얻을 것임이라."

Collaboration* brings positive results*.

그들은 협력함으로 좋은 결과를 얻는 것입니다.

When God created a man, he didn't like the loneliness* that was felt by the man.

하나님께서 인간을 창조하실 때, 사람이 혼자 있는 것을 좋아하지 않으셨습니다.

Therefore, God created Eve for Adam*.

그러므로 하나님은 아담을 위해서 하와를 지어 주셨습니다.

Adam was able to have a perfect family by having Eve by his side.

아담은 하와와 함께하므로 완전한 가정을 이룰 수가 있었습니다.

What is a good companionship*?

좋은 협력 관계가 무엇입니까?

Good companionship is being protective of each others' interest.

그것은 서로의 약점을 보완해 주는 것입니다.

There are four important qualities to a good companionship.

좋은 협력 관계는 4가지가 있습니다.

First, good relationship. Second, good reliance*. Third, good understanding. Fourth, being helpful.

첫째는 좋은 관계입니다. 둘째, 좋은 신뢰입니다. 셋째, 좋은 이해입니다. 넷째, 도움입니다.

Let's think about two qualities*.

우리는 두 가지를 생각해 보기를 원합니다.

What do we need to do to achieve a good relationship?

collaboration 협력, 합작, 협동
result 결과, 결국, 초래한다, 최종적 결과
    (end result)
"God created Eve for Adam"
"하나님이 아담을 위해서 하와를 창조하셨다"

loneliness 쓸쓸함, 적막, 외로움
companionship 동행, 교제, 사귐, 우호
reliance 신뢰, 의존, 신용
quality 질, 품질, 자질, 특성, 고급의

어떻게 하면 좋은 관계를 가질 수 있습니까?

A good relationship is achieved by listening* and talking* to each other.
좋은 관계란, 혼자가 아니라 서로의 관계를 말하는 것입니다.

Therefore, the companionship between two people is better than being alone.
그러므로 한 사람보다 나은 것이 두 사람의 관계입니다.

If one is faced with a problem in a two people relationship, both can work to solve a problem*.
만약, 두 사람의 관계에서 한 사람이 문제가 발생하면 상대가 그 문제를 같이 해결하는 것입니다.

If one cannot accomplish a task alone, two will accomplish the task.
왜냐하면, 혼자는 할 수 없는 일을 둘은 이룰 수 있습니다.

If we want to successfully* in this world, we must keep a good relationship with each other*.
우리는 이 세상을 성공적으로 살기 위해서는 반드시 서로의 관계를 가져야 합니다.

This tells us human relationship is very important. But there is a better relationship than a human relationship.
이것은 인간관계가 매우 중요하다고 말합니다. 그러나 인간관계보다 더 좋은 관계가 있습니다.

What do you think that is?
그것이 도대체 무엇이라고 생각하십니까?

That is a relationship between you and Jesus Christ.
그것은 바로 당신과 예수 그리스도의 관계입니다.

When you are alone* and feeling lonely*, Jesus Christ will always be there for you.
예수 그리스도는 당신이 혼자 외롭게 되었을 때, 언제나 당신과 함께 하시는 분이십니다.

When you fall, Jesus Christ will help you get up*.

listening 경청, 청취, 탐문
talking 이야기, 말하는, 대화, 통화, 소리
'solve a problem' '문제를 해결하다'
succesfully 성공적으로, 훌륭하게

'It's a good relationship with each other'
'이것은 서로의 좋은 관계이다'
alone 혼자, 홀로, 다만, …뿐이다, 고립하여
lonely 외로운, 혼자, 고독한, 쓸쓸한

예수 그리스도는 당신이 넘어질 때, 일으켜 세워 주십니다.

Jesus Christ has the key that can solve all your problems.
예수 그리스도는 당신의 문제를 깨끗이 해결하시는 열쇠를 가지고 있습니다.

Give all your trust to the Lord*.
주님께 나아가 당신을 의탁하십시오.

2nd | It is reliance with Jesus Christ.
둘째 | 예수 그리스도와의 관계입니다.

This reliance is absolute.
이 신뢰는 절대적인 것입니다.

We rely on other people, but that can be changed*.
우리가 사람을 신뢰하면 그것은 변할 수 있습니다.

Promises made by men can be changed.
사람과 함께한 약속은 변합니다.

Even a union made by men can be broken*.
사람과 맺은 동맹도 깨질 수 있습니다.

Why would that be? When it come to reliance, people are meant to change.
왜 그럴까요? 신뢰의 대상, 사람은 변하기 때문입니다.

But, Jesus Christ will never change.
그러나 예수 그리스도는 절대 변하지 않습니다.

He will never fall, He will never give up*, neither will he ever change.
그분은 주저앉지도 않습니다. 그분은 포기하거나 떨어지지도 않습니다.

Therefore, the reliance in Jesus Christ is absolute
그러므로 예수 그리스도를 신뢰하는 것은 절대적인 것입니다.

If you give your complete trust and rely on Jesus Christ⋯,
당신이 예수 그리스도만 신뢰하게 된다면⋯,

through the reliance in Jesus Christ,

TIP "Jesus Christ will help you get up"
"예수 그리스도는 당신을 도와주신다"
"trust to the Lord" "주님을 신뢰하다"

'can be changed' '변할 수 있다'
'can be broken' '깨질 수 있다'.
'never give up' '절대 포기하지 말라'

그 신뢰함으로 인하여,

you will prosper, succeed, be happy and feel complete.
당신은 형통하거나, 성공하거나, 행복하여 완성되어져 갈 것입니다.

🖐 3rd | It is going together*.
셋째 | 함께 가는 것입니다.

In verse 10, If one falls down, his friend can help him up. But pity the man who falls and has no one to help him up*.
10절입니다. 만약 하나가 넘어지면 그 하나(친구)가 그 친구(동무)를 일으켜 세웁니다.

When he falls down alone, if you do not have a friend help and he does not him up.
하나가 홀로 있어 넘어졌을 때, 일으킬 친구가 없으면 그는 일어나지 못합니다.

This is really pitiful for the man*.
이것은 정말 불쌍한 사람인 것입니다.

It is so that a happy man is surrounded by many people.
행복한 사람은 주변에 사람이 많은 만큼 그는 강할 수 있습니다.

And that man can become stronger as more people surround him.
그래서, 교회는 사람들이 모여서 이루어진 공동체입니다.

It is so, the church becomes a strong community* where many people gather together.
교회 또한 마찬가지로 많은 사람이 함께 모여 있는 공동체로서 강하게 될 것입니다.

Moses was a successful person*. How did he become such a successful person?
모세는 성공을 거머쥔 사람이었습니다. 그는 어떻게 성공한 사람이 되었습니까?

Moses always worked alone. He even worked alone while dealing with two million people.

'going together' '함께 가다'
'help him up' '그를 도와 세운다'
'pitiful for the man' '불쌍한 사람'

'a strong community' '강한 공동체'
"Moses was a successful person" "모세는 성공을 거머쥔 사람이었다"

모세는 언제나 홀로 일했습니다. 또 그는 200만 백성들을 상대하여 일할 때도 언제나 홀로였습니다.

So he became very tired that he couldn't do his work very well.
그는 피곤했고, 일도 제대로 처리하지 못했습니다.

One day Mosses' father-in-law*, Jethro*, visited Moses.
어느 날, 그의 장인 이드로가 모세를 방문하게 되었습니다.

Jethro believed that Moses was a skilled person capable* of leading the people of Israel.
그리고 그는 모세에게 이스라엘 백성을 유능하게 이끌기 위한 조언을 아끼지 않았습니다.

Jethro told Moses to hire officials* to work with him and ask to get help from many Israelites for his cause.
그는 모세에게 실력 있는 사람으로 십부장, 오십부장, 백부장을 등용하여 사용하라고 일러줬습니다.

Moses worked hard with the people he chose. Moses had effective* results working with people.
그 후 모세는 그들을 세워 함께 일했습니다. 그리고 그는 매우 효과적인 결과를 만들었습니다.

When Moses worked alone so he worked all day and things didn't work out too smoothly*.
이전에는 모세 혼자 하루 종일 일했습니다. 역시 일이 시원스럽게 해결되지 않았습니다.

But now that he had many helping hands, all problems had been solved.
그러나 지금은 여럿이 함께 일할 때, 모든 문제가 해결되었던 것입니다.

We all need a mentor* as a human being. Jesus Christ should only be our mentor*.
우리는 꼭 조언이 필요한 사람들입니다. 우리는 조언을 받되, 예수 그리스도에게서만 받습니다.

father-in-law 시아버지, 장인, 의부(義父)
Jethro 이드로(Moses의 장인,
　　　　 출애굽기 3:1, 4-18)
capable 능력 있는, 할 수 있는, 유능한, 가능한
official 관리, 관계자, 공식의, 공무원
effective 효과(효율)적인, 효력있는, 유효한,
　　　　 유능한

smoothly 순조롭게, 부드럽게, 원활하게, 원만히
mentor 스승, 조언자, 멘토르,
(mentoring 멘토링[경험, 지식이 풍부한
　　　　 사람이 지도함])
"Jesus Christ should only be our mentor"
"예수 그리스도만 우리의 조언자가 되신다"

If Jesus Christ is our mentor and we receive his guidance*, we will find vision through Jesus Christ.
주님께 조언을 받기만 하면, 예수 그리스도를 통해서 위대한 비전을 발견할 수 있습니다.

Most people like to obtain their dreams and visions through science, technology*, and civilized secularism.
대부분의 사람들은 첨단 과학문명, 세속적인 것으로부터 꿈과 비전을 찾으려고 합니다.

But you will only gain secularity, incompetency, and limitness of the world.
그러나 그 속에서는 세속적인 것, 제한적인 것, 무의미하고 무능력인 것 밖에 얻을 것이 없습니다.

This is the deceitfulness of television*.
이것이 텔레비전의 속성입니다.

How about God's Vision*?
하나님의 비전은 어떻습니까?

The Lord's vision is for us to gain glory, truth, revelation, future, success, and happiness through God.
주님의 비전은 우리로 하여금 거룩한 것, 진실, 계시, 밝은 미래, 성공과 행복을 하나님 안에서 얻을 수 있도록 하는 것입니다.

You can obtain everything through God's vision.
당신도 역시 모든 것을 하나님 비전 안에서 얻을 수 있습니다.

Therefore, you will never gain anything through the materilistic world of television.
그러므로 당신은 그 무엇이든 세속적인 텔레비전 안에서는 결코 얻을 수 없습니다.

So just reach out to the Lord. Jesus Christ knows all your needs*.
당신은 주님께 꼭 나가십시오. 예수 그리스도는 여러분의 모든 필요를 아십니다.

---

 guidance 지도, 지침, 인도,   "How about God's Vision?"
(guidance counselor 학습 지도 카운슬러)   "하나님의 비전은 어떻습니까?"
technology 기술, 과학 기술, 테크놀러지, 공학   "Jesus Christ knows all your needs"
the deceitfulness of television 텔레비전 속성   "예수 그리스도는 당신의 필요를 아신다"

Jesus Christ understands everything about each one of you.
예수 그리스도는 여러분의 모든 것을 이해하고 계십니다.

Therefore, Jesus Christ is your guide*, helper*, provider*, protector*, and mentor.
그러므로 예수 그리스도는 여러분을 위한 안내자요, 도움이시오, 공급자요, 지키시는 자요, 조력자요, 조언자이십니다.

Amen!
아멘!

guide 안내자, 지휘자, 인도자
helper 돕는자, 조수, 협력자, 동역자

provider 공급자, 수급자, 조달자, 가족부양자
protector 보호자, 수호자, 옹호자, 방어자

In the times of greatest struggle, When the angry billows roll,
I can always find my Savior, Christ, the Refuge of my soul.
- Woodruff
성난 파도가 몰아치는 극심한 곤경의 시기에도
나는 언제나 내 구주를 찾을 수 있네
내 영혼의 피난처 되시는 그리스도를.
- 우드루프

Chapter 20

Look at the Past Time and Look at the Future
돌아보고 또 내다보니

2 Timothy 4:7-8 / 디모데후서 4:7-8

7 I have fought the good fight, I have finished the race, I have kept the faith.

8 Now there is in store for me the crown of righteousness, which the Lord, the righteous Judge, will award to me on that day--and not only to me, but also to all who have longed for his appearing.

7 나는 선한 싸움을 싸우고 나의 달려갈 길을 마치고 믿음을 지켰으니

8 후로는 나를 위하여 의의 면류관이 예비되었으므로 주 곧 의로우신 재판 장이 그 날에 내게 주실 것이며 내게만 아니라 주의 나타나심을 사모하는 모든 자에게도니라

Never failing this year has been the end of the year*.
어김없이 올해도 연말年末이 다가 왔습니다.

It's mean, this year should be passed*.
이것은 올해도 틀림없이 흘러갔다는 말입니다.

The end of the year approaches us, so past year end closing.
우리에게 연말이 다가오면, 지난 1년을 결산하게 됩니다.

And we're remember the past times.
그러면서 지난 일들을 생각해 보게 됩니다.

If I think some things feel better* and if I think some things feel bad*.
어떤 일들을 생각하면 기분이 좋고, 어떤 일들을 생각하면 기분이 나쁘기도 합니다.

Anyway*, we spent this year.
어찌되었든지 우리는 이 한해를 보낸 것입니다.

Therefore, there are two instructions in today's text.
그러므로 우리는 본문 안에서 2가지의 교훈을 얻을 수 있습니다.

👐 1st | Let's take look at the past.
첫째 | 지난날을 뒤돌아봅시다.

Let's look at today's scripture verse 7, "I have fought the good fight."
오늘의 본문 7절을 보겠습니다. "나는 선한 싸움 다 싸웠다."

What's the meaning in this? It means it's not the bad fight*.
이 말씀이 무슨 뜻일까요? 이 뜻은 결코 나쁜 싸움이 아니라고 말합니다.

It's a good fight*. Good fight has several meanings.
이 뜻은 선한 싸움이라고 합니다. 선은 싸움은 다른 몇 가지의 의미를 가지고 있습니다.

Good fight refers to good works, good ministries*, and good relationships.

"It's not the bad fight"
"이 싸움은 결코 나쁜 싸움이 아니다"
"It's a good fight"
"이 싸움은 선한 싸움이다"
'good ministries' '선한 사역들'
end of the year 연말, 올해 말, 한 해의 마지막
passed 통과했다, 죽었다, 지나간, 전해졌다, 합격한

"some things feel better"
어떤 일들은 기분 좋고"
"some things feel bad"
"어떤 일들은 기분 나쁘고"
anyway 어쨌든, 어차피, 아무튼, 결국, 그런데

그 선한 싸움의 의미들은 선한 일들, 선한 사역들, 그리고 선한 관계를 말합니다.

Everybody have to fight this good fight*.

사실 누구든지 이 선한 싸움을 싸워야 합니다.

How do you fight the good fight?
어떻게 하면 선한 싸움을 싸울 수 있을까요?

You must let go of bad thoughts, bad ministries, bad relationships, and bad works.

당신이 나쁜 생각들, 나쁜 사역들, 나쁜 관계들, 그리고 나쁜 일들을 반드시 버려야만 합니다.

If you want good solution, you have to let go of your problems?

여러분은 당신의 결과를 선하게 만들고 싶습니까? 그렇다면 당신이 그것들을 결코 하지 말아야 합니다.

You must overcome your problems.

당신이 모든 문제와 어려움들에 대하여 반드시 극복해야 합니다.

Apostle Paul* in the Roman prison confinement.

지금 사도 바울은 로마 감옥에 감금된 상태입니다.

And he waiting sentenced death penalty*. How did he end up in this crisis?

바울은 사형 선고를 받고 죽음을 기다리고 있습니다. 왜 그런 지경까지 임하고 말았을까요?

It's because the Apostle Paul tried his best to spread the Gospel*.

사도 바울은 복음을 선포하기 위해 최선을 다했기 때문입니다.

Apostle Paul keep going to the ministry of redemption and get up in this death.

바울은 구속의 사명을 지키다가 이렇게 죽음을 당하게 되었습니다.

He preached gospel of Jesus Christ throughout the world.

바울은 세계 곳곳에서 예수 그리스도의 복음을 증거했습니다.

"Everybody have to fight this good fight"
"누구든지 이 선한 싸움을 마쳐야 한다"
Apostle Paul 사도 바울, 예수의 제자

"He waiting sentenced death penalty"
"그는 사형선고를 받고 죽음을 기다리고 있다"
"Best to spread the Gospel"
"복음을 전하기 위해 최선을 다했다"

He was a witness* to Jesus Christ. And he did up in this crisis*.
그는 우리를 구원해 주신 예수 그리스도를 증거하다가 이런 위기를 당하게 되었습니다.

Paul recollects* his past time on life itinerary*.
지금 바울이 자신의 인생 여정 중에서 지나온 날을 회상하고 있습니다.

We're remember about two thousand years ago Apostle Paul's ministries.
우리는 약 이천년 전, 사도 바울의 사역들을 기억해 봅니다.

What is God telling us today?
오늘 하나님의 말씀은 우리에게 뭐라고 말씀하십니까?

Please turn to verse 7, "I have finished the race*!"
오늘 본문 7절을 봅시다. "나는 달려갈 길을 마쳤다!"고 합니다.

This is as Paul's confesses*, 'I've finished the race.'
이 바울의 고백으로서, '나의 길을 다 달렸다' 라고 하는 것입니다.

Paul say means his 'finished the race due to tiredness* and pain.
'다 달려왔다' 는 것은 그냥 걸어간 것이 아니라 너무 힘이 들고 고통이 가중된 가운데 걸어왔다는 것입니다.

Lovely there, what do we feel from looking at this?
사랑하는 여러분, 이것을 보면서 어떤 것을 느끼게 됩니까?

We see that life is not easy by any means this world.
역시 우리도 결코 이 세상의 삶이 쉽지 않은 것을 볼 수 있습니다.

Nobody lives a easy life*.
그 누구든지 이 세상의 삶을 쉽게 살아가는 사람은 없습니다.

People are living hardly lives.
모든 사람마다 삶을 힘들게 살고 있습니다.

witness 목격자, 증인, 보다, 증언하다
"he did up in this crisis" "그는 위기를 당하다"
(be done up 몹시 고단하다, 대단히 피곤한)
(do up 마무리 하다, 채우다, 손질하다)
recollect 기억나다, 회상(回想)하다, 생각하다
itinerary 여정, 여정의, 여로(旅路)

confess 고백하다, 자백하다, 인정(시인)하다, 실토하다
(confess oneself 자신이 …이라고 인정하다)
'finished the race' '경주를 마쳤다'
tiredness 피로, 권태, 탈진
"nobody lives a easy life"
"누구든지 쉽게 살 수 없다"

Even though when running be hardly, be difficult, be suffering,
비록 어렵고 숨이 막힐 때도 고통스러울 때도 힘들 때도,

why is it no that we're the detestable life to lived here.
어찌되든지 우리는 힘든 인생을 여기까지 살아왔습니다.

Two thousand years ago Paul probably* responded with his head held high*.
이천년 전 사도 바울은 아마 고개를 높이 들고 말했을 것입니다.

'This living in Christ*', it's the key of solve for our life.
'그리스도 안에 산다는 것', 이것이 우리의 삶의 문제 해결의 열쇠라고 하는 것입니다.

So may be he probably testified* that this is 'God's miracle'.
그래서 아마 그는 말했을 것입니다. 이것은 '하나님의 기적' 이라고 말입니다.

Good effort to you people!
어쨌든 여러분 수고하셨습니다!

Only we are here, therefore we can look at the past, and live a happy life.
여기까지 달려온 사람만이 과거를 뒤돌아볼 수 있고 기쁨과 만족을 얻을 수 있습니다.

2nd | Let's take look at the upcoming day*.
둘째 | 다가올 날을 내다봅시다.

What upcoming day are we talking about?
여기서 다가올 날이란 무엇을 말합니까?

This is the day of appearance of Jesus Christ*.
그날은 예수님께서 나타나실 날을 말합니다.

This is about the appearance of Jesus Christ.
이것은 예수 그리스도께서 반드시 나타나신다는 말입니다.

TIP probably 아마도, 틀림없이, 아마, 십중팔구는   upcoming day 다가오는 날, 오는 시간,
"his head held high" "그의 고개를 높이 들고"   미래에 일어나는 일
'this living in Christ' '그리스도 안에 산다는 것'   'appearance of Jesus Christ'
testify 간증하다, 증언하다, 표명하다, 증명하다   '예수 그리스도의 나타나심'
('testify truly' '사실대로 증언하다')

So what will Jesus do on the day that he appears?
그렇다면 그날에 주님께서 나타나셔서 무엇을 하실까요?

He will give us the crowns. To whom will he give the crowns?
그분이 우리에게 면류관을 주신다고 합니다. 누구에게 준다고 합니까?

It is you and me right, and the promise of God
이것은 바로 여러분과 나에게 주신다는 하나님의 약속입니다.

God will give crowns* and hoping the kingdom of God and those who followed Jesus.
예수 그리스도만 바라보고, 천국만 생각하고 달렸던 사람들에게 하나님이 주시겠다는 것입니다.

Only this is the promise of God for us.
오직 좋은 일을 위해 노력했던 우리들에게 주시겠다는 하나님의 약속입니다.

What is the meaning of this crown?
그렇다면 의의 면류관의 의미는 무엇입니까?

The righteousness of this crown solves our suffering.
하나님의 의로운 면류관은 우리의 모든 문제와 고통을 일시에 해결해 주십니다.

The crown will stop our pain and lift heavyness* from our shoulders*.
그 면류관은 우리의 고통을 멎게 해 주며, 우리의 무거운 짐도 다 내려놓게 합니다.

So, our tears will stop. Aren't you tired?
우리의 눈물도 멈추게 합니다. 여러분, 지금 몹시 힘들지 않습니까?

The Holy Spirit is praying for us right now.
지금 이 시간도 성령님께서 우리를 위해 기도하고 계십니다.

Our Lord has his arms spreaded for us*. He wants to hug* you.
우리 주님께서 그분의 양팔을 벌리고 계십니다. 당신을 힘껏 안아주실 것이라고 합니다.

God must stop your tears and get you out of your hardships.

 "God will give crowns"
"하나님이 면류관을 주신다"
heaviness 무거움, 무게, 무기력,
　　　　　시름(worry, anxiety)

shoulder 어깨, (책임을 짊어지는) 어깨
"our Lord has his arms spreaded for us"
"우리 주님께서 우리를 위해 그의 양팔을 벌리셨다"

그리고 여기까지 힘들고 어렵게 뛰어온 당신의 눈물과 노고를 반드시 다 풀어 주실 것입니다.

Give all your trust to the Lord!
주님께 나아가 당신을 의탁하십시오!

Jesus Christ has the key that can solve all your problems.
예수 그리스도는 당신의 모든 문제를 깨끗이 해결해 주시는 열쇠를 가지고 계십니다.

You must remember the Lord will comfort you with his hug.
여러분, 꼭 기억하십시오. 우리 주님께서 당신을 포근하게 안아주실 것입니다.

Let's sing together a hymn chapter 272(Old 330).
끝으로 찬송가 272장(통일 330장)을 다같이 부르겠습니다.

I believe that this will encourage us to continue to follow Jesus.
예수님을 향하여 가는 우리들에게 더 큰 위로가 될 줄 믿습니다.

Out of my bondage* sorrow and night,
Jesus I come Jesus I come;
In to Thy freedom gladness* and light Jesus I come to Thee;
Out of my sickness* in to Thy health
Out of my want and in to Thy wealth,
Out of my sin and in to Thyself Jesus I come to Thee.

고통의 멍에 벗으려고 예수께로 나갑니다
자유와 기쁨 베푸시는 주께로 갑니다
병든 내 몸이 튼튼하고 빈궁한 삶이 부해지며
죄악을 벗어 버리려고 주께로 갑니다

Amen!
아멘!

---

 bondage 노예의 신분, 속박, 강제 노역   sickness 질병, 병, 병환
gladness 기쁨, 즐거움. gladfulness(명사)

The gift of God's presence through you is
your gift to the world.
하나님의 임재를 드러내는 삶,
그것이 우리가 세상에 주는 선물입니다.

Chapter 21

Current Question Mark and the Future Period
현재 물음표와 미래 마침표

Isaiah 43:19 / 이사야 43:19

19 See, I am doing a new thing! Now it springs up; do you not perceive it? I am making a way in the desert and streams in the wasteland

19 보라 내가 새 일을 행하리니 이제 나타낼 것이라 너희가 그것을 알지 못하겠느냐 반드시 내가 광야에 길을 사막에 강을 내리니

The frustrating questions, enough answers
답답한 물음, 마땅한 응답

There is no person who lives a life with struggles as a goal.
사람이 인생의 여정을 살면서 고생을 목표로 뛰는 사람은 없습니다.

Although, the march goes in painful,
지금 가는 그 걸음이 고난의 행진이라 할지라도,

the finish line is connected* with victory and blessing and because does not take that path.
그 마지막 골인 지점이 승리와 축복으로 연결되어 있기 때문에 그 길을 마다하지 않습니다.

Goal of struggles, tears to virtue*, beautifully presented cross*,
고생을 목표로 한 고생, 눈물을 미덕으로 여기는 눈물, 십자가를 미화하는 십자가는,

are part of the current progress* towards the great victory and the future glory*.
마침내 미래의 위대한 승리, 최종적 영광을 위하여 반드시 현재의 진행으로서 있어야 합니다.

However, we are full of questions in hardships.
그러나 우리는 고난 속에서 늘 물음표 같은 현재의 삶 가운데 있습니다.

Looking towards the end that the future period* for success,
오직 성공을 그리는 미래의 마침표를 바라보면서,

meanwhile* in the conflict of existence, you will not be able to deny yourself.
그 사이에서 갈등하는 실존實存의 자신을 부정할 수 없습니다.

When we ask God* for answers out of frustrations,
우리가 현실에 너무 답답하여 하나님께 물을 때,

God always answers later with a reasonable response,
언제나 나중에 마땅한 응답으로 하나님께서 마치신다는,

 connected 일관성 있는, 관련된, 결합된   progress 진전, 발전, 진행, 나아가다, 진보
(connectedness 애착, 사람과 사람과의 연결,   'the future glory' 장차 받을 영광, 나중 영광
           소속 관계)   'the future period' '미래의 마침표'
tears to virtue 눈물을 미덕으로   meanwhile 한편으로는, 반면, …동안
beautifully presented cross 십자가를 미화하는   "when we ask God" "우리가 하나님께 물을 때"

and we realize that there are great truths in his words.
분명하고 놀라운 사실이 말씀 안에 있다는 것을 깨닫습니다.

🖐 1st | Our life is always a question mark
첫째 | 우리의 삶은 언제나 물음표입니다

Although the people of God, the life of a question mark
하나님 백성이지만, 여전한 물음표의 삶

Isaiah the prophet to Israel, today, God 'will begin a new thing'(verse 19) and had proclaimed B.C.700(hence the 2700 years ago).
이사야 선지자가 이스라엘에게 오늘 하나님이 '새 일을 시작할 것이라' (19절)고 선포했던 시기가 약 주전 700년 경(지금부터 2700년 전)입니다.

The scene was a prisoner being held by the Babylonians.
그 장소는 바벨론에게 포로로 잡혀있던 현장이었습니다.

This is still a place of death, despair and sighs*.
이는 여전히 절망과 한숨과 죽음의 장소를 말하고 있습니다.

In addition, if you go back about 700 years,
또한 이보다 약 700여 년경으로 거슬러 올라가보면,

can search the journey* of the people of Israel in the wilderness.
광야 길의 이스라엘 백성의 여정을 살필 수 있습니다.

God specifically* chose a nation.
하나님은 특별하게 한 민족을 선택하셨습니다.

And your's the child on many nations and tribes* of the world.
그리고 세상의 많은 민족과 종족들 가운데 당신의 자녀로 삼으셨습니다.

They were the people of Israel.
그 민족이 이스라엘 백성이었습니다.

However, their lives were still full of question marks*.
그러나 이스라엘 백성은 하나님의 백성이 되어서도 여전히 그들의 삶은 물음표 투성이었습니다.

 'despair and sighs' '절망과 한숨'   'nations and tribes' '민족들과 종족들'
journey 여행, 여정, 행로   question marks 물음표, 질문, 묻는 것
specifically 특별하게, 구체적으로, 명확하게

Because, they struggled through wilderness, death and overlapping*
hardships,

왜냐하면, 그들은 죽음이 도사리고 고난이 겹쳐오는 광야 길로 보내지거나,

due to persecutions by the Babylonians.

바벨론의 핍박과 설움의 현장으로 몰려나가 울고 아파하고 신음했기 때문입
니다.

People will deny themselves that a question has occurred.
사람들은 자신 때문에 물음표가 생긴 것을 부정합니다.

Job went through hardships of the people of Israel,

욥은 까닭 없는 고난을 받았으나 이스라엘 백성은 까닭 있는 고난을 받았습
니다.

People of Israel threw question marks to God because they complained
of their hardships.

그러나 이스라엘은 까닭 없는 고난이라고 불평하며 하나님께 물음표를 던졌
습니다.

That question mark shows disobedience* to God.

그 물음표의 근본적이고 직접적 원인은 그들이 하나님 앞에 불순종한 것입
니다.

And did not fulfill the covenant with God*.

그리고 하나님과의 언약을 불이행했기 때문입니다.

Covenant was not filled and therefore there came trials and
tribulations.

하나님과의 언약 불이행은 고통과 시련만 다가올 뿐입니다.

So the people of Israel were in panic to escape* the pain.

그래서 이스라엘 백성은 쓰라린 고통의 탈출을 시도하느라 아우성입니다.

When asked what the reason is and they only throw questions.

이유가 무엇이냐고 물으면 그들은 물음표만 던질 뿐입니다.

And with each other, avoiding their responsibilities.

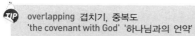

overlapping 겹치기, 중복도
'the covenant with God' '하나님과의 언약'

disobedience 불순종, 불복종, 불효
escape 탈출하다, 벗어나다, 도망치다,
피하다, 면하다

그리고 서로가 자신의 책임을 회피하고 있습니다.

The question mark is same everywhere in the world.
세상 어디를 가도 물음표는 마찬가집니다.

Assume you've been dreaming* of success and happiness with their children's education.
자녀 교육의 무거운 짐을 지고 성공과 행복을 꿈꾸던 가정이 있습니다.

Modern public is filled with pressure and helplessness.
요즘 같이 현대인들은 삶의 무게에 짓눌려 무력감에 빠져있습니다.

There is a head of a family who is not respected* by his wife nor his children.
가정 안에서는 아내나 자식들에게 인정받지 못하는 무능한 가장이 있습니다.

Wife is the puzzled* by the problems and failures in their lives.
아내는 대책을 갖추지 못한 채 현실적 삶의 문제에 급급하게 됩니다.

After such, heave a sigh alone the hard circumstances.
그런 나머지, 각박한 처지에 홀로 한숨을 쉬기도 합니다.

Really, there are lots of people who are tired of life around* us.
정말, 피곤한 삶의 현장에서 지친 몸을 추스리는 사람들이 우리 주변에 생각 외로 많습니다.

When you look around the situations, they're filled with question marks.
이런 상황을 살펴볼 때, 우리 삶의 주변에는 모두 물음표 투성인 것을 부인할 수 없습니다.

Today, we boasting* the time of advanced* civilization and the modern welfare culture.
오늘날, 우리는 첨단문명을 내세우며, 현대 복지문화를 자랑하는 시대가 되었습니다.

But, we can fuss 20 years ago, quality of life has been reduced*.

dreaming 몽상적인, 꿈을 꾸고 있는, 비몽사몽간의
respected 존경받는, 훌륭한, 평판 있는
puzzled 골치 아프게 하는, 이해하지 못하고 있는, 곤혹스러운

'tired of life around' '피곤한 삶의 현장'
boasting 자랑, 자랑하는, 과시(으시)
advanced 선진의, 앞선, 진보(발전)한, 진출한, 고등의

그러나 한편으로 20년 전 삶의 질로 저하되었다고 아우성입니다.

Humans want happiness* and seek success.
인간들은 행복을 원하기에 성공을 추구합니다.

The more the people want happiness, it seems further away.
사람들이 행복을 더 원하면 그것은 더 멀리 달아나 버립니다.

The more the people seek success, it seems further away and drift away.
사람들이 성공을 더 찾아도 그것은 더 멀리 달아나 흩어져버리곤 합니다.

Who can fill the questions to the current situations?
온통 물음표인 상황을 누가 마침표로 찍을 수 있습니까?

There are confusions* to values of the world.
세상의 가치관은 혼동되어 있습니다.

Which is first and which is later is lost in confusions.
백화점의 정가표가 바뀐 것처럼 우선과 나중이 혼동되어 있습니다.

What is valuable and what is not, what is life is lost in confusion.
어느 것이 귀하고 어느 것이 천한 것인지, 무엇이 생명이고 무엇이 물거품인지가 혼동되어졌단 말입니다.

Ethics and moralities are collapsing and home broken now.
가정이 깨어지고 윤리와 도덕이 무너져 내리고 있습니다.

These are the proof that there are full of questions.
이런 여러 가지 현상들이 물음표 투성이라는 증거입니다.

Tangled and twisted* we lives in wilderness and Babylon*,
꼬이고 꼬인 우리의 삶의 현장은 광야와 바벨론이요,

you can't deny that this is a scene of the trials and despair.
시련과 절망의 현장임을 부인할 수 없습니다.

Who can turn question marks into periods?
누가 과연 현실의 물음표를 마침표로 멋있게 장식해 줄 수 있습니까?

 "quality of life has been reduced"
"삶의 질이 저하되었다"
"humans want happiness"
"인간은 행복을 원한다"

confusion 혼란, 혼동, 논란, 현기증
twisted 비뚤어진, 비틀린, 꼬인
"we lives in wilderness and Babylon"
"우리는 광야와 바벨론 가운데 살고있다"

Is there somewhere* in the world where there are no pains and tears?
과연 세상에 어디쯤 고통과 눈물이 없습니까?

Is there the kingdom of heaven as utopia in this world?
우리가 거주하는 지구촌에는 유토피아인 천국이 있습니까?

Israelites left Egypt and continued crossing* Jordan River.
애굽을 떠난 이스라엘은 요단을 건너기까지 계속되는 형극의 행로만 있었습니다.

And in the wilderness, they had to go through the valley of tears*.
그리고 메마른 광야, 눈물의 골짜기를 수없이 지나야만 했습니다.

There is nowhere in the world where there is no pain.
세상에는 고통, 눈물이 없는 곳이 그 어느 곳도 없습니다.

When Israelites crossed the river of Jordan to go to the land of Ganaan,
오직 이스라엘 백성들이 불순종을 회개하여 요단을 건너고 가나안에 이를 때,

After overcome 70 years of trial time at Babylon and when arrived* in Jerusalem,
언약의 불순종을 용서받고, 70년 바벨론의 시련기를 극복한 후에, 예루살렘에 당도할 때,

the pain has completely gone away*.
고통이 완전히 사라지는 것입니다.

While we are shedding tears and going through pains,
지금 우리가 세상 속에서 흘리는 눈물, 당하는 고통도,

the Lord is present in our lives and those negative things disappear*.
우리 삶의 현장에 주님이 임재하면서 부정적인 것들이 사라집니다.

Also believe when embraced* by the Lord,
또한 나중에 주님의 품 안에 우리가 안길 때,

and when disappear the eternal flowing of milk and honey in the land of Ganaan.

somewhere 어딘가에, 어떤 곳, 대략, 언젠가	"the pain has completely gone away"
crossing 횡단(통과)하는, 넘다, 엇갈리는 교류하는	"고통이 완전히 사라지는 것이다"
"go through the valley of tears"	disappear 사라(소멸)지다, 실종되다, 자취를 감추다
"눈물의 골짜기를 지나야만 했다"	embrace 포용하다, 받아들이다, 이용하다, …을 포함하다
arrive 도착하다, 오다, 일어나다, 성공하다	

젖과 꿀이 흐르는 가나안 땅에 입성하여 사라지게 됨을 믿습니다.

2nd |Who can you go to have get the period to fill the question mark?
둘째 ㅣ 물음표에 대한 마침표를 누구에게 얻어야 합니까?

Human's weakness must be changed by strengths.
반드시 인간의 약점은 강점으로 바꿔져야 합니다.

Human beings have the right to seek happiness and success*.
원래 인간은 누구나 행복하고 성공적인 삶을 살 천부적인 권리를 가지고 있습니다.

In Genesis 1:28, "Be fruitful and increase in number; fill the earth and subdue it", in 'Happiness' - fruitful, flourishing and 'success' - filled the ground.
창세기 1:28절에, "생육하고 번성하고 땅에 충만하라"는 말씀 안에는, '행복' - 생육, 번성, 즉 '성공' - 땅에 충만입니다.

Jehovah has already included happiness and success when we were created.
여호와께서 인간에게 행복과 성공을 이미 창조 때 보장해 주셨습니다.

Moreover, Israelites must have the more special lives a blessing as the people of God.
더욱이 이스라엘은 하나님의 백성인만큼 더 특별한 삶을 누릴 축복이 있어야 했습니다.

However, they had the exodus* from Egypt did not lead to Canaan filled with milk and honey.
그러나 그들에게는 출애굽해서도 곧바로 젖과 꿀이 흐르는 가나안이 아니었습니다.

There is the Red Sea and it was the wilderness, Babylon of the death land.
그곳은 홍해요. 광야였으며, 사지死地와 같은 바벨론이었습니다.

TIP "seek happiness and success"　　　　　exodus 출국, 탈출, 이주 출애굽기
"행복과 성공을 추구하다"

Why are there hardships to the chosen Israelites?
그렇다면, 선민選民 이스라엘 백성에게 왜 이렇게 아파하고 신음하는 고난의 연속일까요?

God's intention was to fix their weaknesses to strengths*.
하나님께서 그들의 약점을 강점으로 옳게 고쳐주기 위한 것입니다.

Encouraging* by the words. Sending them into the wilderness, and in the field of Babylon,
'거친 들로 데리고 가서 말로 위로하는 것'은 그들을 내보내거나, 바벨론의 타국 현장에서,

the rigorous* training through the word of the Lord, God changes weaknesses to strengths.
주의 말씀으로 혹독한 훈련을 거쳐서 약점을 강점으로 바꾸시겠다는 것입니다.

God who has the true answer
물음표에 대한 진정한 해답자이신 하나님

Only the Almighty God* can fill the question mark with answer.
우리의 물음표에 대한 진정한 해답은 전지전능하신 하나님뿐임을 믿습니다.

Today in the text, God proclaim news to Israelites.
오늘 본문의 하나님이 이스라엘에게 새 일을 예고하십니다.

In verse 19 b, "See, I am doing a new thing! Now it springs up; do you not perceive it? I am making a way in the desert and streams in the wasteland".
본문 19절 하반절에서, "보라 내가 새 일을 행하리니 이제 나타낼 것이라 너희가 그것을 알지 못하겠느냐 반드시 내가 광야에 길을 사막에 강을 내리니" 라고 말입니다.

The word of instruction is the situation,
이 말씀의 교훈은 오늘 본문의 상황보다,

previous history of 750 years ago (hence the 3500 years ago), God who made a way in the desert,

 'weaknesses to strengths' '약점을 강점으로'
encouraging 격려하는, 용기를 북돋아 주는, 고무적인

rigorous 엄격한, 혹독한, 정밀한
Almighty God 전능한 하나님, 전능자, 신

이전의 역사인 750여 년 전(지금부터 3500년 전), 광야에 길과 사막에 물을 내셨던 그분이,

at the end of the seventy years captivity of Babylon*, there is new history and new lives.
바벨론 포로 70년 끝에 지금 다시 새 역사, 새 생명, 새 일을 행하시겠다는 말입니다.

Israelites held captive in Babylon and to Israel in the wilderness was bound to God,
바벨론에서 이스라엘을 포로로 붙잡았던 하나님, 또 광야에서 이스라엘을 묶으셨던 하나님은,

now, God declared to Israelites in the wilderness and freed from Babylon.
이제는 바벨론에서, 광야에서 이스라엘에게 다시 해방을 주시겠다고 선언하시는 하나님입니다.

Israelites are born again the holy people through the training of God's plan*.
이스라엘 백성은 하나님의 계획된 훈련을 통해서 거룩한 백성으로 거듭난 것입니다.

The scene of the wilderness was where the promise of blessings* was from God.
그들은 마지막 축복을 약속받았기에 훈련하는 현장이 광야였습니다.

Ultimately*, these are the Israelites going with guaranteed win.
궁극적으로 승리를 보장받고 뛰는 이스라엘 백성들입니다.

Although it may seem like there is drought and no road,
설령 지금 길이 없는 것 같아도, 물이 메말라 있는 것 같아도,

those that overcomes and doesn't stop in trouble and can achieve the winning goal*.
그 고통의 현장을 멈춤 없이 뛰어 가는 사람만이, 승리의 골인을 쟁취할 수 있습니다.

captivity of Babylon
바벨론 포로, 바벨론에 감금상태
'the training of God's plan'
'하나님의 계획된 훈련'

'the promise of blessings' '축복의 약속'
ultimately 마침내, 결국, 최후로
"can achieve the winning goal"
"승리의 골인을 쟁취할 수 있다"

Later glory does not compare to current hardships.
나중 영광은 현재 고난과 비교할 수 없습니다.

We realized that hardships are filled with question marks.
영적 이스라엘인 우리는 고난이라는 환경 속의 현재의 물음표를 깨닫게 됩니다.

Through belief, we march on to seek answers for our blessings.
그것이 축복이라는 전제 하에서의 미래 마침표가 그 대답인 것을 믿고 행진합니다.

These marching people are not afraid to lots of failed.
오늘, 이 행진을 하는 사람들은 많은 실패를 두려워하지 않습니다.

So reject progress retreat. They aren't afraid of trial-and-errors*.
또 과정적인 후퇴도 불사합니다. 빈번히 나타나기 일쑤인 시행착오에도 당황하지 않습니다.

These fearlessness*, awaken* comes from our faith power.
우리가 두려워하지 않고, 각성하거나, 후회하지 않는 것도 믿음의 힘에서 나오는 것입니다.

And as you do things through faith, as a result, you bear the fruit goodness.
그리고 믿음 위에서 시행하는 모든 일은, 그 결과를 언제나 선하게 열매 맺게 해 주십니다.

This is what God wants with 'the christian stance*'.
이것이 하나님께서 원하시는 '신앙인의 자세' 라고 합니다.

Believers have to obtain spiritual lives through faith.
신앙인으로서 이런 고백으로 생명을 얻어야 합니다.

Paul said "Who shall separate us from the love of Christ? Shall trouble or hardship or persecution or famine or nakedness or danger or sword?… No, in all these things we are more than conquerors through him who loved us."(Romans 8:35, 37).

---

 trial-and-errors 시행착오   "God wants with the christian stance"
fearlessness 대담성, 용기, 두려워하지 않고   "주께서 원하시는 신앙인의 자세"
awaken 깨다, 각성하다, 깨닫다

바울은 고백했습니다. "누가 우리를 그리스도의 사랑에서 끊으리요 환난이나 곤고나 박해나 기근이나 적신이나 위험이나 칼이랴… 그러나 이 모든 일에 우리를 사랑하시는 이로(예수 그리스도) 말미암아 우리가 넉넉히 이기느니라" (로마서 8:35, 37).

Today, we walking fall but we rise up.
오늘, 우리는 이 길을 걸어가면서 넘어져도 일어납니다.

We don't get discouraged from failures, but accomplish through patience*.
실패해도 낙심하지 않고, 미성취 속에도서 인내합니다.

So we do keep and protect for this is the way of 'eternal freedom*' and 'undying freedom*'.
영혼의 자유를 위해 '죽지 않을 생명', '영원한 생명'을 쟁취하여 길이 지키고 보전하는 것입니다.

patience 인내, 참을성, 끈기　　　　　　　　　　'undying freedom' '죽지 않을 자유(생명)'
'eternal freedom' '영원한 자유(생명)'

Chapter 22

The Man Overcome to Distress
환난을 극복하는 사람

2 Corinthians 4:16-18 / 고린도후서 4:16-18

16 Therefore we do not lose heart. Though outwardly we are wasting away, yet inwardly we are being renewed day by day.

17 For our light and momentary troubles are achieving for us an eternal glory that far outweighs them all.

18 So we fix our eyes not on what is seen, but on what is unseen. For what is seen is temporary, but what is uns een is eternal.

16 그러므로 우리가 낙심하지 아니하노니 우리의 겉사람은 낡아지나 우리의 속사람은 날로 새로워지도다

17 우리가 잠시 받는 환난의 경한 것이 지극히 크고 영원한 영광의 중한 것을 우리에게 이루게 함이니

18 우리가 주목하는 것은 보이는 것이 아니요 보이지 않는 것이니 보이는 것은 잠깐이요 보이지 않는 것은 영원함이라

Would you getting 2 instruction in today's message*.
오늘 주어진 말씀 안에서 2가지 교훈을 얻으시기를 바랍니다.

When you do so, what's clearly know that blessings the man overcome to distress.
그렇게 할 때, 환난을 극복하는 사람이 얻는 축복이 무엇인가를 확실하게 알 수가 있습니다.

🖐 1st | We find in experience the miracle of God* during the struggle(verse 17).
첫째 | 환난 속에서 하나님의 기적을 체험해야 합니다(17절).

Israelites found freedom after for a long time, they lived 430 years as a slave in Egypt*.
430년 동안 애굽에서 노예로 살았던 이스라엘 백성이 출애굽하게 되었습니다.

The Red Sea was what stood in the way of Israelites.
그때 홍해가 커다란 장애물이 되어 이스라엘 백성을 가로막고 있었습니다.

But because of this obstacle* to Israelites exodus from Egypt,
그러나 출애굽하는 이스라엘에게 홍해가 그들의 길을 막고 있었기 때문에,

they witnessed* a miracle of the Red Sea departing.
홍해가 그들 앞에서 갈라지는 기적을 체험했던 것입니다.

🖐 2nd | We need to realize the blessings from the distress(verse 16).
둘째 | 고통이 주는 축복을 깨달아야 합니다(16절).

Apostle Paul went through many distresses.
사도 바울은 환난을 많이 겪은 사람이었습니다.

He did not struggle because he tried to live a comfortable life.
그는 자신이 잘 살기 위해 환난을 당한 것이 아니었습니다.

He did not struggle because of greed for many.

그는 돈을 좋아하다가 환난을 당한 것이 아니었습니다.

He threwaway* his money, fame*, home, land, power and knowledge.

그는 돈도, 명예도, 집도, 땅도, 권세도, 지식도 모두 버렸습니다.

It's because of the gospel.

왜냐하면 그것은 바로 복음 때문이었습니다.

The reason he threw away all those things is because of God's will*.

사도 바울이 그의 재산과 소유를 포기한 것은 하나님의 복음 때문이었습니다.

He only went around testifying* the word of Jesus which caused him to struggle a lot.

그는 오직 예수님만 증거하고 다녀서 고난을 많이 겪었습니다.

Because he was doing God's will he even went to prison and also got abused* by people.

하나님의 복음 때문에 그는 감옥에도 갇히고 매도 수없이 맞았습니다.

He lost sleep starved* and almost died several times*.

자지 못하고 먹지 못하고, 심지어 여러 번 죽을 뻔 했습니다.

Paul went through just about every struggle.

이와 같이 사도 바울은 최악의 환난을 모두 당했습니다.

But he did not oppose* those struggle.

그러나 바울은 그 환난을 싫다고 하거나 거부하지도 않았습니다.

He did not complain about those struggle.

또 환난에 대하여 지겹다고 불평하지도 않았습니다.

And his patience helped him reach success.

그리고 그 환난을 참으며 인내하여 나중에는 승리했습니다.

When we the people of God face struggle,

그러나 하나님의 백성인 우리는 환난을 만나거나 어려움을 당하게 되면,

our outside appearance gets old*, but inside of us becomes new*.

throwaway 버리기, 폐기하다, 광고 전단, 포기하다	starved 굶주린, 배고픈, 허기진
fame 명성, 명예, 유명, 인기, 이름	'almost died several times'
God's will 하나님의 뜻, 신의 생각	'여러 번 죽을 뻔하다'
testify 증언하다, 표명하다, 증명하다	oppose 반대하다, 저지하다, 대항하다
abuse 남용하다, 학대하다, 악용하다, 욕설, 폭행, 남용	"our outside appearance gets old" "우리의 겉사람은 낡아진다"

우리의 겉사람은 낡아지지만 우리의 속사람은 날로 새로워지게 됩니다.

Our body ages when we suffer but our spirit gets younger.
우리의 육체는 고난을 당하면 빨리 늙어갑니다. 그러나 우리의 영혼은 더 젊어집니다.

When we are faced with hardship, we can become stronger* through prayers.
우리에게 고난이 다가올 때, 기도하는 사람은 그의 삶이 더욱 영적으로 강건해 집니다.

Alway those who live by thew holy spirit shins.
항상 거룩한 삶을 사는 사람은 신령한 삶으로 더욱 빛나게 됩니다.

A christian struggle is not a lost, but beneficial*.
바로 이것이 그리스도인에게는 환난으로 오는 것이 손해가 아니라, 합력하여 선을 이루게 하는 것입니다.

✋ 3rd | We looking the glory that's beyond the distresses.
셋째 | 우리는 환난 뒤에 있는 영광을 찾아야 합니다.

On July of 1952 a 36 year old American swimmer name Florence Chedwick,
1952년 7월에 36세의 미국의 여성 수영선수 플로렌스 체드윅이,

attempted, to swim from Catalina Island to LA beach*.
카타리나 섬에서 LA 해변까지 수영으로 도전했습니다.

But affter 16 hours of using all her energy she had to give up*.
그녀가 16시간 동안 죽을힘을 다해서 수영하다 목표를 눈앞에 두고 포기하고 말았습니다.

She realized she only had 50 meters left for her destination.
실제로, 목적지 LA 해변은 50미터 정도도 남지 않았던 거리였습니다.

Then she said, "The reason I quit* was because of the fog*, not the coldness*."
그녀는 말했습니다. "왜 내가 포기한 줄 아세요? 추위 때문이 아니라, 뿌연 안

"inside of us becomes new"
"우리의 속사람은 새로워진다"
stronger 건강한, 강건한, 힘이 센
beneficial 유익한, 이로운, 도움이 되는

LA beach 로스엔젤레스 해변(바닷가)
give up 포기하다, 그만두다, 양보하다, 내주다
quit 그만두다, 끊다, 떠나다, 관두다
fog 안개, 흐릿해지다

개 때문이었습니다."

Due to the fog in the air, she was not able to see the destination*.
그녀는 거의 다 성공을 앞두고 있었지만, 안개가 깔려 목적지가 보이지 않아 포기했습니다.

Because she wasn't, able to see the LA beach, she lost strength and courage.
LA 해변이 보이지 않아서 수영 도중에 힘이 빠지고 용기를 잃어버린 것입니다.

Paul said our "Struggle is temporary* but our glory is forever".
바울은 말합니다. "우리에게 다가오는 환난은 잠깐입니다. 그러나 영광은 영원합니다."

If our struggle is 1 pound, then our prize is 100 pounds.
우리가 당하는 고생은 1파운드라면, 상급은 100파운드입니다.

We treat* our struggle like it's hundred pounds but it's actually* only 1 pound.
그 고생이 1파운드이지만 마치 100파운드처럼 생각하기 때문에 힘든 것입니다.

Working one day for a one month payment* is the meaning of a 100 pound prize.
상급이 100파운드라는 것은, 일은 하루 하지만, 임금은 한 달 분량을 받는 것입니다.

This is the way of God. You most see the glory though trouble.
이것이 하나님의 법칙입니다. 환난 속에서 영광을 바라보아야 합니다.

Receive the Lord's power inside the trouble you'll receive many courage*.
환난 속에서 주님의 능력을 가지십시오. 환난 속에 많은 용기를 얻을 것입니다.

But you get hardly, through struggle you are able to see the hidden* world.
환난은 힘든 것이지만, 환난은 보이지 않는 세계를 보게 합니다.

We have two eyes. One is physical and the other is spiritual.
우리는 두 개의 눈이 있습니다. 하나는 육신의 눈이고, 하나는 영의 눈입니다.

coldness 추위, 냉담함, 차가움
destination 목적지, 목표, 종착지, 도착지, 행선지
temporary 임시의, 일시적인, 임시 고용
treat 치료하다, 대우하다, 취급하다, 대접하다,

actually 사실은, 실제로, 정말로
payment 지불, 지급, 돈, 대금, 상환
"you'll receive many courage"
"많은 용기를 얻을 것이다"
hidden 숨겨진, 감춰진 비밀의, 남모르게

A physical eye* let's you see the worldly* viewpoint, spiritual eye* let's you see the spiritual viewpoint.

육신의 눈은 세속적인 관점으로 보게 하고, 영의 눈은 영적인 관점으로 보게 합니다.

Please you have spiritual eyes, when we use our spiritual eye we will succeed*.

제발 영의 눈을 가지고, 신령한 것을 바라보고 나간다면 우리는 반드시 승리하게 됩니다.

Those who can see glory beyond the struggle* can complete the mission.

환난 너머의 영광을 볼 줄 아는 사람만 이 땅 위에서 모든 사명을 이룰 수가 있습니다.

That glory is God's glory, through it everything can be granted*.

그 영광은 하나님의 영광이며, 하나님의 영광으로 모든 것이 다 이루어집니다.

Let's succeed everything from family, work, business, to through the glory of God.

우리의 가정에서, 직장에서, 사업장에서, 이 사회에서 하나님의 영광으로 모든 것을 이루어야 하겠습니다.

 physical eye 육신적인 눈
worldly 세속적인, 세상의, 현세적인
spiritual eye 영적인 눈
"our spiritual eye withe we will succeed"
"우리의 영적인 눈과 함께 우리는 성공할 것
이다"

"can see glory beyond the struggle"
"환난 너머에 있는 영광을 볼 수 있다"
grant 부여하다, 주다, 허가하다, 보조금,
　　　승인하다

246   The Mentor of My Life

Chapter 23

Renewed Day by Day!
날마다 새롭게!

2 Corinthians 4:16-18 / 고린도후서 4:16-18

16 Therefore we do not lose heart. Though outwardly we are wasting away, yet inwardly we are being renewed day by day.
17 For our light and momentary troubles are achieving for us an eternal glory that far outweighs them all.
18 So we fix our eyes not on what is seen, but on what is unseen. For what is seen is temporary, but what is unseen is eternal.

16 그러므로 우리가 낙심하지 아니하노니 우리의 겉사람은 낡아지나 우리의 속사람은 날로 새로워지도다
17 우리가 잠시 받는 환난의 경한 것이 지극히 크고 영원한 영광의 중한 것을 우리에게 이루게 함이니
18 우리가 주목하는 것은 보이는 것이 아니요 보이지 않는 것이니 보이는 것은 잠깐이요 보이지 않는 것은 영원함이라

Today's scripture is about Apostle Paul and his Corinthians Church* members.
오늘 본문에서는 사도 바울이 고린도교회 성도들을 위한 부탁의 권면임을 볼 수 있습니다.

This was an encouragement talk Paul would have to the members of the church two thousand years ago.
이 말은 2000년 전 초대교회 성도들에게 한 말로서 그들에게 용기를 가지라는 말입니다.

But, It's encouragement of Paul does not apply* just to the early church members*.
그러나 사도 바울의 권면은 초대교회 성도들에게만 한 말이 아닙니다.

His words also applies to today church members and us.
오늘 현대를 살아가는 성도들이나 우리에게도 동일하게 적용되는 말씀입니다.

So how is his encouragement channeled* to us?
그렇다면, 그의 권면이 어떻게 우리에게 적용되고 있습니까?

1st | Renew Inwardly(New-self) day by day.
첫째 | 날마다 당신의 속사람을 새롭게 하라고 권면합니다.

Let's go to verse 16.
16절을 다같이 봉독합시다.

"Therefore we do not lose heart. Though outwardly* we are wasting away, yet inwardly* we are being renewed day by day."
"그러므로 우리가 낙심하지 아니하노니 우리의 겉사람은 낡아지나 우리의 속사람은 날로 새로워지도다."

It's inevitable* that we're wasting away our presence* outwardly.
16절은, 어쩔 수 없이 우리의 존재는 파괴되고 있다고 합니다.

Therefore yesterday and today is different.

TIP Corinthians Church 고린도교회,
사도 바울이 세운 교회
apply 적용하다, 지원하다, 신청하다, 해당되다
'the early church members' '초대교회 성도들'
channel 경로, 적용, 통로, 채널

outwardly 표면상, 외관상, 바깥쪽으로,
겉사람(성경)
inwardly 내부에서, 내적으로,
마음속 깊이 속사람(성경)
inevitable 불가피한, 피할 수 없는, 필연적인
presence 존재, 주둔, 영향력, 참석

그래서 우리의 인생은 피할 수 없이 어제 다르고 오늘 다르다는 것입니다.

This is the meaning of our life getting old.
이 뜻은 지나가면 갈수록 우리의 인생은 더 늙어 간다는 것입니다.

In verse 16, this is a way of seeing our lives as getting old the outwardly.
그러나 16절은 황폐해지고, 늙어가는 것은 오직 겉사람이라는 것입니다.

This the outwardly is the pursuit to fleshly* and earthliness*.
이 겉사람은 현세적이요, 육체적인 면을 추구하는 존재입니다.

We live in the world going toward the death.
이 세상을 살아가는 것은 우리가 죽음을 향해서 가는 것입니다.

Like the death coming towards us⋯.
마치 죽음이 우리를 향해서 다가오는 것처럼⋯.

Only one person is no exception* to the death and no one is immortal*.
어느 누구든지 이 죽음에는 단 한 사람도 예외가 없습니다.

Everybody just dies one time come into being in the world
누구나 한번 이 세상에 태어나면 필경 죽습니다.

Only, birth is in order, death is not*.
다만 태어나는 것은 순서가 있지만, 죽는 것은 순서가 없습니다.

You're younger and can die before the older.
당신이 나보다 젊지만 더 빨리 죽을 수도 있습니다.

Healthier* can die before the less healthier.
내가 당신보다 더 건강하지만 더 빨리 죽을 수도 있습니다.

But, what's important is that your although 'new self*', doesn't die.
그러나 중요한 것은 '새 사람'은 죽음에서 생명이 끝나는 것이 아닙니다.

Our 'new self' overcome to death. And have eternal life.
우리 '새 사람'은 죽음을 넘어섭니다. 그리고 영원한 생명을 갖습니다.

We're not afraid of death*. We're not afraid of pain and death.

TIP
fleshly 육체적인, 육감적인,
　　　관능적인 육적이 아닌(unfleshly)
earthliness 세속적임, 현세적인 것, 속된 것
exception 예외, 제외, 반대, 이의
"birth is in order, death is not"
"태어나는 것은 순서가 있지만, 죽는 것은 순서 없다"

immortal 죽지 않는, 불멸의, 불사(不死)의
healthy 건강한, 건강에 좋은, 건전한,
　　　위생적인, 유익한
new self 새 사람, 거듭난 자아
"we're not afraid of death"
"우리는 죽음을 두려워 하지 않습니다"

우리는 죽음을 겁내지 않습니다. 고통과 눈물을 겁내지 않습니다.

We're not afraid of failure and disappointment.
우리는 실패와 좌절을 두려워하지 않습니다.

This is because after failure there comes success.
왜냐하면, 실패하거나 좌절하는 것 후에는 이내 성공이 따르기 때문입니다.

After pain and tears, there comes happiness.
우리의 고통이나 눈물 뒤에는 행복이 오기 때문입니다.

After death there comes eternal life*.
우리의 죽음 뒤에는 영원한 생명이 오기 때문입니다.

Therefore we have been given the promise from God.
그러므로 우리는 하나님의 약속을 가지고 있습니다.

And we have hopes and belief of God*.
그리고 하나님을 소망하면서 하나님을 믿습니다.

Let's would you, rise up for righteousness* and for trust.
여러분, 의를 위하여, 진리를 위하여 일어나시기 바랍니다.

Then you can, God will stand at your side forever*.
그렇게 하면, 하나님께서 반드시 당신 편에 영원히 서 계실 것입니다.

2nd | Let us have goals together towards forever.
둘째 | 우리 함께 영원한 것을 목적하시길 바랍니다.

Let look at text verse 18. What did the Bible say*?
본문 18절을 함께 봅니다. 성경은 뭐라고 말씀했습니까?

"So we fix our eyes not on what is seen,* but on what is unseen*."
"우리가 주목하는 것은 보이는 것이 아니요, 보이지 않는 것이니"

Do you know the meaning of words of the Bible?
여러분은 이 성경이 가르치는 말씀의 뜻을 아십니까?

Don't be interested* in what is seen, but must be interests in what is unseen.
보이는 것에 절대 관심을 갖지 말고, 보이지 않는 것에만 관심을 가지라고 말합니다.

What are people's interests and pursuits* for what?
그러나 많은 사람들은 무엇에 관심을 가지고 추구하고 있습니까?

All most people are interested on what is seen.
많은 사람들은 보이는 것을 최고의 가치로 여기고 있습니다.

What is seen? These are secular things.
보이는 그것은 무엇입니까? 그것은 세속적인 것을 말합니다.

So, what is seen is secular things, absolute* value is secular things for us.
보이는 것은 세속적인 것들이요, 우리를 위하는 최고의 가치는 세속적인 것들로 여깁니다.

Modern people are very much into secular things. So it's the seen.
그래서, 모든 현대인들은 세속적인 것들을 너무 좋아하고 따르고 있습니다.
이 세속적인 것들은 보이는 것입니다.

Those are seeing*, enjoying*, feeling*, eating*, and taking*.
그것을 위하는 것은 보이는 것, 즐기는 것, 느끼는 것, 먹는 것, 취하는 것입니다.

And they have no other interests.
그리고 그들은 다른 것에 관심을 갖지 않습니다.

What are you following? What are you liking?
여러분은 어떤 것을 따라가며, 좋아하고 있습니까?

What our eyes seek is what we go toward 'the seen'.
우리의 눈들이 찾기 좋아하고 즐기기 좋아하는 것은, 보이는 것을 추구하고 있기 때문입니다.

Let's think about the calamities* on earth.
우리 함께 이 지구상에서 발생하는 자연 재해들을 생각해 봅시다.

interest 관심, 이자, 이해관계
(in the interest of …을 위하여,
　　　　　　…의 이익을 도모하여)
pursuit 추구, 추격, 쫓음
absolute 절대적인, 완전한, 가장 …한,
　　　　 정말, 압도적인

seeing 보이는 것, 만나는, 사귀는
enjoying 즐기는 것, 누리는 것, 즐겁게
feeling 느끼는 것, 기분, 감정적, 마음, 예감
eating 먹는 것, 식사하는, 소비하는, 맛보다
taking 취하는 것, 듣는 것, 응시, 취하기, 섭취
calamity 불행, 재난, 불운

There are earthquakes*, floods, droughts, typhoons*, and others.
그것들은 지진, 홍수, 가뭄, 태풍 등입니다.

When these events occur, may be thousands of people die.
그것들은 한 번 발생하면, 아마도 몇 천의 사람들이 죽을 것입니다.

It's because of the secularism* of this world. And eating, interesting, enjoying only.
이것은 이 세상의 세속주의로서 오직 먹는 것, 흥미로운 것, 즐기는 것을 너무 좋아하기 때문입니다.

And there are also people who aren't like this.
그리고 그렇지 않은 사람들도 있습니다.

But all most people enjoying, feeling for secularness and last die*.
그러나 대부분의 사람들은 세속적인 것을 즐기거나 흥미를 가지다가 마지막에는 죽습니다.

People will always like the secular things of the world.
많은 사람들은 세속적인 것들을 영원히 사랑하고 끊임없이 즐길 것입니다.

But today's text is about seeing "the unseen."
그러나 오늘 본문은 우리가 보는 것은 "보이지 않는 것" 이라고 말합니다.

Are you looking at what is unseen?
당신은 지금 보이지 않는 것을 얼마나 추구하고 있습니까?

What are the things you like?
그 좋아하는 것들이 어떤 것들입니까?

That's your wealth, success, good job, business, knowledge, strength, are these the way.
그것은 당신의 재산, 인생의 성공, 좋은 직업, 사업, 지식, 힘, 인간의 방법이라고 합니다.

Everything that belongs to you actually does not(Yours everything that's not be yours).
당신의 모든 것은 원래부터 당신의 것이 아니었습니다.

So, just that's be originally. Their God's things*.

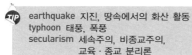

earthquake 지진, 땅속에서의 화산 활동
typhoon 태풍, 폭풍
secularism 세속주의, 비종교주의,
　　　　　 교육 · 종교 분리론

"for secularness and last die"
"세속적인 것을 즐기다가 마지막에 죽는다"
"their God's things"
"그것들은 하나님의 것이다"

그래서 그것은 원래부터 있었던 것입니다. 그것들은 하나님의 것이었습니다.

So. their were originally in God's possessions*.
원래부터 있었던 그것들은 하나님의 소유였습니다.

Do you think about have things your's possess?
여러분은 그것들에 대해 생각하기를 당신의 소유라고 생각합니까?

Do you like for things you possess?
여러분은 지금 소유하는 것에 만족하십니까?

Don't show off and boast your possessions.
그러나 여러분이 소유한 그것들에 대하여 과시하거나 자랑하지 마십시오.

Did you lose everything? They never belonged* to you so you didn't lose anything.
여러분, 혹시 모든 것을 잃어버렸습니까? 그것들은 원래적으로 없었던 것이었습니다.

That's maybe* if you have and if you loss for secular things in the world.
여러분이 취할 수 있거나 잃어버릴 수 있는 그것들은 세속적인 것들입니다.

Secular things are only have to temporary*. So it's.
세속적인 것들은 결코 임시로만 가질 수 있는 것입니다.

But what's not temporary is 'the unseen'
그러나 '보이지 않는 것' 은 잠깐 동안의 것이 아닙니다.

That's we're must be carefully and sensitive looking.
그것은 우리가 주의 깊고 세밀하게 찾아야 하는 것입니다.

Because, that's eternal life, so we can live forever.
그것은 영원한 삶이기 때문입니다. 그래야 우리가 영원히 살 수 있습니다.

 "their were originally in God's possessions"
"원래부터 그것들은 하나님의 소유였다"
belong 속하다, …의 것이다, 소유하다,
어울리다

maybe 어쩌면, 아마도, 혹시,
그럴지도 모른다
"secular things are only have to temporary"
"세속적인 것은 임시로만 가질 수 있다"

"Will be able to separate us from the love of God that is in Christ Jesus our Lord."(Romans 8:39)
"우리를 우리 주 그리스도 예수 안에 있는 하나님의 사랑에서 끊을 수 없다." (로마서 8:39)

Chapter 24

Thanksgiving Day - Why Need to Thank?
추수감사절 – 왜 감사가 필요한가?

Psalms 107:4-9 / 시편 107:4–9

4 Some wandered in desert wastelands, finding no way to a city where they could settle.

5 They were hungry and thirsty, and their lives ebbed away.

6 Then they cried out to the LORD in their trouble, and he delivered them from their distress.

7 He led them by a straight way to a city where they could settle.

8 Let them give thanks to the LORD for his unfailing love and his wonderful deeds for men,

9 for he satisfies the thirsty and fills the hungry with good things.

4 그들이 광야 사막 길에서 방황하며 거주할 성읍을 찾지 못하고

5 주리고 목이 말라 그들의 영혼이 그들 안에서 피곤하였도다

6 이에 그들이 근심 중에 여호와께 부르짖으매 그들의 고통에서 건지시고

7 또 바른 길로 인도하사 거주할 성읍에 이르게 하셨도다

8 여호와의 인자하심과 인생에게 행하신 기적으로 말미암아 그를 찬송할지로다

9 그가 사모하는 영혼에게 만족을 주시며 주린 영혼에게 좋은 것으로 채워 주심이로다

High dreams and aspirations come from thankfulness.
높은 꿈과 열망은 감사의 마음에서 발생합니다.

Mount Everest was discovered* in 1852
에베레스트 산 최고봉이 1852년에 발견되었습니다.

Nobody climbed* the Mount Everest for about 70 years after it's discovery.
그후 약 70년이 지나도록 에베레스트는 사람들에서 의해 정복되는 것을 허용하지 않았습니다.

So, in 1920, the British Mallory went for the challenge.
1920년에 영국의 말로리가 도전했습니다.

He attempted* to climb the Mount Everest 3 times.
그는 1차, 2차를 도전하여 실패한 후, 3차까지 도전했습니다.

And an accident occurs due to an avalanche*.
그러나 눈사태가 발생하여 그들은 참사 당하고 말았습니다.

The survivors returned to United Kingdom*,
살아남은 사람들은 영국으로 귀환하게 되었고,

a big welcoming ceremony greeted them in London.
런던 시내는 대대적인 환영식으로 그들을 맞았습니다.

Many people looked at the pictures of Mount Everest.
그 환영 장소에는 에베레스트의 큰 사진을 설치하여 많은 사람들이 보게 했습니다.

One of the survivor glared and wrote on top of the photo.
생존 대원중 한 사람이 그 사진을 노려보며, 펜을 들어 사진 위에 이렇게 적어 넣었습니다.

- "Everest, you defeated us three times.
- "에베레스트여, 너는 세 번 우리를 패배시켰다.

However, we shall overcome.
그러나 우리는 반드시 극복할 것이다.

 TIP   discover 발견하다, 알다, 밝히다
climb 오르다, 등반하다, 상승하다
attempted 미수의, 시도한, 기도한

avalanche 눈사태, 쇄도하다, 예기치 못한 사태
United Kingdom 영국의, 영국 연방의, 대영제국

Because you are no longer going to be higher,
왜냐하면 너는 더 이상 높아지지 않을 것이지만,

but our dreams go higher every day*."
그러나 우리의 꿈은 날마다 높아지기 때문이다."

Has your gratitude been interrupted* by the impossible things in this world?
세상의 불가능한 것들이, 지금까지 여러분의 감사를 방해하지 않았습니까?

With our dreams and aspirations* higher than the world,
우리는 세상보다 더 높은 꿈과 열망을 가지고,

we shall face the challenges only live once*.
단 한 번뿐인 인생에 도전해야만 합니다.

Thankfulness is the basic ability of christian's spirituality.
감사는 그리스도인 영성의 기본 능력입니다.

Thankfulness is a measure* of christian's spirituality
감사는 그리스도인의 영성을 가늠하는 기준입니다.

As human beings live with nature of sin as human beings possess the ability of being thankful to God.
죄의 본성을 지닌 인간으로서 하나님에게 가까이 접근하게 하는 힘은 감사의 능력입니다.

Thankful heart increases 'creative response*' and 'power of life*'.
감사하는 마음은 '창조적인 반응' 과 '삶의 힘' 을 증진시켜 줍니다.

Therefore, we are in this inhospitable* world, going towards the future.
그렇기 때문에 우리는 이 험한 세상, 한 번도 미리 가보지 못한 미래를 향해서 가는 것입니다.

In order to live successfully, our optimism should dominate our lives.
우리의 삶을 성공적으로 살아가기 위해서 반드시 긍정적인 사고가 우리를 지배해야 합니다.

"higher every day" "날마다 높아진다"
interrupted 가로막힌, 중단된, 방해된
aspiration 대망(大望), 강렬한 소망, 큰 뜻
"shall face the challenges only live once"
"한 번뿐인 인생에 도전해야 한다"

measure 측정하다, 대책, 조치, 평가하다
'creative response*' '창조적 반응'
'power of life' '삶의 힘'
inhospitable 대접이 나쁜, 비우호적인, 불친절한

That's when the ability of thankfulness occurs*.
그럴 때, 감사의 능력이 창출되는 것입니다.

So what do we have to do to demonstrate* our ability to be thankful?
그렇다면, 감사를 잘하는 사람이 되기 위해서 우리가 취해야 할 일은 무엇입니까?

1st | Our only consolation is through thankfulness.
첫째 | 광야 속에서 우리의 유일한 위로는 오직 감사뿐입니다.

In verse 6, 7 telling, "Then they cried out to the LORD in their trouble, and he delivered them from their distress. He led them by a straight way to a city where they could settle."
본문 6절과 7절은, "이에 그들이 근심 중에 여호와께 부르짖으매 그들의 고통에서 건지시고 또 바른 길로 인도하사 거주할 성읍에 이르게 하셨도다" 라고 말하고 있습니다.

Here, 'In their trouble*' is describing wandering on the road in wilderness, starvation, thirst, and tiredness.
여기, '근심 중' 이란, 광야 길에서 방황하며, 주리고, 목마르고 피곤한 상태를 말합니다.

What is the wilderness? It is where death awaits.
광야는 어떤 곳입니까? 죽음이 기다리는 곳입니다.

So it's where it's filled with fear and varieties of threats.
또한 두려움과 다양한 종류가 존재하는 곳입니다.

It's talking about 'the desperate state of despair.'
'절망 중에 절망적인 상태' 를 말합니다.

If you compare to the lamentation* in the text, what is our situation today?
본문에서 나타나는 탄식에 비교하면, 오늘 우리의 상황은 어떤 상태입니까?

There are hidden thankfulness among our surrounding.
우리 주변에는 생각 외에 엄청난 감사의 조건이 숨겨져 있습니다.

We need to know that.
우리는 그것을 알아야 합니다.

Thanks to the experience of life beyond the deadline.
사선을 넘는 삶의 체험으로 감사할 수 있습니다.

About 394 years ago,
지금으로부터 394년 전,

on September 6th, 1620, people fled from the persecution of the faith in United Kingdom to the new world.
1620년 9월 6일 영국에서 신앙의 박해를 피해 신대륙을 찾았습니다.

On December 26th, 1620, 146 Puritans* arrived at Plymouth beach in America.
같은 해 12월 26일, 미국 플리머스 해변에 146명의 청교도들이 도착했습니다.

They were thrilled* and filled with tears and loud sounds.
그들은 감격하여 울면서 크게 외치는 소리로 흥분하고 있었습니다.

Singing to hymn joy with sprinkle sand on the air,
모래를 허공에 날리며 찬송을 부르는 사람,

reciting Psalms chapter 100 and crash around* with thankfulness.
시편 100편을 읊으며, 감사를 외치며 해변을 돌아다녔습니다.

Their soulful energy filled the land* with their chorus.
그들의 합창은 육지를 채우기에 충만한 에너지였습니다.

So overcome to deadline with deep experienced in a wilderness of sea*,
망망대해 속에서 사선을 넘는 깊은 체험을 하면서,

and burst forth* of thankfulness from them, and passionate appreciation.
그리고 그들로부터 터져 나오는 감사는 얼마나 뜨거웠는지 모릅니다.

Because they were so thankful, they were able to go on for 117 days in dangerous and deadly situations.

puritan 청교도, 퓨리턴, 청교도의
crash around 큰소리를 내면서 이리저리
　　　　　돌아다니다
"soulful energy filled the land"
"육지를 채우기에 충만한 에너지"

thrill 흥분, 스릴, 오싹함
wilderness of sea 망망한 대해,
　　　　　수평선이 보이는 대해
burst forth 터져 나오다, 갑자기 나타나다,
　　　　　불쑥 튀어나오다

그들은 감사 때문에 죽음의 파도 속에서, 117일 동안 계속 전진할 수 있었습니다.

A few of them died, but and not one person returned to their old country.
그들 중 몇 사람이 죽었으나, 단 한 사람도 고향으로 돌아가자는 사람이 없었습니다.

All of them thanked God for providing them with faith and courage to move on.
모두가 전진하는 믿음과 용기를 주신 하나님께 감사했습니다.

Starting with thankfulness towards uncertain future.
불안한 앞날을 감사로 출발합니다.

The land desolate uninhabited* they just arrive on wasn't filled with shout of joy.
한편으로, 지금 막 도착한 이곳이, 무엇하나 기뻐하며 소리칠 조건이 없는 황폐한 육지였습니다.

But they searched for praise of joy and thankfulness, praising God with optimism.
이 사람들은 기쁨의 찬양과 감사의 조건을 찾아 하나님께 드리는 이 자체가 긍정적인 생활의 자세입니다.

Their are attitude of thankfulness*,
이들이 외적으로 표출하는 감사의 태도는,

changed their course of direction in their uncertain future*.
불안한 앞날에서 삶의 향배가 달라지는 중요한 행동이었습니다.

Hope that is lost quickly crumbles.
소망이 끊어지면 금방 무너집니다.

What recollection do you have from some illustrations*?
어떤 예화가 생각나지 않습니까?

 desolate uninhabited 황폐한 무인도
attitude of thankfulness 감사의 표출

uncertain future 불안한 미래,
　　　　　　　예측할 수 없는 앞날
illustration 예화, 삽화, 일러스트레이션, 실례

A seasoned old devil showed off his gold, money, liquor*, weapons, beauties, etc.
노련한 늙은 마귀가 황금, 돈, 술, 미녀 등 자신의 무기를 자랑했습니다.

Finally, the devil took an ax out and was proud.
마지막으로 낡은 도끼를 꺼내며 그것에 대한 긍지가 대단했습니다.

"How many people could the devil has brought down with his ax.
"이 도끼 하나로 얼마나 많은 사람을 쓰러트렸는지 모른다.

Disconnect their hope and it quickly collapse*.
사람에게 소망을 끊어 보라. 빨리 무너진다." 고 장담했습니다.

During world war 2, Japan prisoned 20,000 foreign prisoners*.
제2차 세계 대전 동안, 일본에 붙잡힌 포로 2만 명이 타국의 포로수용소에 갇혔습니다.

Among them, 7,000 people died in despair.
그들 중에 몇 년 동안 7천 명이 죽었는데, 모두 절망해서 죽었습니다.

If you no longer feel the desire to live, you die at that moment.
더 이상 살 가치를 못 느끼면 순간에 죽습니다.

When you feel no significance* of self-existence and you fall down.
자기 존재가 별 볼일 없다 생각하면 쉽게 주저앉게 됩니다.

Even though, our circumstances may be in the wilderness,
비록, 우리 주변이 광야 같을 지라도,

although we may encounter problems in relationships,
우리의 만남에서 인간관계가 삐꺽거릴지라도,

so, we may lose our creditability* and don't receive recognitions,
주위의 신용을 잃고 인정을 못 받더라도,

and we may be hurt by failing several times,
여러 번 실패하여 상처로 가득할지라도,

we have to live with eternal gratitude* and appreciate.
우리는 오직 한없는 감사한 마음, 고마운 생각을 해야 합니다.

liquor 주류, 술, 증류주, 용액
"disconnect their hope and it quickly collapse"
"그들의 소망을 끊으면 속히 붕괴 된다"

foreign prisoner 포로수용소
significance 중요, 의미, 의의
creditability 믿을 만함, 명예가 됨, 신용할 만함
eternal gratitude 한없는 감사마음

Now we must remember to thank God.
지금 우리가 사는 길은 '감사하는 마음'을 갖는 것입니다.

With our appreciative* thoughts and thankfulness.
아무 것도 몰랐던 때를 기억하며, 하나님께 감사해야 합니다.

👐 2nd | Praising to God in a wilderness.
둘째 | 먼저 할 일은 광야에서 하나님을 찬송하는 것입니다.

In verse 8, "Let them give thanks to the LORD for his unfailing love and his wonderful deeds for men."
본문 8절, "여호와의 인자하심과 인생에게 행하신 기적으로 말미암아 그를 찬송할지로다."

And in verse 9, "for he satisfies the thirsty and fills the hungry with good things."
그리고 9절, "그가 사모하는 영혼에게 만족을 주시며 주린 영혼에게 좋은 것으로 채워주심이로다."

Today's text is telling that confession.
본문의 말씀은 절규하듯 고백하고 있습니다.

Who fills people's needs*? God does only.
사람에게 필요한 것을 채워주시는 분은 누구입니까? 오직 한 분이신 하나님뿐입니다.

As weak human beings, if you request hope of God from God,
연약한 인간이 절대자 하나님만을 소망하고 요구하면,

God fills that hope in un visual things* through visual things*.
하나님께서는 그 대가로 '보이지 않는 것'에서 '보이는 것'으로 채워주신다는 말씀입니다.

The goal of the creation of man
사람의 창조된 목적

The ultimate goal of being human is to glorify God.

appreciative 감사하는, 관심있는, 감탄하는   'un visual things' '보이지 않는 것들'
"Who fills people's needs?"   'visual things' '보이는 것들'
"사람의 필요를 누가 채울 수 있는가?"

인간의 궁극적인 목적은 하나님을 영화롭게 하며, 영원토록 그분을 즐거워하는 것입니다.

Sing, Praise, and worship God.
하나님에게 노래하고, 그분을 찬양하고 경배하라는 말입니다.

However satisfaction can only come from God*.
그렇게 함으로써 주린 영혼이 하나님에게서만 만족을 얻습니다.

But can everybody glorify God?
그러나 모든 사람이 모두 다 하나님을 노래할 수 있습니까?

Can abundance of possessions, excellent* training, and good environment be enough for everyone to praise God? Absolutely not.
소유한 것이 풍부하다고, 배운 것이 월등해서, 환경이 특별해서 하나님을 노래할 수 있습니까? 절대 그렇지 않습니다.

Hedonism and materialism interferes with thankfulness.
쾌락주의, 물질주의가 감사를 방해합니다.

The Roman Empire didn't perished out of aggression.
천년 로마제국은 외침外侵으로 망하지 않았습니다.

They perished by seeking only visual things such as sexuality*, excessive consumption*, and mindless pleasure*.
성적 타락, 과도한 소비, 지나친 쾌락을 추구하는 나라는 망했습니다.
보이는 것만 추구하고, 보이지 않는 것을 무시한 물량주의나 자본주의는 망하고 맙니다.

Modern world is made up of individualism and affluent societies filled with materialism.
현대는 개인주의가 발달하고 물질이 풍요로운 사회가 조성되었습니다.

There are crimes, drugs, and other sinful acts that interfere with thankfulness.
현대인들은 쾌락을 너무 탐닉하여 자살하는 사람, 비관하는 사람으로서 현대 첨단 문명은 하나님께 감사를 절대 방해하고 있습니다.

"satisfaction can only come from God"
"하나님으로부터 만족을 얻는다"
excellent 훌륭한, 뛰어난, 좋다

sexuality 성적 타락
excessive consumption 과도한 소비
mindless pleasure 지나친 쾌락

Give thanks to the living God.
살아 계신 하나님께 감사해야 삽니다.

After all, the 'Republic of Korea' is dealing with psychological crisis*.
결국, 요즈음 정신적인 위기에 이른 국가가 '한국' 입니다.

South Korea is mostly populated with people of Korean origin and not much diversity.
한국은 부정적인 퇴폐 풍조를 신속하게, 여과 없이 모방하는 사람이 많습니다.

The United States has over 150 ethnic groups, a multiracial nation, set up the balance from unbalance.
미국은 150개 종족 이상의 다민족으로 형성되어, 불균형 속에서 균형을 이룬 나라입니다.

The United States is truly a Global State*.
미국은 과연 세계적인 국가입니다.

They continue to celebrate Thanksgiving*.
그들은 지금도 추수감사절을 성대하게 지킵니다.

America give thanks to living God during Thanksgiving.
미국은 추수감사절에 살아 계신 하나님께 감사합니다.

However, in South Korea's similar holiday called 'Chuseok*' is a holiday that give thanks to ancestors.
그러나 한국은 추석 명절에 죽은 조상에게 감사합니다.

This is fundamentally* spiritual difference. Between the United States and South Korea.
이것이 근본적으로 다릅니다. 영적으로 미국과 한국의 다른 점입니다.

How can deceased ancestors and living God be the same?
경배 대상이 다르다는 것입니다. 어떻게 죽은 조상과 살아 계신 하나님과 같을 수가 있습니까?

Atheism is a darkening future.
무신론은 미래를 어둡게 합니다.

---

 psychological crisis 정신적 위기
a Global State 세계적인 국가
Thanksgiving 추수감사절(미국, 캐나다)

Chuseok 추석(한국 전통 명절 중 하나)
fundamentally 근본적으로, 기초부터,
바탕에 있어서는

In modernism, human is often put at the top of the pedestal instead of God.
그러나 현대주의가 하나님이 아닌 인간을 최고 높은 곳에 올려놓아 버렸습니다.

Today's society is going through 'anxiety' that suffered from a nervous breakdown*.
오늘의 인본주의가 '불안' 이라는 신경쇠약을 앓고 있습니다.

And continually collapse to be like Western civilization.
그러면서 계속 몰락해 가는 서구 문명처럼 되어버린 것입니다.

Just ask to modern intellectuals*.
지금 현대 지성인들에게 냉철하게 물어 보십시오.

They say there is 'No way out*.' Why?
그들은 말하기를, '나갈 길이 없다' 고 말합니다. 왜 출구가 없다고 합니까?

Human beings cause and control events.
인간들이 사건을 발생시키고, 인간들이 수습해 왔습니다.

These events causes more subtle events,
이런 일들이 거듭되다 보니 더 미묘한 일들,

unfixable* events amid increase and fall into more agony.
해결 불능의 사건들이 가중되면서 더 없는 고민에 빠져들게 되었습니다.

'No way out' from earth.
지구에는 '나갈 길이 없습니다.'

The world is filled with tension and war, and ethnic* disputes.
지구 곳곳에 전쟁과 민족 분규가 발생하여 난민은 수없이 속출하고 있습니다.

There are nuclear proliferation* and military buildups.
핵 확산과 군비 증강에 혈안이 되어있습니다.

Accordingly*, worry causes widespread damage.
따라서 피해가 광범위로 발생될 것을 우려하고 있습니다.

breakdown 붕괴, 쇠약, 고장, 실책
intellectual 지적인, 지식인, 지성인, 인텔리
'no way out' '나갈 길이 없다'
unfixable 고정시킬 수 없는, 굳어지지 않는,
　　　　　비정착성의

ethnic 혈통의, 민족의, 인종의, 종족
proliferation 확산, 증식, 만연
accordingly 그에 따라, 따라서, 적절히

In metropolitan* areas, there are many crimes.
거대 도시 사회 속에서 발생되는 흉악한 범죄는 한계에 도달했습니다.

It is reasonable to say there is no way out.
더 이상 나갈 길이 없는 것은 당연한 말입니다.

In 2000s, earth is increasing in population. Due to human beings actions, the earth environment* is going into turmoil,
2000년대가 되면, 하나 밖에 없는 지구도, 인구 수용 능력을 상실할 것이라고 인류학자들은 예측하고 있습니다.

There is global warming and reduction of food production.
또 지구 온도가 이상 변동을 일으키고 식량 생산이 저하되고 있습니다.

Consequently*, the earth going in the crisis.
그 결과, 지구는 혼란 속에 휩싸일 것이라고 합니다.

Truly, now 'No way out'.
정말, 이제는 나갈 길이 없습니다.

Let' Look towards the big way.
큰길을 내다봐야 합니다.

We shouldn't look at the blocked road, but a large road with a path.
우리는 막힌 길을 볼 것이 아니라 크게 뚫린 길을 바라보아야 합니다.

People need to get out 'the poverty of relativity*' and 'the abundance of relativity*'.
'상대적 빈곤' 에서 벗어나 '상대적 풍요' 를 생산하는 일이 필요합니다.

To be thankful for good health, look at the patients.
건강에 대해 감사하려면, 환자를 보십시오.

To be thankful for abundance of food, so look at the people who are in starvation.
잘 입고 잘 먹는 것에 감사하려면, 헐벗고 굶주린 자를 보십시오.

To be thankful for living, look at a funeral*.

 metropolitan 광역수도권, 수도권의, 도시권역, 대도시의
environment 환경, 상황, 자연, 분위기
consequently 결과적으로, 그 결과로서, 그에 따른

'the poverty of relativity' '상대적 빈곤'
'the abundance of relativity' '상대적 풍요'
funeral 장례의, 장의, 영결
(**funeral ceremony** 장례식, 영결식)

지금 살아있는 것에 감사하려면, 장례식장에 한 번 참석해 보십시오.

You do not need to be ashamed of poverty anymore.
더 이상 가난을 부끄러워 할 필요가 없습니다.

But, you don't have to be conceited with abundance.
그렇다고 풍부에 취해서 오만할 것도 없습니다.

Now, put yourself away from complaints*.
이제는 불만을 장사지내고 불평과 사별하십시오.

If you have patience from adversity* today, then you'll tomorrow becomes prosperous.
오늘의 역경을 참으면 내일의 형통이 올 것입니다.

Let's thank God for the sun, rain, and wind.
그저 지난 여름 내내 우리에게 햇빛과 비바람을 보내주신 하나님께 감사합시다.

So soon come near, those are the fruits of the fall* with love God become ripen*.
어느새 성큼 다가선 가을의 결실들을 무르익게 하신 하나님을 사랑합시다.

Let's praise God for his inspiration.
그리고 이 모든 것을 우리에게 더하신 하나님을 감동하며 찬양합시다.

Amen!
아멘!

---

 complaint 불만, 불평, 고발, 불편
adversity 역경, 재난, 불운

'the fruits of the fall' '가을의 결실'
ripen 익다 열매 맺다, 무르익다

"Of the people, by the people, for the people,
the government should not disappear from the ground."
- Abraham Lincoln
"국민의, 국민에 의한, 국민을 위한 정부가
지상에서 사라지지 않도록 하는 것입니다."
- 에이브러햄 링컨

Chapter **25**

Christmas Day - God Became a Man
성탄절 – 사람이 되신 하나님

Luke 2:10-14 / 누가복음 2:10-14

10 But the angel said to them, "Do not be afraid. I bring you good news of great joy that will be for all the people.

11 Today in the town of David a Savior has been born to you; he is Christ the Lord.

12 This will be a sign to you: You will find a baby wrapped in cloths and lying in a manger."

13 Suddenly a great company of the heavenly host appeared with the angel, praising God and saying,

14 "Glory to God in the highest, and on earth peace to men on whom his favor rests."

10 천사가 이르되 무서워하지 말라 보라 내가 온 백성에게 미칠 큰 기쁨의 좋은 소식을 너희에게 전하노라

11 오늘 다윗의 동네에 너희를 위하여 구주가 나셨으니 곧 그리스도 주시니라

12 너희가 가서 강보에 싸여 구유에 뉘어 있는 아기를 보리니 이것이 너희에게 표적이니라 하더니

13 홀연히 수많은 천군이 그 천사와 함께 하나님을 찬송하여 이르되

14 지극히 높은 곳에서는 하나님께 영광이요 땅에서는 하나님이 기뻐하신 사람들 중에 평화로다 하니라

God's providence of world history
세상 역사를 섭리하시는 하나님

All world history is under God's sovereignty.
모든 역사는 하나님의 주권 아래 있습니다.

Today's mature* christians live and have faith about God's universal reign*.
오늘을 사는 성숙한 그리스도인들은 하나님의 우주적 통치에 대한 굳센 믿음을 가지고 있습니다.

God is not only concerned about what goes on in church, but detailedly* providences* all around the world.
하나님은 교회 안에서 벌어지는 일들만 관심을 갖으시는 것이 아니라, 교회 밖에도 관심을 가지고 세밀하게 섭리하신다는 사실입니다.

God, the father of the universe does not only care for christian's life, but also for non christians.
우주의 아버지가 되시는 하나님은 그리스도인들의 삶만 보살피는 것이 아닙니다. 그리스도인들이 아닌 사람들의 생활에 대해서도 관심을 가지고 계신 분입니다.

The history of the world is the history of redemption and the history of secularism,
세상의 역사는 그것이 구속사든지 세속사든지,

and God controls with his sovereignty, christians and non christians.
그리스도인들의 삶이든지 이방인들의 삶이든지 모두가 하나님의 주권 아래 있습니다.

Therefore God is our's time and life, and owner of history*.
그러므로 하나님은 우리들의 시간과 삶, 그리고 역사 현장의 주인이신 분입니다.

God made another history 2000 years ago, never previously* done.
그분이 2000년 전에 인류에게 새로운 역사를 일으키셨고, 이 역사는 지구상에

---

mature 성숙한, 성숙하다, 자라남
universal reign 우주적(보편적인) 통치
detailedly 상세히(자세하게)
providence 섭리, 신의,
　　　　　신-하나님(Divine Providence)

"God is our's time and life, and owner of history"
"하나님은 우리의 시간과 삶, 역사 현장의 주인이다"
previously 이전에, 과거에, 앞서, 지금까지

한 번 밖에 없는 생명의 역사였습니다.

This news was 2700 years ago from the proclamation* of Isaiah, the prophet.
이 소식은 2700여 년 전에 이사야라는 선지자의 입을 통해 예언으로 선포되었습니다.

There were no news for the Israelites for 700 years.
이스라엘 백성들은 700년 동안 메시야를 대망했으나 캄캄 무소식이었습니다.

The descendents* of the Kingdom of David and perished* with crimes.
다윗의 왕국 이후 자손들은 계속 범죄를 거듭하다가 완전히 멸망한 것입니다.

But, God didn't give up and to keep his promise,
그러나 하나님은 여기서 포기하시지 않고, 약속한 일을 이루기 위해,

He sent a Messiah and for save the fallen world through David's blood.
다윗의 혈통 중에서 지독하게 타락한 세상을 구원할 메시야를 보내셨습니다.

But people is ignore from the wondrousness* of the Gospel.
그러나 사람들은 놀라운 복음의 소식을 외면한 채로 있습니다.

They're go on with a thought that trouble stops today and happiness comes tomorrow.
그저 '오늘의 불행은 그치고 내일은 행복하겠지?' 라며 막연한 기대를 갖습니다.

However, message of word appears to quench* people's thirsts.
그러나 사람의 근본적인 갈증을 해결해 주는 메시지가 말씀을 통해 우리에게 나타납니다.

🖐 1st | Christ's incarnation is our Gospel living.
첫째 | 그리스도가 성육신하심은 우리가 사는 복음입니다.

In verse 11, only one expression is Angel's triple chorus.
11절, 성경에 단 한 번 표현은 천사의 삼중적 합창입니다.

One, 'Savior' - 'Messiah*', 'Redeemer*' - 'sacrifice' have mean.
하나, '구세주' - '메시야', '구원자' - '희생' 이라는 뜻을 지니고 있습니다.

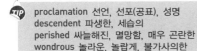

proclamation 선언, 선포(공표), 성명
descendent 파생한, 세습의
perished 싸늘해진, 멸망함, 매우 곤란한
wondrous 놀라운, 놀랍게, 불가사의한

quench 끄다, 갈증을 풀다, 잃게 하다
Messiah 구세주, 예수 그리스도
Redeemer 구속주, 몸값을 주고 빼내는 사람

Why this expression? 'Redeemer' is necessary to save the world from sin.
왜 이 표현입니까? 그것은 죄로 찌들은 세상을 건질 '구속자'가 필요하기 때문입니다.

Two, 'Christ' - 'Anointer*' is the image of 'blessing'.
둘, '그리스도' - '기름 부은자' 로서 '축복' 의 상징성을 말합니다.

Jesus opens and nobody cab close, Jesus closes and nobody can open. Jesus is the blessing.
예수님이 열면 닫을 사람이 없고, 예수님이 닫으면 열 사람이 없습니다. 예수님은 복의 근원이십니다.

Three, 'The Lord' - 'God' - shows meaning of 'life'
셋, '주' - '하나님' - 이것은 '생명' 의 뜻을 보여주고 있습니다.

God is itself life, Jesus solved the problem of death.
하나님 그 자체가 생명이듯, 예수님은 죽음의 문제를 해결하신 분입니다.

God exists in eternity, we serve God with glory and honor*, we praise to God. This is God.
영원 전부터 존재하신 분이며, 우리가 드리는 영광과 존귀와 찬송을 합당하게 받으실 분입니다. 이 분이 바로 하나님이십니다.

Our salvation doesn't come from sound of the world.
우리를 살리는 소식은 세상의 소리가 아닙니다.

Today in verse 11, Tri-Angel expression, to simply put it is 'The News of Salvation.'
오늘 11절에 나타난 삼중적인 천사의 표현을 한마디로 압축하면 '구원의 소식' 입니다.

He came as a Messiah with 'The News of Salvation'.
메시야로 오셔서 희생하셨으니 '구원의 소식' 입니다.

'Anointer' has come with blessings and therefore it's 'The News of Salvation',
'기름 부은 자' 로 오셔서 축복하시니 '구원의 소식' 이요,

 Anointer 기름 부은 자(그리스도),   honor 명예, 명성, 수여하다
성유를 바르는 사람

life is saved through life and therefore it's 'The News of Salvation.'
생명 그 자체를 가지고 죽을 생명을 살리시니 '구원의 소식' 입니다.

But unfortunately*, urgent situations happens such as wars, famines*, and disasters* in the world,
그러나 안타까운 것은 정말 너무나 절실한 사건임에도 세상 속에서 끊임없이 발생하는 전쟁과 기근과 지진, 난리로 인해서,

that rejected* with the good news for those who seek the News of Salvation.
이렇게 좋은 소식이 구원을 찾는 사람들에게 외면당하고 있습니다.

Who are those people that rejected salvation? This includes* you and me.
구원을 외면한 사람들이 누굽니까? 그 안에 바로 당신과 내가 포함되어 있다는 말입니다.

You're until now rejected the people to salvation.
당신은 그동안 구원을 외면한 사람이었습니다.

How should we honestly* receive the news of true salvation?
어떻게 해야 이 소식을 진정한 구원의 소식으로 받을 수 있습니까?

Know salvation as salvation, salvation is the my way.
구원을 가장 구원답게 알고, 내 것으로 만들며 살아야 합니다.

His coming is the evidence that we are not forgotten.
그분의 오심은 우리를 결코 잊지 않으신다는 확실한 증거입니다.

The world changes.
세상은 반드시 변합니다.

Thoughts, ideology*, philosophy*, even morals, ethics can also be replaced. Therefore, people change continuously*.
사상도, 이념도, 주의도, 철학도 심지어 도덕관, 윤리관도 바뀝니다. 따라서 사람의 인심도 계속 변하고 있습니다.

unfortunately 불행하게도, 유감스럽게도
famine 기근, 굶주림, 배고픔, 기아(hunger)
disaster 재난, 사고, 피해(injury), 실패
reject 거부(거절)하다, 기각하다, 부인하다,
　　　　받아들이지 않다

include 포함하다, 함유하다
honestly 솔직하게, 정직하게, 사실은
ideology 이념, 이데올로기, 사상
philosophy 철학, 생각,
continuously 계속해서, 지속적으로

However, there is some thing that never changes.
그러나 전에도 이제도 앞으로도 영원토록 변하지 않는 것이 있습니다.

That's the God concern for us. God never forgets* us.
하나님의 우리를 향한 관심입니다. 하나님은 우리를 절대 잊지 않으십니다.

The evidence* is that God sent his son, Jesus, as for humans to earth.
그 확고부동한 증거로 볼 때, 하나님은 그분의 독생자, 예수님을 이 땅에 인간으로 보내셨습니다.

His experience is evidence that he never forgets us.
그분의 체험은 우리를 결코 잊지 않으신다는 확실한 증거입니다.

Jesus experienced the world just like us.
예수님은 우리와 똑같이 세상에서의 체험을 당하셨습니다.

He ate fruits from trees, he slept when he got tired, and cried when he was sad.
그분은 길을 가다 시장하시면 나무 열매를 따서 드셨습니다. 피곤하시면 잠을 주무셨습니다. 슬픈 일을 만나시면 체면불구하고 우셨습니다.

He sometimes looks immorality angry, sometimes worried dangerousness just like us.
예수님은 불의를 보시면 격노하셨고, 위험한 일을 당하시면 우리 같이 염려하셨습니다.

Jesus Christ became almighty* God also it's reason,
예수 그리스도는 전지전능하신 하나님이면서 이렇게 하신 이유는,

this is the evidence that we are never forgotten by God.
우리를 결코 잊지 않으신다는 증거입니다.

Now we should be aware to that.
이제 우리는 깊이 자각해야 합니다.

God doesn't reject* us and therefore we can must live.
하나님이 우리를 외면하시지 않으면, 그 어떤 상황에서도 살 수 있습니다.

---

 forget 잊다, 무시하다, 놓고 오다   "God doesn't reject"
evidence 증거, 흔적, 단서   "하나님이 외면하지 않는다"
almighty 전능한, 전능자, 대단한

God remembers us, we can't lost permanently*.
하나님이 나와 여러분을 기억해 주시면, 영원한 것을 빼앗길 수 없습니다.

"The righteous will live by faith*"(Romans 1:17).
"오직 의인은 믿음으로 말미암아 살라라"(로마서 1:17).

This faith is through the Holy Spirit to let us realize* the possibility* of righteous faith.
이 믿음은 성령님께서 의로운 일을 깨닫게 하시는 것에서 가능했던 믿음입니다.

This is the grace of God. Let's live by faith and grace of God.
바로 이것이 하나님의 은혜입니다. 우리는 하나님의 믿음으로 살고 은혜로 살아가야 하겠습니다.

🖐 2nd | Christ incarnation recovers loss of peace.
둘째 | 그리스도가 성육신하심은 상실했던 평화를 회복하는 것입니다.

His coming was glorious in heaven.
그분의 오심은 하늘에서도 영광스러움이었습니다.

In verse 14. "Glory to heaven!*", It's shouting with the moment.
14절입니다. "하늘에는 영광!", 큰 소리로 외쳐대던 순간입니다.

Draw by your imagination*.
이 광경을 최대의 상상력을 동원해서 그려 보십시오.

It was great chorus with many heavenly* angels and shouting of army.
수많은 하늘의 천사와 천군의 우람찬 함성과 어우러진 대합창이었습니다.

This was the undeniable* sound of drama on earth.
이 소리는 지구상에 어느 누구도 부정할 수 없는 드라마였습니다.

The Glory in Heaven shows the importance of Christ's birth.

permanently 영원히, 영구적으로, 상시
the righteous 의인, 의로운(바른), 정의의
"The righteous will live by faith"(Romans1:17)
"의인은 믿음으로 삽니다"(로마서1:17)
realize 깨닫다, 알다, 인식하다
possibility 가능성, 할수 있는, 최선의, 무한성,

"Glory to heaven!" "하늘에는 영광!"
imagination 상상, 창의성, 착각
heavenly 천상(하늘)의, 신성한
undeniable 더할 나위 없는, 부정하기 어려운, 명백한

예수 그리스도의 탄생이 얼마나 중요했으면, "하늘에는 영광!" 이라고 했겠습니까?

He descended into the earth from the heaven, The heaven was an honor.
그분이 하늘에서 지상으로 내려온 그 사건으로 하여금, 하늘 그 자체가 영광이요, 광명이었습니다.

Doesn't matter what you compare to the heaven, there is nothing like the glorious heaven.
이 세상의 어떤 화려한 극치를 가져다가 하늘에 비교해도, 하늘만큼 광명하고 영광스러운 것이 없습니다.

The glory of the earth is a glory, but it's only the glory of this world.
지상의 영광은 아무리 영광일지라도, 하늘 아래의 영광일 수밖에 없습니다.

The glory of the birth of Christ, is the true glory and the greatest of all glory.
그럼에도 불구하고, 그리스도의 탄생의 영광을 능가하는 것은, 아무데서도 찾아볼 수 없다는 것입니다.

Jesus' came it's truly the glory. Jesus was born on earth and the greatly glory.
예수님이 오심은 진정으로 영광입니다. 예수님이 이 땅에 태어나심은 큰 영광 중에 영광입니다.

We are the beneficiaries* of that glory.
우리는 그 영광의 혜택을 가장 직접적으로 받았습니다.

Let's thank, praise, and worship God.
마땅히 그분에게 감사하고, 경배하고 찬양해야 합니다.

Change of curse* to blessing is possible through coming of Christ.
저주가 축복으로 바뀌는 환경은 그분이 오심으로 가능합니다.

We, on earth peace, also sing the glory of Jesus Christ.
또 예수 그리스도의 탄생의 영광을 '땅에서는 평화' 라고 노래합니다.

 beneficiary 수혜자, 수취인   curse 저주, 욕설, 재앙

The relationship* between God and man in the Garden of Eden,
에덴동산 안에서 인간과 하나님의 관계는,

was eternal life and blessing.
생명과 축복, 그리고 영원한 관계였습니다.

The first human, Adam had fallen and terminated* that covenant*.
최초의 인간, 아담의 타락으로 계약이 파기되고 대신 죽음에 이르게 되었습니다.

The Old Testament's fulfillment* of the covenants and blessings was when Israelites kept their promise with God.
구약의 이스라엘 백성이 하나님과의 언약을 이행했을 때는 축복과 평안이었습니다.

However, when their was betrayal*, Israelites went through struggles and vicious circles for thousands of years.
그러나 그들이 배반할 때는 대신 진노가 임하고 멸망했습니다. 수천 년 동안 사람들로 인해 세상은 악순환이 계속되었습니다.

God was greatly disappointed.
하나님은 세상을 보시고 너무 실망 하셨습니다.

So for more than 4000 years of the Old Testament history,
그래서 4000년 이상 된 구약 역사를 서둘러 마감하시고,

God stayed silent for about 400 years.
약 400년 동안이나 아무 말씀 없이 침묵하셨습니다.

During those times, God never appeared.
하나님께서는 아무에게도 자신을 보여주지 않으셨습니다.

Finally, during mankind's tragic* circumstances,
그렇게 시간이 흐른 뒤, 드디어 인류의 비극적인 환경 가운데,

God sent his son Jesus through Virgin Mary*, into the world.
하나 밖에 없는 예수님을 동정녀 마리아를 통해서 세상에 탄생하게 하셨습니다.

relationship 관계(친척), 사이
terminate 끝내다, 해고하다, 해치우다
fulfillment 실현, 성취, 수행
covenant 계약, 계약(서약)하다
betrayal 배신, 밀고, 내통,
　　　　　배신행위(a case of betrayal)
tragic 비극, 비참함, 슬픔
Virgin Mary 마리아(육신적 모친) 동정녀 마리아
　　　　　(Blessed Virgin)

Jesus came here and to change curse to blessing*.
예수님이 오신 것은, 계속되는 저주의 환경을 축복의 환경으로 바꾸시는 것이었습니다.

The Lord's coming is the sign of peace in this world, and we shout with joy.
여기에 주님의 오심은 진정으로 이 땅에서의 평화스런 일이요, 기쁨과 환희 그 자체라고 부르짖을 수밖에 없습니다.

Peace can be restored* in this world.
지구촌 구석구석에도 상실했던 평화가 정착될 수 있습니다.

Where is this peace? Whose hand holds peace*?
도대체 평화가 어디 있습니까? 누구의 손에 평화가 있습니까?

Now, because of Jesus Christ and peace can be settled even in war zones. Conflicts can be reconciled*.
이제, 예수 그리스도 그분이 오심으로, 생명을 앗아가는 전쟁터에도 평화는 정착될 수 있습니다.

Movement of union can form even when people are divided.
분단된 갈등 속에도 일치의 운동이 일어날 수 있습니다.

Happiness can find you even in this world of tears.
눈물이 그칠 날이 없는 인간들의 삶의 현장에도 기쁨이 찾아올 수 있습니다.

King of peace, Jesus Christ, makes peace forever.
그리고 평화의 왕이신 예수 그리스도께서 우리가 이뤄가는 삶의 현장 가운데 임하심으로 평화가 영원히 정착될 수 있습니다.

Christ has to be involved in our lives, families, societies.
오직 그분을 내 마음 속에, 우리 가정과 교회 가운데, 사회와 국가 속에 영접해야 합니다.

Therefore, true peace is recovered on earth.
그러므로 진정한 평화가 이 땅에 회복되는 것입니다.

'change curse to blessing'
'저주가 축복으로 바뀐다'
restored 회복하다, 되찾다, 재건하다
(unrestored 회복되지 않은)

"Whose hand holds peace?"
"누구의 손에 평화가 있는가?"
reconcile 화해하다, 조화시키다, 화합하다, 조정하다
(unreconciled 화해되어있지 않은)

3rd | Incarnation of Christ is for new redemption.
셋째 | 그리스도가 성육신하심은 새 일을 위하는 것입니다.

Coming of Christ is to give us heaven.
그분이 오신 목적은 온 세상에 좋은 천국을 주시기 위함입니다.

Today Christmas is controlled by more non believers* than believers.
지금의 크리스마스는 신자보다 불신자가 더 확실하게 지키고 있습니다.

They're carried* away by the secularism of christmas, without much meaning, that's today's trend.
그들이 믿기 때문에 지키는 것이 아니라 성탄 분위기에 들떠서, 그 의미에 상관없이 맹목적으로 흥분하는 것이 오늘의 현실입니다.

After staying quiet year-round*, when Christmas comes around,
일 년 내내 잠잠하다가 성탄 시즌이 되면,

they celebrate it more heavily than birthdays.
자신의 생일보다, 부모의 생일보다, 더 흥분하고 날뜁니다.

Wickedness of all kinds thrives in the world.
그에 따른 온갖 죄악이 세상에 난무하고 있습니다.

This wasn't God's intention* in sending his son Jesus Christ.
하나님의 의도는 인간의 사악한 일들을 바라고, 그분의 독생자를 이 땅에 보내신 것이 아닙니다.

In verse 10, reveals the true goal of the coming of Jesus.
본문 10절이 그분이 오신 진정한 목적을 밝히고 있습니다.

The message of "Good news for all the people*."
"온 백성에게 미칠 좋은 소식"을 전하고 있습니다.

This news is promised evidence for bright future.
이 소식은 밝은 미래를 약속하는 증거가 되는 것입니다.

"See, I am doing a new thing! Now it springs up; do you not perceive* it? I am making a way in the desert and streams in the wasteland*"

TIP   believer 신자, 믿는 사람,   intention 의도, 의사, 의지, 의향, 취지
                독실한 신자(a devout believer)   "Good news for all the people"
       carried 운반된, 넋을 잃은, 황홀한   "온 백성에 미칠 좋은 소식"
       year-round 일년(연중) 내내, 사시사철

(Isaiah 43:19).
"보라 내가 새 일을 행하리니 이제 나타낼 것이라 너희가 그것을 알지 못하겠느냐 반드시 내가 광야에 길을 사막에 강을 내리니" (이사야 43:19).

The desert is a dead place. A place of despair.
사막은 죽은 장소입니다. 희망이 존재하지 않는 장소입니다.

However, if Jesus Christ blesses the land, then the place becomes a place of bright future.
그러나 이곳에도 예수 그리스도가 개입하면 새로운 일이 시작되는 장소가 됩니다.

This is "Good news for the world."
이것이 "온 세상에 미칠 좋은 소식" 입니다.

Now, kingdom of God in our heart should be required*.
지금, 우리 마음속에 이뤄지는 천국이 필요합니다.

First Adam lose the Garden of Eden was of blessed.
첫째 아담은 축복으로 받은 에덴동산을 잃어버리고 말았습니다.

However, Second Adam, Jesus came to earth to recover the Garden of Eden.
그러나 둘째 아담 예수님은 잃어버렸던 에덴동산을 회복하는 것입니다.

That's Jesus came here, to recover the Garden of Eden to us.
바로 그분이 인간으로 오심은, 우리에게 에덴동산을 찾아주시는 것입니다.

He will give new Garden of Eden.
그분이 새 시대, 새 에덴동산을 주시겠다는 것입니다.

The world is with distress and tears, but faith is enjoyable* and rewarding*.
세상은 고난과 울음이지만, 믿음은 즐거움과 보람입니다.

The world is with resentment* and conflict, but faith is with love and generosity*.
세상은 원망과 갈등이지만, 믿음은 관용과 사랑입니다.

 perceive 인식(인지)하다, …로 생각하다, 인상을 주다
wasteland 황무(불모)지, 미개간지
required 필요한, 한다, 요구, 필수인
enjoyable 즐거운, 즐길 수 있는
rewarding 가치가 있는, 보람 있는
resentment 분노, 적개심
generosity 관대함, 아낌없는, 너그러움, 호의

The world is anxious*, faith is peaceful.
따라서 세상은 불안하지만, 믿음은 평안입니다.

Faith built in the anxious world is in progress until the second coming of Jesus who continues to provide* path to the kingdom of God.
광야 같은 불완전한 세상의 현장 속에 이뤄지는 완전한 믿음은, 예수님의 재림이 이뤄지지 않았지만 계속 성취되고 있는 천국입니다.

This is telling new age. No matter the wilderness, the desert, or anywhere on earth.
이것이 새 시대를 말하는 것입니다. 광야라도 상관없고, 사막이라도 지장이 없습니다.

Jesus gives new redemption. We're the leader to build up for new redemption.
그 속에서 예수님이 새 일을 주십니다. 우리는 새 일을 이뤄가는 주역입니다.

What's new works are there?
어떠한 새 일을 이뤄가야 합니까?

That Christ born is declare spiritual war, and for those non believers, it's beautiful news redemption from God.
그리스도의 탄생은, 곧 영적전쟁의 선전포고이며, 예수 그리스도를 모른 채 죽어가는 사람들에게 하나님께서 구원을 이루시겠다는 아름다운 소식입니다.

In order to deliver this beautiful news we have to go over mountains and cross water.
이 아름다운 소식을 전하는 발이 되어 산을 넘고 물을 건너야 할 것입니다.

We have to build the new Garden of Eden in our society.
우리의 환경에, 가정과 교회에, 사회 속에, 새 시대, 새 에덴동산을 건설해 가야만 할 것입니다.

Amen!
아멘!

 anxious 하고 싶어하는, 불안한, 걱정스러운   provide 공급하다, 주다, 준비하다

Be a bridge of encouragement to someone today.
오늘 누군가에게 용기를 주는 다리가 되라.

Appendix
부록
Articles of Academy
신앙 논설

His Spirit fill my hungering soul, His power
all my life control! - Chrisholm
주님의 영이 내 굶주린 영혼을 채우고 주님의 능력이
나의 온 삶을 주관하네! - 크리솜

I

What Should a Sermon Do?
Dr. William Hogan(Reformed Theological Seminary)

설교를 어떻게 할 것인가?
윌리엄 호간(리폼드신학대학원 설교학 교수)

E-1 "Will this do?" asked a seminary student, anxiously awaiting the professor's evaluation of his sermon. "Do what?" the professor replied, trying to make the student realize that every sermon must have some purpose.

Scripture does not present truth in the abstract, but in applied form. In his famous Yale lectures on preaching, Henry Ward Beecher said, "A sermon is not like a Chinese firecracker to be fired off for the noise it makes. It is a hunter's gun, and at every discharge he should look to see his game fall."

What should a sermon do? Some books on preaching divide sermons into categories-those intended to inform, those intended to persuade or convince, or those intended to motivate. Ordinarily one of these three intentions will predominate, but to think that a sermon's aim is anyone of them alone is inadequate. A sermon must address the whole person-mind, emotion and will.

K-1 어떤 신학생이 설교문을 써 가지고 교수에게 와서 보여주면서 "이렇게 하면 될까요? - Will this do?", 교수가 되물었다. "어떻게 한다고? - Do what?", 왜냐하면 모든 설교에는 목적과 이유가 분명해야 하기 때문이다. 성경은 이런 양식으로만은 아니기 때문이다. 설교학자 헨리 워드는 "설교는 중국의 불꽃놀이에서 나는 요란한 빛과 소란스러움이나, 쏠 때마다 게임의 승패 여부가 확인되는 사냥꾼의 총이 아니다. 대부분 카테고리를 나누기도 하고, 설득을 위주로 하기도 하고, 동기부여를 하기도 하나 이 중 한가지로만은 부족하다. 설교는 사람들의 깊은 마음에 잠재된 생각과 감동을 끌어 올릴 수 있어야만 하는 것이다" 라고 말했다.

 [배수영 교수 by Translation, Korean]

본 아티클, 'What Should a Sermon Do? - 설교를 어떻게 할 것인가?' 라는 영문법 설교집 위주로 저작된 것이 아니므로, 영어와 한글 대칭 번역을 생략한 것이다. 영문 아티클을 한글로 번역할 때 의역을 한 것이므로 저자가 의도한대로 번역한 것을 참고했으면 하는 글이다.

A. Sermon Should Make the Truth of Scripture Crystal Clear.

E-2 Every Christian sermon must embody some significant biblical truth. Several years ago a well-known 「Christian Magazine」 conducted a contest to discover the seminarian preacher of the year. Ironically, the winning sermon was almost totally devoid of distinctive Christian content, containing but one casual reference to Jesus. When a reader protested, the editor explained that, unfortunately, those who communicated well did not want to communicate the Gospel; those who did lacked good communication skills.

How tragic! Better a sermon that attempts to be faithful to the Word of God, but suffers from poor construction, than a piece of polished rhetoric with no biblical content. The truth revealed in God's written Word must be the essential substance of all preaching. anything else is not Christian preaching!

A. 설교는 성경의 사실, 진실을 유리같이 선명하게 보여주어야 한다.

K-2 설교의 중요한 핵심은 성경의 진실이나 사실을 유리 같이 선명하게 강조되어야 한다는 것이다. 몇 년 전, 「크리스천매거진」에서 1년에 한번씩 '신학생 설교 컨테스트'를 주최했었다. 이상하게도 최우수상을 수상한 설교는 크리스천의 삶이나 세상사를 말하지 않고, 오직 한 가지 복음만 정확히 말한 설교문이었다.

많은 학생들이 항의 했으나 편집장은 이렇게 설명했다. "많은 설교자들이 다른 세상 이야기는 잘하면서, 진실한 복음에 대해서는 표현하기를 매우 꺼려합니다." 그러나 이 복음이 빠진 설교는 이미 설교가 아님을 분명히 말했다.

E-3 To put it another way, all Christian preaching must be expository. The essence of exposition is, as the dictionary suggests, explanation. Expository preaching is rooted in the accurate explanation of Scripture and seeks to expose, or open up, some portion of the Bible.

The alternative to exposition is imposition, the travesty of imposing a foreign meaning upon a text. Scripture is not a piece of playdough to be molded into whatever shape the preacher desires.

The preacher is always servant of the biblical text, not master of it. Stringing together a few blessed thoughts after skimming a portion of Scripture is inadequate for effective preaching. So is the "skyscraper" sermon-one story on top of another.

Any preacher who wants to please God and change his people through his pulpit work must be wi11ing to devote time and effort to the study and interpretation of Scripture. And any church that wants solid preaching must be prepared to permit the pastor to have-indeed, to insist that he take-the time necessary for the task.

K-3 또다른 설교의 방법은 설명적이고 해설적으로 마치 사전에 나오는 것처럼 논리적으로 말씀의 진실을 표현해야만 한다. 예를 들어 말한다면, 수시로 조작 가능한 찰흙처럼 세상의 어떤 것을 말씀 안으로 끌어들여 임의대로 여기저기 모아서 표현하는 것이 아니란 뜻이다.

설교자는 듣는 사람으로 하여금 하나님을 기쁘시게 하는 삶을 살 수 있게끔 잘 전달해야 된다는 것이다. 그러기 위해서 모든 교회에서는 목회자에게 충분한 휴식과 시간을 배려해야 이런 준비가 가능함은 필수적이다.

E-4 To be effective, the explanation must be clear. Some preaching is ineffective simply because it is confusing, and people aren't quite sure what the preacher is saying. Sometimes the lack of clarity begins in the preacher's mind; even he is not sure what he's trying to say. As professor Howard Hendricks said; "A mist in the pulpit is a fog in the pew."

Sometimes the difficulty lies in making the truth comprehensible to the ordinary listener, or, to quote Professor Hendricks again, in "putting the cookies on the lower shelf." If people are so amazed by the profundity or rhetorical eloquence of a sermon that they leave the service saying, "Wow! I would never in a million years have gotten that from that passage, "then the preacher has failed. It is far better that they leave thinking, "Of course! Why didn't I see that? Now that he has explained it, the passage is plain."

K-4 때론 설교자가 무슨 설교부터 해야 되는지 분간이 안 되어 내 생각에는… 하면서 자신의 생각으로 시작하는 것은 준비가 안 된 설교다.

설교를 듣고 나오면서⋯ "와! 난 그 말씀에서 그런 말씀(이물질)이 나올지 몰랐네!" 이런 설교는 망친 설교라 할 수 있다. "와! 그렇구나. 그 말씀에서 왜 난 그걸 깨닫지 못했을까?" 이런 설교는 성공한 설교라고 할 수 있겠다. 정확한 핵심을 표현했기 때문이다.

B. Sermon Should Stir the Heart.

E-5 While accurate and clear explanation of biblical truth is fundamental, effective preaching requires something more. The truth must address the hearer not only on the cognitive level, but also on the affective, or feeling, level. Thus, a sermon must help the listener feel the claim of the biblical text. The truth revealed in Scripture is not given merely to be understood; that truth makes a claim upon our lives. It challenges our belief systems and our values. It demands change in our behavior. It is meant to remold our lives, from the inside out, from top to bottom. Effective preaching, therefore, must make the demand of the text both clear and compelling.

One of the most important factors in moving an audience emotionally is for them to see that the speaker himself is affected by what he is saying. Robert Dabney, in his classic book on preaching, Sacred Rhetoric wrote, "If you would make others feel, you must feel yourself...The heavenly flame must be kindled first in your own bosom, that by this law of sympathy it may radiate thence into the souls of your hearers." Dabney so valued this "principle of instinctive sympathy" that he called it the speaker's "right arm in the work of persuasion." However, he warned that the preacher's emotions must be genuine and not excessive. Nevertheless, the audience must recognize that what he says has gripped his heart if he expects it to grip theirs.

B. 설교는 가슴 깊은 곳까지 움직일 수 있어야 한다.

K-5 앞에서 언급한 것처럼 설교의 핵심은 정확하게 깨끗이 전달하는 것이 중요하다. 그러나 더 효과적이고 더 절실한 것이 있다. 듣는 사람들에게 가슴에 큰 느낌의 요동이 있어야 된다는 것이다. 모든 사람이 성경의 깊

은 진실을 쉽게 이해할 수 없으므로, 설교를 통해 갖고 있는 믿음의 교훈을 더더욱 도전받게 하고 그들의 행동의 가치가 바뀌어 신속히 삶의 변화를 갖고 싶은 마음이 중심으로부터 우러날 수 있도록 독려해야 된다는 것이다.

설교를 통해 듣는 사람으로 하여금 마음의 감동을 받아 움직이게 하려면 반드시 자신의 체험했던 일도 중요하지만, 아주 중요한 점은 설교자 자신이 어떤 경험을 통해서 어떤 영향을 받았는지 설교자의 경험적인 증거가 잘 표현되어야 된다. 로버트 대니는 "책을 통해… 다른 사람을 느끼게 하려면 당신(너) 자신이 느껴야 한다" 라고 했다. 더욱 설교자는 솔직, 진실해야 하며, 자신의 체험에 대하여 너무 많이 늘어놔도 안 되고 내 삶의 변화를 통해 그들로 변화를 받을 수 있는 감동과 일치되어야 한다는 것이다. 더불어 주의할 것은 좋은 매너와 좋은 단어 사용, 재미있는 말도 좋지만 겉으로 웃음을 제공하는 것에 치우치면, 감동이 될 수 없고 불필요한 설교가 되고 마는 것이다.

E-6 Furthermore, people will respond on an emotional level to preaching that touches some need in their lives. If they find the preacher's vocabulary is rich, his manner appealing, and his stories interesting, they may be entertained, but they are not likely to do anything with what they hear until they recognize its relevance to their lives.

While good preaching meets a congregation's felt needs, they should not set the agenda for the pulpit. The preacher who always tries to spot needs and search for texts to address them can hardly avoid unbalanced preaching. Usually, the more disfunetional members of the congrega- tion more openly express their needs. Consequently, the preacher who listens to the complaints of his congregation in order to decide the subject of next Sunday's sermon risks missing the needs of the less complaining, and probably more mature, members of the congregation. It's a matter of "the squeaky wheel getting the oil."

K-6 설교는 미리 정해놓고 마음에도 없는 각본처럼 말하는 것은 금물이다. 왜냐하면 교인들은 두 종류로 분류된다. 이런 것이 필요하고 저런 것도 필요하다고 말을 많이 하는 성도와 그저 아무 말하지 않고 묵묵히 지내

는 성도가 있다. 그들 중 만일 한쪽의 요구나 불평을 받아들여 그들 위주로 교회 일을 처리한다면, 반대로 그렇지 않은 성도의 참 필요를 외면하는 결과를 가져올 수 있어 크게 실수하게 될 우려가 있다.

E-7 The better method is to preach consecutively through books or major sections of Scripture, seeking with each text to discern the need which precipitated the writing of that text in the first place, and then discerning where that same need arises today. The human condition has not changed, nor has God's solution. The problems with which we grapple today may present themselves in new shapes, but essentially they are the same issues with which men and women have always struggled.

Preaching which stimulates the imagination also helps Scriptural truth impact listeners. The preacher should not be content with merely telling people about the Bible; he must seek to recreate it, to bring it to life in this time, for these people. To know that Abraham struggled with faith is not enough; people must be led to take fresh steps in their own walks. To hear that Isaiah had an overpowering vision of God is not enough; a congregation must be overwhelmed themselves by the sovereign majesty and holiness of Jehovah. To learn about repentance is not enough; they must be led to repent.

Effective illustrations can also play an important part in Stimulation the imagination. We often think of illustrations as devices used to clarify the truth, but that is only one of their functions, and probably not the most significant. More importantly, illustrations can stir the emotions. By telling how the truth under consideration worked in a specific instance, people can identify with the subject of the example and thus imagine what that same truth might be like in their own experience.

K-7 보다 효과적인 설교를 원하는 더 좋은 방법으로 꾸준하게 책을 보는 것이 좋다. 또 중요한 항목만 골라 독서하는 방법도 있다. 사실 구약의 하나님이나 신약의 하나님, 그리고 현재의 하나님의 해답은 변하지 않는다. 다만, 인간이 바뀌기 때문에 문제가 발생한다. 물론 삶의 방법과 시기가 다르니 그것을 잘 소화하여 적응해야 함은 물론이다.

나아가서 효과적인 방법으로는 듣는 자들이 자신의 그리스도인으로서 이미지를 선하게 만들도록 하는 것이다. 꼭, 이미 성경에서 요구하는 사실만을 말하지 말고 오늘날 현실에 맞는 새로운 삶에 적용되는 올바른 그리스도인의 이미지를 말하는 것이다. 예를 들어 아브라함을 이야기 하면서 그의 믿음만 강조할 것이 아니라 아브라함의 순종을 말하는 것이다. 우리도 아브라함처럼 그런 순종적인 다양한 예를 자연스럽게 교훈으로 권면하는 것이다. 이사야 선지자를 말할 때, 예언에 대한 무서운 꿈만 이야기하지 말고 우리도 하나님이 주시는 꿈을 통해서 우리의 삶을 믿음으로 제시할 수 있다는 소망감을 표현하는 것이 중요하다. 즉, 설교를 통해서 성경 안에 인물과 그들의 삶과 나의 삶을 잘 접목시킬 수 있도록 하는 그것을 말하고 싶다.

E-8 Similes and metaphors can also stimulate the imagination. for example, consider the matter of defining sin. The Westminster Shorter Catechism definition- "any transgression of or want of conformity unto the law of God"- is adequate as a theological construct, but it is aimed at the cognitive dimension, not the feeling level. Contrast that definition with the images Scripture uses-being a sinner is like: becoming a prostitute when one is married, rebelling against a father's love and leaving home, wandering into danger like stupid sheep, being turned away from a party for not being properly dressed, being blind or crippled or deaf or diseased, outrunning a bear only to be bitten by a snake in the supposed safety of one's own home. These figures do more than help us understand what sin is they help us feel something of its consequences.

K-8 설교 시, 예증을 들어 주는 것도 아주 좋은 방법이다. 설교를 전개하면서 우리 삶에 관계된 예를 들어 성경 속에서의 사실적인 인물과 자연스럽게 비교될 수 있도록 하는 것이다. 다음 사항을 논하면, 하나는, 죄진 자의 삶은 이럴 수밖에 없다. 그러나 창녀의 예를 말하는 것은 죄는 반드시 용서받을 수 있다는 것이다. 또 아버지와 다투어 자신에게 불행이 왔을 때, 다시 죄를 회개하고 돌아오면 된다는 것이다. 나머지는 말 안 듣고 위험한 일을 계속할 때, 죄의 구렁텅이 속에 허덕이면서 계속 죄 속에 살면 벌을 받고 부끄러운 구원도 받으나 육신의 부모나 하나님은 용서하신다는

성경적인 사실의 예를 잘 연결하여 청중에게 이해되도록 정리를 해줘야
하는 것이다.

C. Sermon Should Press the Truth Upon the Will.

E-9 A sermon not only must make the truth clear and help the listener feel its claim, but it also must press that claim upon the hearer's will.

For whatever reasons, some preachers seem reticent to appeal directly to the will of their hearers. Scripture, however, knows nothing of such relicence. In the Gospel, "God commands all men everywhere to repent" (Asts 17 : 30). The apostle Paul recognized that those who proclaim the Word of God are, in a real sense, the mouthpieces of God, so that when they preach the Word it is as though "God were entreating through us; we beg you on behalf of Christ, be reconciled to God" (2 Corinthians 5 : 20). Preaching that is truly biblical, then, must appeal to the will. It must command, appeal, and plead, as the Apostles did. It must reprove, rebuke, and exhort, as Paul instructed Timothy to do(1 Timothy 4: 2).

C. 설교는 진실을 강하게 밀고 나가야 한다.

K-9 어느 설교자들이나 듣는 회중들의 싫어하는 것이면서도 꼭 해야 할 강조
사항이라면 회개 등이다.

설교자들은 이런 것을 회피하려는 경향이 많다. 그러나 성경은 절대로 진
실을 말해야 된다고 되어 있다(행 17:30). 보면서도 깨닫지 못하던 시대는
허물치 않았으나 이제는 어디든지 명하사 회개하라고 하셨다는 것이다.
설교자는 사실 하나님의 대언자로서 하나님의 입과 다름이 없다. 바울이
설교자를 예수 그리스도의 대변자라고 했다(고후 5:20). "하나님이 우리
로 너희를 권면함같이 우리가 그리스도의 사신이 되어 대신 간구하노라
하나님과 화목하라". 설교자로서 듣기 싫은 소리를 못하는 설교자는 진
리를 기피하는 자와 같다. 바울이 디모데에게 "자기 양심이 화인을 맞아
서 외식함으로 거짓말하는 자"(딤전 4:2) 라고 한 것처럼, 성령을 거스르
는 설교자가 되고 마는 것이다.

D. Sermon's Final Goal.

E-10 The ultimate purpose of all preaching is to lead the listener to a whole encounter with the truth of God. His mind should understand the truth, his heart should be stirred to feel the claim of that truth, and his will should be moved to respond to that truth.

This whole-person encounter with the truth of God is, finally, the means to a further end-an encounter with the God of truth Himself. Preaching must enable listeners to hear the voice of God saying to them today what He said to the first listeners and to experience Him doing in them what He originally sought to do in the text. In short, the preacher should seek to make every sermon the occasion for listeners to have dealings with God.

Ultimately, of course, the effectiveness of preaching is the work of the Spirit The most expertly crafted and powerfully delivered sermon imaginable will accomplish nothing if He does not act to persuade and enable the hearer to respond to the truth. But at the same time, we must also remember that the Spirit does not act in a vacuum. Ordinarily He uses means, and preaching which employs all the rhetorical devices within the preacher's ability is one of those means.

When the Spirit in His sovereignty works with the Word in the heart of a listener, God's Word begins to change people. Attitudes, values, beliefs, and behavior are transformed, so that person either steps out of darkness into light, becoming a child of God and a citizen in His kingdom, or, as a believer, moves another step along the path of sanctification. That, by God's grace, is what a sermon really ought to do.

D. 마지막으로, 설교의 궁극적인 목적이다.

K-10 청중들로 하여금 설교를 통해서 하나님의 말씀의 진리를 이해하고 그 설교를 듣고 마음을 움직여 감동적으로, 능동적으로 받아들여 충분한 반응을 보여서 결국은 하나님 앞으로 이르게 하는 것이다. 설교는 나가

야 할 길을 알아서 하나님께 더 가까이 나아가게 하며 하나님과 가까워지도록 하는 것이다. 또 청중들이 하나님의 음성을 직접 듣는 것처럼… 체험적(오감을 통한 - 역주)으로 느낄 수 있어야 한다는 것이다.

마지막으로 효과적인 설교는 당연히 성령의 영감적이어야 한다. 아무리 멋있는 문장과 강한 힘이 나타나고 전달이 훌륭해도 성령의 움직임이 아니면 듣는 자로 하여금 그 어떤 반응이나 열매를 기대할 수 없다. 그러나 성령은 진공처럼 행동하지 않는다는 것을 꼭 기억해야 된다. 성령은 오직 말씀을 통해서만이 우리의 마음, 행동, 언어, 내게 가장 소중히 느껴진 것들까지 하나님 중심으로 바뀌기 시작한다는 것이다. 바로 그 성령의 말씀을 듣고 나서 - 어둠 속에서 박차고 나가 빛으로 - 하나님의 자녀가 되고, 성화의 길로 나아감으로 하나님 왕국의 시민이 되는 것이다. 설교를 어떻게 할 것인가? - What Should a Sermon Do? 성령의 말씀으로, 진리를 통하여, 듣는 자마다 하나님 은혜의 보좌 앞에 직접 나아가게 해야 한다.

II
John Calvin : God-Centric Theologian
President Sung Koo Chung(The Institute for Calvinistic Studies in Korea)
존 칼빈 : 하나님 중심의 신학자
정성구(한국칼빈주의연구원 원장)

1. 칼빈은 두말할 필요 없이 신학자이다.

특이하게도 그는 '개혁주의 신학 사상'을 지닌 신학자이다. 그런데 칼빈은 어디에서도 오늘날과 같은 정규 신학교에서 공부한 일이 없다. 당시 모든 신학교란 수도원에서 신부가 되기 위한 기관이었고, 거기서 만이 정규 신학 공부를 할 수 있었다. 그러나 당시는 개신교 신학교가 어디에도 없었다.

칼빈은 인문주의 공부와 법학을 전공하다가 성경과 교부신학에 심취했다. 그리고 당시의 앞선 선배들의 신학서를 탐독하고 또한 그의 동지들의 신학서를 통독하여 회심하고 독자적인 개혁주의 신학을 확립했다. 그래서 그는 불후의 명작이요, 신학의 대전인 「기독교 강요」를 저술하고 개혁신학의 기초를 놓았다. 그 후 제네바교회의 담임목사가 되고, 제네바학술원의 창설자겸 교수가 되었다.

1. Calvin unquestionable is a Theologian.

Unusually, He is a Theologian who has a thought of reformed theology. But Calvin didn't study at a official theological seminary. He received a formal education at a monastery to become a priest. At that time there was no protestant theological seminars.

As Calvin was studying humanism and jurisprudence. He had admiration for the patristic theology and indulged in reading the book on divinity of his predecessors, Also he converted the book of divinity of his comrades and established a reformed theology. He produced 「Institute of The Christian Religion」. Then he became a Senior Pastor of the Geneva Church and he became a founder and a professor of the Geneva Academy.

각주 [배수영 교수 by Translation, English]
안양대학교신학대학원 동문회지 4호: 「사려깊은 생각 당당한 외침」에서 발췌한 에세이 형식의 한글 원고를 저자의 허락을 받아서 본서의 필자가 영역을 했다.

2. 칼빈신학의 핵심은 「기독교 강요」에서 찾을 수가 있다.

또 그에 못지않게 그의 신학을 간결하게 요점적으로 정리한 것은 1537년 제네바교회를 위하여 쓴 신앙 안내 및 신앙 고백이다. 이것은 또한 1536년 출판된 「기독교 강요」 초판본의 요약이기도 하다. 칼빈은 일생 동안 초지일관하여 신학의 변화가 없었다. 끊임없이 「기독교 강요」를 보완하고 보충했지만 최초의 사상에는 아무런 변화가 없었다.

2. You can Find the Work of Calvin in 「Institute of the Christian Religion」.

His organization of his theology is due to the guidance and confession of his faith for the Geneva church of 1537. This is the first summary of the book Christianity Outline published in 1536. Calvin never changed his original intention of divinity. He kept on including and supplying the summaries of christianity but didn't change.

3. 개혁신학의 조직자 칼빈

칼빈의 신학 체계는 어디서 왔으며 그의 신학의 핵심은 무엇인가? 칼빈의 신학 사상의 핵심적 출발은 하나님 사상이다. 달리 말하면 하나님 중심 사상이라고 해도 좋다. 칼빈의 사상의 핵심은 만유와 만사가 하나님에게서 나오고 하나님으로 말미암고 하나님께 돌아간다는 것이다.

그런데 이런 칼빈의 사상은 칼빈 자신의 사상 체계가 아니고 그것은 성경의 핵심이다. 신구약 66권의 성경의 핵심은 하나님만이 창조주이시고, 구속주이시며, 심판주가 되신다. 그래서 우리 인간은 하나님 앞에 설 때, 비로소 자기의 죄와 연약성을 볼 수 있으며, 자기 자신의 더러움과 한계를 볼 수 있다는 것이다. 하나님의 주권은 영원에서 영원까지 이를 뿐만 아니라 모든 인생과 역사의 구체적인 현장에까지 미친다는 것이다. 그 역사의 한 가운데 주 예수 그리스도가 계신다는 것이다.

3. Calvin, the Organizer of the Reformed Theology.

Where did Calvin's organization of theology come from? What is his point of theology?

Start of John Calvin's theology is the thought of God. In other words it is God-Centric Thought. Calvin's point is the whole of creation and all things come from God and goes back to God.

But it isn't the ideology and organization of Calvin himself but the point

of the bible.
God the only creator, redeemer, and the judge.
That is why we see sin, weakness, and dirtiness, limited when people stand and see God.
God's sovereignty is forever and God's territory to us throughout the circumstances of all human and history. Jesus Christ is with us within of the history in cosmos.

4. 그래서 하나님의 주권적 의지는 이 세상에 존재하는 모든 만물의 근거가 될 뿐 아니라, 하나님께 영광과 존귀와 찬송을 드리는 것이 만물의 존재 목적이다. 그러므로 모든 인간은 오직 하나님의 영광과 주권을 위해 살아가야 한다. 이는 사도 바울이 말한대로 "이는 만물이 주에게서 나오고 주로 말미암고 주에게로 돌아감이라. 영광이 그에게 세세토록 있으리로다. 아멘"(로마서 11:36)의 고백과 완전 일치한다.

그래서 칼빈은 이 세상이 타락하고 하나님을 떠난 부패한 세상임에도 불구하고 그리스도인들은 오히려 죄와 세상을 정복해야 할 소명을 가지고 있다고 설파했다. 왜냐하면 이 세상은 하나님의 영광을 드러내기 위한 극장으로 이해하였다. 그러므로 하나님은 이 우주 안에 있는 모든 선한 것의 유일한 근원이시다. 그래서 우리 인생들은 하나님께만 영광을 돌리고 순종의 삶을 살아야 한다. 하나님께서 영광을 받으시고 존귀를 받으시도록 모든 통치자는 전심전력으로 하나님께 드려져야만 한다.

4. It is not just the will of God's sovereignty but also the goal of glorifying and praising God. Therefore we must live for God's glory and sovereignty. Apostle Paul said "For from him and through him and to him are all things. To him be the glory forever! Amen"(Romans 11:36). So Calvin expresses that christians can overcome the corruption of the world. This is because the world is understood as a place to show God's glory. God is the originator of all existence in this world. Therefore we must live a life to glorify and obey God. Even rulers must devote all of it's energy glorifying to God.

5. 어떤 이는 말하길 칼빈신학과 칼빈주의 사상은 다르다고 한다. 그러나 사실 칼빈의 모든 신학 체계나 교리들은 그 중심에 언제나 하나님 사상 또는 하나님 중심 사상에 근거하고 있다. 하지만 무엇보다 중요한 것은 이런 하나님 중

심의 신학과 삶은 우리의 구체적인 삶의 영역에 적용되어야 한다. 칼빈신학의 어떤 체계도 하나님 사상과 연결되지 않는 것이 없다.

인간이 하나님 앞에 설 때에야 비로소 인간의 전적 타락과 부패를 고백하게 되고, 인간의 깊은 죄성을 깨달을 때에야 비로소 하나님의 무조건적 선택으로 오는 그 크신 사랑과 경륜을 자연스럽게 깨닫게 된다. 하나님 중심의 신학과 신앙의 눈으로 보면 이 지구상에 모든 인생이 하나도 빠짐없이 구원 받는 것은 아니라는 사실을 알게 된다.

그런 까닭에 천에 하나 만에 하나 우리를 특별히 뽑아 구속의 은혜를 베풀어 주신 것을 생각할 때, 찬양하지 않을 수 없다. 하나님 중심의 관점에서 볼 때, 하나님의 예정과 선택은 너무나도 벅찬 감격으로 달아오른다.

5. Others say there is a difference between Calvin's theology and Calvinism thought. But Calvin's organization of divinity is centered towards God's thoughts. The importance of this is that we must apply this God centered thoughts in our lives. It is connected from God's center thoughts and Calvin's theological organization.

It's when people stand before God, total depravity of man and corruption are confessed and sins are realized, there is realization of Unconditional Election of God the administration of God's grace. From the vision of faith and God's centric theology, not everyone can find salvation.

We are chosen through the faith and God's grace and we praise. From the perspective of God centered vision it is a strong feeling to see God's predestation and election.

6. 또한 하나님께서 우리를 택한 것은 우리의 어떤 의를 보시고 한 것이 아니었다. 하나님의 은혜와 축복을 받을만한 아무런 공로가 없어도 예수 그리스도의 십자가의 보혈로 구원해 주셨다. 그래서 우리는 하나님의 은혜를 안 받으려고 아무리 도망 다녀도 당신의 '택한자' - 선택 받은 자는 기어코 구원해 주신다. 이런 것은 항거할 수 없는 은혜이다. 무엇보다 하나님은 당신의 택한 백성에 대해서 끝까지 책임을 지시며 성화의 과정을 거쳐 구원의 영화에 이르도록 한다는 것이다. 이런 것을 우리는 성도의 궁극적 구원이라고 말한다.

6. God doesn't choose based on our righteousness. Salvation is through Jesus Christ who died on with blood the cross. You will find

salvation as the chosen people and this is the grace of God you cannot resist. God takes care of the chosen people through sanctification to glorification of salvation. This is what we call the ultimate salvation of saint.

7. 칼빈은 "만물이 주에게서 나오고 주로 말미암고 주에게로 돌아가는" 신학을 만들었다.

칼빈의 신학 또는 칼빈주의 신학과 칼빈주의 세계관은 하나님을 중심한 신학 체계이므로 하나님의 은혜를 깨달은 사람은 가슴을 뛰게 하고 감격하게 하며 찬양하게 하는 확신의 신학이라고 할 수 있다. 이처럼 칼빈의 신학은 하나님 중심의 신학이다. 하나님은 현상 세계를 초월해 계실 뿐만 아니라 존귀와 위엄 권세로 세계와 인류를 다스리신다. 뿐만 아니라 그분의 율법과 그분의 엄위하신 주권으로 이 세상을 다스리시며 섭리하신다.

또한 칼빈의 가슴 중심에는 하나님을 알아야 인간을 알 수 있다는 확고한 신념이 자리 잡고 있었다. 그는 하나님을 아는 것만이 인간의 삶의 목적에 도달하는 유일한 길임을 말했다.

7. Calvin theology "From him and through him and to him are all things."

Calvin's theology and Calvinism theology and worldview is the organization which focus on God and it is the theology of conviction which is the realization of God's grace.

Calvin's theology is God-Centric Theology. God will rule the world and humanity with powerful influence. Also with laws and sovereignty God will rule the world.

Calvin's focus is to find out about God to know about people. He expresses that getting to know God is the goal in the lives of people.

8. 칼빈의 신학은 하나님 중심의 신학이다.

바로 이러한 하나님 중심의 신학 체계는 인간의 머리로 상상하거나 철학적 판단으로 결코 세울 수가 없다. 오직 살아 계신 하나님의 말씀인 성경을 통해서만 가능하다. 칼빈은 말하기를 하나님은 인간의 마음에 종교의 씨앗을 심어 주시고 하나님 지식을 심어 주셨기에 오직 인간이 하나님을 찾을 때만 참된 평안이 있다고 했다.

8. Calvin's Theology is God-Centric Theology.

God-Centric Theology is not set by imagination or philosophical interpretation. It is only possible through the words of the bible. Calvins said, God has planted the seed of religion and knowledge of God for the people. Only when people toward God there is peacefulness and comfort.

III
Holiness and Rebuke Have Faded within the Korean Church
President Myung Hyuk Kim(The Evangelism Association of Korea)
책망과 거룩함이 사라진 한국교회
김명혁(한국복음주의연합회 회장)

A. 여전히 우리들의 거룩함을 요구하시는 하나님께서 우리 한국교회가 진실로 세속성을 벗어나서 주의 보좌로 나아갈 길을 찾기를 원하신다.[1] 회개는 피조물인 인간이 창조주이신 하나님 앞에 지니고 설 수 있는 가장 기본적인 마음과 영혼의 자세이다. 회개는 창조주 앞에선 피조물의 진솔함이고, 낮아짐이고 비움의 자세이다. 회개는 창조주이신 하나님께서 피조물인 인간을 받아서 품고 기뻐할 수 있는 근거가 되는 보석이다. 하나님께서 구하시고 찾으시며 기뻐하시는 보석이다.

A. God demands our' holiness and so, Korean Church to be moving in the Lord's throne than being get out of from secularity. Repentance is a necessary characteristic we all must posses in order to stand in front of God. Repentance is what pleases our God.

B. 하나님께서 다윗이 회개할 때, 기뻐하시며 축복하셨고 베드로와 사울이 회개했을 때, 기뻐하시며 그들을 사용하셨다. 한국교회가 하나님의 은혜와 사랑과 축복을 받은 배후에는 길선주 목사님, 주기철 목사님, 이성봉 목사님, 김치선 목사님 등의 처절한 참회와 진솔한 회개의 기도들이 있었다. "나는 아간과 같은 죄인입니다." "나는 하나님께서 차지하실 자리를 도적질 했습니다." 회개는 살아있는 신앙의 현주소이고 종착지이다. 어거스틴과 프랜시스와 칼빈 등이 그 여정을 걸었다. 회개가 그리워지고 참회가 보고 싶어지는 시대이다.[2]

B. When David asked for forgiveness for his sins God blessed him. When Peter and Saul prayed for forgiveness God was pleased and used them for his cause. Pastor Ghil, Pastor Choo, Pastor Lee, and

각주 [배수영 교수 by Translation, English]
안양대학교신학대학원 동문회지 3호: 「사려깊은 생각 당당한 외침」에서 발췌한 에세이 형식의 한글 원고를 저자의 허락을 받아서 본서의 필자가 영역을 했다.

Pastor Kim all have prayed honestly and in their sorrowful confession they have said, 'I am the same sinner as Achan.' 'I tried to steal God's rightful place'. Repentance is a living proof of faith from the beginning to the end. St. Augustine, St. Francis, and Calvin took the same journey. They desired to see repentance from the people of the church.

C. 나는 지난 4월 29일 백석대학교의 초청을 받아 봄학기 학술대회 낮 강좌를 마친 후, 저녁 강좌를 기다리면서 잠시 쉬는 동안 옥성호 집사가 쓴 「심리학에 물든 부족한 기독교」와 「마케팅에 물든 부족한 기독교」를 훑어보면서 혼자서 유쾌한 미소를 지었다. 그는 조만간 「엔터테인먼트에 물든 부족한 기독교」란 제목의 책을 쓸 계획이라고 밝혔다.
옥성호 집사는 오늘의 미국교회와 한국교회가 하나님 중심적인 복음 대신 인간 중심적인 심리학과 마케팅과 엔터테인먼트에 물들어있다고 바로 지적했다.

C. On April 29th, I went to a Spring Theological Seminar by invitation to Baek Suk University. After the seminar, while I was waiting, I read a books written by Mr. Oak and they were titled, 「Psychology of Christianity」 and 「Marketing of Christianity」 and it put a smile on my face. He claimed the next article will be titled the 「Entertainment of Christianity」.
He points out that American Church and Korean Church are more focused on psychology, marketing, and entertainment values.

D. 최근에 옥한흠 목사가 보여준 자기 자신과 한국교회에 대한 진솔한 자기 성찰의 모습에 깊은 공감과 존경을 표하고 있다. 나는 최근에 한국교회의 '부끄러운 모습'을 바라보면서도 한국교회에 대한 부정적인 평가를 하는 것을 의식적으로 삼가곤 했었다. 하지만 옥성호 집사의 용기를 보고서 나도 용기를 내어 한국교회의 '부족한' 또는 '부끄러운' 모습을 지적하려고 한다.

D. Just as pastor Oak revealed his thoughts to us, He has expressed sympathy and respect about the sincerity and self-examination of Korean Church. I am trying to reveal the 'embarrassing side' of Korean Church.

E. 사실 나는 오래 전에 빈센트 필 박사가 인간 중심적인 자기 확신의 심리학과 정신치료법에 물들어 있음을 지적했다. 로버트 슐러 목사가 인간 중심적인 적극적인 사고와 환상, 그리고 쇼핑센터의 기업 원리에 물들어 있음을 지적한 일이 있었다. 그런데 늦게나마 옥성호 집사가 현대교회가 하나님 중심 대신 인간 중심적 사고와 유행에 물들었음을 지적하는 것을 보고 유쾌한 미소를 지을 수밖에 없었다.

E. Some time ago, I pointed out that Dr. Norman Vincent Peale human self-conviction is affected by psychology and mind-fixing means. Pastor Robert Schuller said human focus is more on achieving our dreams and fantasy which is compared to how we take mindless trips to a shopping mall. Lately, Mr. Oak's books church in present days are centered more around people's interest than that of God.

F. **첫째, 한국교회는 지금 각종 음악 및 율동 프로그램에 사로잡혀 있다.**

한국교회의 예배는 어느덧 감정을 자극하고 흥분시키는 각종 음악 및 율동 프로그램에 사로잡혀 있다. 여러 가지 악기들을 사용하며 각종 음악 및 율동 프로그램을 주도하는 사람들은 음악 및 율동적인 소양을 지닌 젊은이들이다. 저들은 음악 및 율동을 하면서 감동적인 언어와 모습을 나타내 보인다. 감동적인 음악과 율동 또는 통성기도가 반복되다가 예배로 이어진다. 언제부터 예배가 시작되었는지 모른다.

이와 같은 음악 및 율동 프로그램에 사로잡힌 예배의 현상을 대표적인 부흥사인 최복규 목사[4]도 못마땅하게 여기면서 오늘의 예배와 설교에는 십자가도 회개도 성결도 찾아볼 수 없게 되었다고 지난 4월 28일 지적한 일이 있다. 자리를 함께했던 합신 교단의 존경을 받는 목회자인 김기영 목사도 이와 같은 현상을 못마땅하게 여기면서 모 교회가 이와 같은 현상의 주범이란 말까지 서슴없이 했다. 음악과 율동이 반드시 나쁜 것은 아니다. 그러나 영성보다 감성에 치우치면 매우 위험하다.

그래서 중세교회는 물론 일부 개혁교회들은 감정을 흥분시키는 음악과 악기를 자제하기도 했다. 그런데 오늘날 한국교회는 더 많이 자극하고 더 많이 흥분시키기 위해서 각종 음악 및 율동 프로그램을 개발하는 중이다. 감정적인 흥분을 성령충만으로 착각하게 되었다. 서글프고 불행한 일이다.

F. **First, Korean Church overly concentrate on variety of music and dance programs.**

Korean worship services spend too much effort in trying to excite church goers through variety of music and dance programs. It's usually the young adults who ead the music and dance sessions before the actual service begins. It's hard realize when the worship service actually starts due to repetitive transitions of music and prayer.

Even representative Pastor Choi, feels that in today's worship service and sermon lack repentance and holiness. Respected Pastor, Kim also suggest that Korean Church's focus is on the wrong place. I don't mean to say music and dance programs are bad, but it is dangerous to spend our energy in getting deeply emotional instead of being more spiritual.

So, this is why the medieval church and Reformed Churches have less exciting music and dance programs, but many Korean Church are getting worse. It is a mistake to think that excitement filled with the Holy Spirit.

G. 둘째, 한국교회는 유명한 목회자의 유명 카리스마에 사로잡혀 있다.

목회자의 진실한 삶보다는 목회자가 각종 두드러진 유명 카리스마를 지니면 그것으로 족하게 되었다. 그것이 설교의 카리스마이든지 방언의 카리스마이든지 치유의 카리스마이든지 뒤집어짐의 카리스마이든지 코미디의 카리스마이든지 정치력의 카리스마이든지 경제력의 카리스마이든지 반공의 카리스마이든지 상관이 없다. 수천 수만 명의 청중들을 사로잡기만 하면 된다. 카리스마가 강하면 강할수록 사람들은 몰려든다.

나는 「교회성장」지 12월호에서 원고를 기고하면서 이런 말까지 했다. "지금 일부 한국교회는 바른 삶보다는 흥분과 기현상을 나타내 보이고 그것들을 추구하게 만들고 사람들을 끌어 모은다. 진실한 삶보다는 약간 무당적이고, 약간 귀신적이고 약간 이단적인 요소들을 나타내 보여야 사람들이 몰려오는 것 같다."

G. Second, Korean Church prefer popular charisma from a pastor.

Pastor's popular charisma is considered more important. Pastor's popular charisma is considered more important. Pastor's style, sermon, sense of humor, political power, and economic power are considered more important than pastor's faith leading life. If pastor has all these qualities, then more people will gather to church. So I writed for Korean Church magazine Dec. The Growing of the Church.

H. 문선명 집단이나 김기동 집단에만 사람들이 몰려오는 것은 아니다. 유명 카리스마가 강하면 강할수록 약간 무당적이고, 약간 귀신적이고 약간 이단 적일수록 사람들은 몰려온다. 지금 한국교회는 유명한 목회자의 유명 카리 스마에 사로잡혀 있다. 그래서 이동원 목사님은 최근에 수많은 젊은 목회 자들이 설교 세미나와 능력전도 세미나에 몰려드는 것은 유명한 목회자, 성공한 목회자, 많은 사람들을 끌어 모으는 목회자가 되려는 야심 때문이 라고 바로 지적했다. 서글프고 불행한 일이다.

H. It's not the gathering of Moon, Sun-Myeung congregation or Kim, Ki-Dong congregation, If it's a bit shamanistic, ghostly, and heretic then people will gather. Pastor Lee states the reason why all the aspiring pastors go to these training seminar is to learn to be charismatic so that they can attract as many people as possible. This is an unfortunate situation.

I. 셋째, 한국교회는 지금 아부성 발언과 몸짓에 사로잡혀 있다.

목회자들은 되도록 많은 사람들을 불러 모으기 위해서 죄와 허물을 지적하 는 책망을 좀처럼 하지 않는다. 모든 것을 눈감아주는 아부성 발언과 몸짓 에 사로잡혀 있는 것 같다. 사실 죄를 지적하면 안 된다는 조언을 이미 오래 전에 로버트 슐러 목사가 해 왔다.

결국 오늘의 한국교회는 그 조언에 따라 죄에 대한 설교는 교회 강단에서 설교 시에 가능하면 하지 않게 되었다. 성도들이 들어서 기분 좋은 위로와 축복만 강조하게 되었다. 어느 유명한 목회자는 이런 말까지 했다. "교회의 신자들이 줄어들지 않게 하기 위해서는 교회의 중직자들이 주일을 범하고, 주일에 다른 곳에 가서 딴 짓을 해도 모른 척해야 합니다."

I. **Third, Korean Church consists too much of flattery speaking and performance.**

Korean Church is more focused on flattery speaking and performance to attract more people instead of helping people pray for their sin and overcome their weakness through christ. Pastor Robert Schuller spoke of similar things in the past, instead of sin, he encouraged more about blessing. One famous pastor even said that because of the fear of losing church members, sometime we must ignore their wrongdoing.

J. **결국, 한국교회는 신자들이 회개와 헌신의 기본 신앙을 지니지 못해도 된다.** 출석만 잘 하고, 헌금만 잘 하면 신앙이 있는 것처럼 추켜 세워주게 되었다. 결국 목회자는 속이고, 신자는 스스로 속아 넘어가게 되었다. 그렇게 하는 것이 '은혜로운' 목회라고 피차 착각을 하게 되었다. 내가 보기에는 아무 아무개가 분명히 신앙이 없었다. 그런데 어느 교회에서는 신앙이 있는 것으로 평가 받고 있다. 결국 교회는 종교적이면서도 인간적인 사교의 장소로 바뀌어 갔다. 피차 격려하고 추켜세우는 아첨으로 가득하게 되었다. 교회는 누구나 가면 기분 좋은 곳이 되어가면서 하나님과 관계가 사라지게 되었다. 서글프고 불행한 일이다.

J. **In the end, Korean Church gave compliments as long as church goers give offerings and have good attendance.** Pastor who deceive and be deceived are considered a graceful person. Church member who apparently doesn't have deep faith are considered to be a faithful christian. Church became a place where people go to network, give compliments, and full of flattery speaking. Church became a happy place to visit for people to have relations, but no relations with God. This is a sad situation.

K. 한국교회에 소망이 있는가? 진솔한 자기 성찰이 있다면 소망은 있다. 목회자들이 먼저 자기를 책망하고 그리고 신자들을 눈물로 책망할 수만 있다면 소망은 있다. 목회자들이 가벼운 시대의 유행에 편승하는 대신 우리 신앙의 선배들이 물려준 고귀한 신앙과 삶을 진지하게 배우려고만 한다면 소망은 있다. 목회자들이 성공보다 성결을 추구할 수만 있다면 소망은 있다. 목회자들이 수단 방법을 가리지 않고 자기 교회의 부흥만 추구하는 대신, 약하고 작은 우리 형제 교회들을 돌아볼 수만 있다면 소망은 있다.

K. Is there hope for Korean Church? There is hope···. Pastors must frist confess of their wrongdoing followed by church members admit their wrongdoing. Instead of following the trend of other Church, we should follow the teachings of noble faith and life. If we center ourselves around holiness instead of success. We will have hope if we stop putting all the effort to gather more people in anyway possible, instead look back at the smaller and weaker our brother churches.

L. 죄를 무섭게 책망하며 울면서 회개를 촉구하던 이성봉 목사님[5]이나 김치선 목사님[6]의 설교가 그립다. 돈이나 명예나 정욕에 사로잡히는 대신 오직 십자가의 주님께 사로잡혀서 살던 우리 신앙의 선배들이 보고 싶다. 죄인들에 대한 증오나 정죄 대신 마귀새끼같은 안재선을 용서와 사랑으로 품은, 그래서 그와 그의 자녀들을 마귀의 자녀들로부터 하나님의 자녀들로 만든 손양원 목사님과 같은 신앙과 사랑의 선배들이 보고 싶다. 떠들지 않고 조용히 진실하게 삶으로, 그러나 감동적으로 설교하던 박윤선 목사님[7]과 한경직 목사님[8]이 보고 싶다. 깊고 넓은 역사의식을 가지고 나라와 민족을 사랑하며 꿋꿋하게 서서 아무에게도 타협하지 않고 나라와 민족의 갈 길을 제시하던 강원용 목사님[9]도 보고 싶다.
(총회교육부, 2008년을 위한 목회전략세미나 - "말씀으로 달라지겠습니다!" 나의 삶 나의 목회 설교, 김명혁: 참고)

L. I miss the style of Pastor Lee, Sung-Bong and Pastor Kim, Chi-Sun, how they preached seriousness of our sin and beg for forgiveness in tears. I miss the people who centered themselves around the cross of God instead of money and fame. I miss someone like Pastor Son, Yang-Won, who took his enemy's son as his own son. I miss seeing pastors like Pastor Park, Yun-Sun and Pastor Han, Kyung-Ghik who has quiet and sincere lives, but give moving sermons. I also miss Pastor Kang, Won-Yong who used to preach about the deep love of the country and people and what path is the right for all of us.

책망과 거룩함이 사라진 한국교회

1) 히브리서 4:16절 - "그러므로 우리가 긍휼하심을 받고, 때를 따라 돕는 은혜를 얻기 위하여, 은혜의 보좌 앞에 담대히 나아갈 것이니라."

2) 이 글은 한국복음주의협의회에서 "제가 잘못했습니다!" 라는 주제로 가진 발표회의 원고들을 회장을 맡고 있는 김명혁 목사의 주관으로 엮어진 강원용, 방지일, 김창인, 조용기, 이수영 목사 등 15인 이상의 회개서의 머리글에서 인용한 글이다.

3) 필자는 그의 부친, 옥한흠 목사님에게 전화를 걸었다. "목사님의 아들이 어쩌면 그렇게 멋진 글을 써서 한국교회에 유익한 책을 낼 수 있게 되었느냐?"고 물었다. 옥 목사님은 "김 목사님이 아들의 책을 좋게 평가하면 아들의 책은 좋은 책임에 틀림없다." 라고 했다. 나는 즉시, "내가 아들의 결혼 주례를 해 주었기 때문에 나에게서 어떤 기(氣)를 받은 것이 틀림없다." 라고 웃으면서 말해 주었다. 나의 말을 들은 옥한흠 목사님은 별로 싫어하는 기색을 보이지 않았다.

4) 최복규 목사는 중곡동에 위치한 '한국중앙교회'를 40여 년간 개척하여 세운 후 지금은 그 교회 원로목사로 있다. 언제나 생명이 붙어 있는 한 땅 끝까지 복음을 전하리라는 사명감에서 노구를 이끌고 복음의 열정에 불타오르고 있다.

5) 이성봉 목사: 나는 이성봉 목사님이 보고 싶어진다. 그분은 내가 중학생 때, 내가 홀로 월남하여 대구에서 피난생활을 하던 시절, 나의 감성과 지성과 의지 형성에 지대한 영향을 미친 분이었다. 이성봉 목사님의 부흥회에 빠지지 않고 참석하며 은혜의 말씀을 헐떡거리며 받아먹곤 했다. 그 당시 나는 그분이 하라는 대로 모든 것을 했다. 부흥회 마지막 날 새벽마다 안수기도를 받으며 좋은 목사가 되기를 소원하곤 했다. 이 목사님은 나를 알아보시며 칭찬하시곤 했는데 나는 지금 이성봉 목사님이 보고 싶다.

6) 김치선 목사: 나는 김치선 목사님이 보고 싶어진다. 그분은 내가 고등학생과 대학생 시절 나에게 깊은 신앙적인 감화를 끼치신 분이다. 선지자 예레미아처럼 새벽마다 울면서 회개하셨고, 새벽마다 '성령이여 강림하사' 찬송을 부르면서 성령의 은혜를 사모하시던 분이었다. 그분의 간절한 회개와 은혜의 사모가 어느덧 나의 회개와 은혜의 사모로 바뀌곤 했다. 그리고 나를 아들처럼 사랑과 격려로 대하시곤 했다. 영적으로 혼란하고 불순한 이 시대에 나는 순수하게 기도하며 간절하게 부흥을 사모하시던 김치선 목사님이 보고 싶다.

7) 박윤선 목사: 우선 박윤선 목사님이 보고 싶어진다. 가식과 꾸밈이 없는 분이었다. 어린아이와 같은 단순하고 소박한 미소를 지닌 분이었다. 그리고 나에게 특별한 믿음과 사랑과 애정을 나타내 보이신 분이었다. 다른 사람들에게는 이야

기 하지 말라고 하시면서 마음속에 있는 생각을 나에게 자주 말씀하시던 분이었다. 그분은 무엇보다 기도와 말씀과 하나님께 사로잡혀서 사신 분이었다. 나는 박 목사님이 세상에 계시던 마지막 한 주간 목사님을 매일 찾아뵈면서 마지막 모습을 지켜보았는데 나는 지금 박윤선 목사님이 보고 싶다.

8) 한경직 목사: 나는 한경직 목사님이 보고 싶어진다. 그분은 약하고 겸손하고 부드럽고 착하신 분이었다. 모두를 품고 모두를 아우르는 마음이 넓으신 분이었다. 한 목사님은 또한 정이 많으신 분이었다. 나는 특별한 인연으로 내가 한 살 때부터 한 목사님과 가까이 지내게 되었는데 내가 홀로 월남한 후, 한 목사님은 언제나 나의 손을 붙잡고 '아버지, 아버지' 하시며 나의 아버지를 부르시곤 했다. 양극화가 극심한 이 시대에 그리고 한국교회 안에 존경 받는 지도자가 많지 않은 이때 나는 한경직 목사님이 보고 싶다.

9) 강원용 목사: 나는 강원용 목사님이 보고 싶어진다. 그분은 폭넓은 역사의식과 민족의식을 가진 분이었고, 모두를 품고 아우르는 넓은 분이었다. 내가 그분의 진보적인 입장을 비판하곤 했는데 그분은 나를 받아들이곤 했다. 결국 나는 그분의 입장을 이해하게 되었고, 특히 그분의 마지막 복음적인 입장을 존경하게 되었다. 강 목사님은 부족한 나를 받아들이고 격려하고 사랑하셨다. 그분의 측근 한 분이 최근에 나에게 이런 말을 했다. "강 목사님이 김 목사님을 짝사랑했지요!" 아직도 양극화의 갈등을 경험하고 있는 이때 나는 강원용 목사님이 보고 싶다.

| 글을 마치며 |

이 책의 저자로서 이 글들의 작품을 최종적으로 스스로 해석하여 진술한다.
It's as the author's the book self-interprets the statement of work and finally.

고무풍선 같은 세상 가치 Like the Rubber Balloon World

시편 94:11절에서 다윗은, "여호와께서 사람의 생각이 허무함을 아시느니라"고 말했다. '허무함'은 '고무풍선'을 의미한다. 풍선에 바람이 충만하게 채워져 있을지라도, 그런 물리적 방법으로는 인간의 허무함을 달랠 길이 없다. 다만, 세상에서의 진정한 가치추구는 허무함을 더할 뿐이다. 그럼에도 불구하고 현대인들은 자기가치, 자존심, 자아실현이 행복한 생활을 하는 필수불가결한 요소임을 철저히 믿는다.
그러나 사람의 도움이나 지원(시 108:12), 죄인들이 닥친 환경에서 달음질하는 수고(마 6:31), 세상적 기준의 성공(눅 12:19, 20), 당연히 절대자의 도움을 받아야할 인간이 하나님의 섭리를 무시하는 것(약 4:13-16) 등은 헛된 일의 결국을 당하는 것이라고 성경은 힘주어 말한다.
이럴 때, 더욱 절실한 것은 무엇일까? 살아있는 생명의 말씀이다. 세상의 어떤 가치로도 인간의 허무를 채울 수 없기에 이 말씀으로 우리는 모든 것을 채워야 할 것이다. 그래서 본서는 주어진 사명을 다하리라고 다짐해 본다.

신성한 분기점 The Sacred Divided

십자가Cross는 완전히 헌신한 자와 안일한 신앙의 길을 걷는 자를 구별하는 신성한 분기점이다. 우리에게 그리스도가 최우선이 될 때, 전적으로 그리스도의 소망과 그리스도의 요구에 따라 그 명령에 순응하는 삶이 행해지고 세상적인 가치에 따라 좌지우지左之右之하는 형편없는 삶이 아니라 진정한 가치를 생산하는 진실한 그리스도인의 삶이 잉태되는 것이다. '영어와 한글의 이중-언어를 사용하여' - Bilingually English and Korean 저술된 「이중 언어 영한 설교집 시리즈」는 우리를 복음의 병기로 쓰임 받도록 훈련하는 도구가 될 줄 믿는다.

"주는 나의 목자!" The Lord is My Shepherd!

시편 23편의 시는 지상의 인간 언어로 쓰인 글 중에 가장 아름다운 '시'임에는 틀림이 없다. 또 가장 많은 사람들에게 애송愛誦되는 시詩이기도 하다. 뿐만 아니라, 하나님 백성의 신분이 될 수 있는 그리스도인들을 넘어서 일반인들에게까지 광범위한 사랑을 한 없이 받는 '고백적인 시confessional the poem' 이다.

왜일까? Why is It?
그 속에는 승리를 확신하는 기쁨이 넘쳐나고 있고 감사가 절절히 묻어나 평화를 선사presentation 하는 깊은 의미가 숨어있지 않은가?

그뿐인가? It that All?
인간 삶의 장엄하고도 풍요로움에 대한 묘사, 신적神的이면서도 경건한 신비로움이 절묘하게 조화되는 노래이기에 더욱 그렇다.

다윗은 읊조린다 David, He's Reciting
처절한 두려움과 배신, 절대절명의 위기 중에라도, 완전히 절망적 상황에서 한치의 틈새도 허락되지 않는 생生의 순간에서, 오직 하나님 그분만 신뢰함으로 궁극적인 승리를 쟁취한 인생 성공자, 다윗의 생생한 삶의 체험적 고백서이자, 피보다 진한 기록이다.

당신도 다윗처럼 You're Like David
생生의 한복판에서 말씀하시고 그와 동행하셨던 주님을 만나, 새로운 인생을 설계하며 성공적으로 생의 여정旅程을 결론짓고 싶지 않은가?

영어와 한글로 '이중-언어를 사용하여' - Bilingually 저술된 「이중-언어 영한 설교집」 시리즈는, 한국 그라운드를 초월하여 지구촌Global village 그라운드인 세계까지 힘껏 비상하게 될 줄 믿는 마음이 간절하다.

| 참고 문헌 | Bibliography |

1. THE GREEK NEW TESTAMENT-DICTIONARY, Third
   Edition (corrected), United Bible Societies, 1983,
2. Ancdor, Bible Dictionary; Vol. 3, "Habiru", New York;
   Doubleday, 1992.
3. Stanley J. Grenz and David Guretzki, Pocket Dictionary
   Theological Terms, Downers Grove, Illinois;I.V.P., 1999.
4. World Christian Encyclopedia, edt. David B. Barrett, Nairobi;
   Oxford University Press, 1982.
5. The New Dictionary, J. D. Douglas, Organizing edt., Downers
   Grove, Illinois;I.V.P., 1965.
6. Agape's Bible Dictionary, 서울: 아가페출판사, 1991.
7. News Week(Weekly Magazine in USA), Cover story, 1995, 3. 25.
8. Neil T. Anderson, Victory over The Darkness, Regal Books,
   CA:Ventura, 1990.
9. Bright,John, A History of Israel, Third Edition, Philadelphia;
   The Westminster Press, 1981.
10. Brueggemann,Walter, I & II Samuel, Louisville;John Knox Press,
    1990.
11. B. Pascal, Pensees, Fragment, Brunschving, 1954.
12. Ian G. Barbour, Technologe Environment and Human Values,
    New York;Paper Publishers, 1980.
13. Anthony C. Thiselton, The Two Horizons Exeter Uk Ex2 4JW;
    The Patemoster Press Ltd., 1982.
14. Cho, David J., China as a Route of Christianity to Korea and
    the Mission to China from the Beginning of Korean Church,
    Korea;East-West Center for Mission, 2000.
15. Cannon, William R., The Theology of John Wesley, New York;
    Abingdon, 1946.
16. Richard A. Fowler, Winning by Losing, Chicago;The Moody
    Bible Institute, 1986.

17. George W. Knight-Compiler, Howard Paris-Illustrator, Clip-Art Features for Church News- letters 3, Ch. 3, The Urgency of Witnessing, Grand Rapids, 1987.

18. Charles H. Kraft, Deep Wounds Deep Healing - 깊은 상처를 치유하시는 하나님, 서울: 도서출판 은성, Ann Arbor, Michigan: Servant Publications, 1993.

19. David A. Carlson, Counseling and Self-Esteem - 자존감, 서울: 두란노, Wheaton, III.:Victor, 1998.

20. David A. Seamands, Healing for Damaged Emotions - 상한 감정의 치유, 서울: 두란노, Wheaton, III.:Victor, 1981.

21. David A. Seamands, Healing Grace - 치유하시는 은혜, 서울: 두란노, Wheaton, III.:Victor, 1988.

22. David A. Augsburger, Pastoral Counseling Across Cultures- 문화를 초월하는 목회상담, 서울: 그리심, Westminster/John Knox Press, 1975.

23. Daniel E. Fountain, Health, the Bible and the Church - 전인 치유의 하나님, 서울: 조이선교회출판부, 1999.

24. Herry Cloud & John Townsend, 12 "Christian" beliefs that can drive you crazy, Zondervan Publishing Company, 1995.

25. Richard Schwartz. Our Multiple Selves-The Family Therapy, Networker, March/April 1987.

26. James Friesen, Uncovering the Mystery of MPD, San Bermadino, Ca:Here's Life, 1991.

27. MacNutt, Francis and Judith, Praying for Your Unborn Child, New York:Doubleday, 1988.

28. MacNutt, Francis Inner Healing, New York:Doubleday, 1988.

29. Gary Collins, Innovative Approches to Counseling, Waco, Tex.: Word, 1986.

30. Mike Flynn and Doug Gregg, Inner Healing:A Handbook for Helping Yourself&Others - 내적치유와 영적 성숙, ,IL.: IVP, 1993.

31. Merill F. Unger, Biblical Demonology, Grand Rapids, MI: Kregel Publications, 1974.

32. Guy Duffield & Nathaniel Van Cleave, The Foundation of Pentacostal Theology, Los Angeles:L.I.F.E. Bible College, 1983.

33. Ed Murphy, The Handbook for Spiritual Warfare, Nashville, Atlanta, London, Vancouver:Thomas Nelson Publishers, 1992.

34. Earle E. Cairns, Christianity Through the Centuries, Revised ed. Grand Rapids:Zondervan.1967.

35. Richard J. Foster, Streams of Living Water, Harper Collins, San Francisco, 1999.

36. Athanasius, The Life of Anthony and The Letter to Marcellinus, in the Classics of Western Spirituality,trans. and intro. Robert C. Gregg, New York:Paulist, 1980.

37. St. Augustine, Library of Christian Classics of The Confessions of St. Augustine, Westminster, 1964.

38. John Peter Lange, Commentary On the Holy Scripture, 1876.

39. 미주개혁주의 신학학술지, 미주 총신 - 총신대학출판부-도서

40. 현대강단사역 57인 설교집 - 대신교단 - 대한예수교장로회 총회출판국

41. 사려깊은 생각, 당당한 외침 - 신학학술지 1호~4호 발행, 안양대학교 신학대학원 동문회

42. 정성구, 정장복, 김명혁 박사, 말씀으로 달라지겠습니다, 2008년, 목회전략 세미나 교재

43. 정성구, 이은규, 박재열 목사, 영적 도약 내면 변화, 2006년 목회전략 세미나 교재

44. 안양신대원 동문회 발행, 기념학술 세미나 - 종교개혁 491주년, 개교 60주년 논문

45. 성경사전편찬위원회, 성경 사전, 서울 아가페출판사, 1991.

46. Our Daily Bread, 2012년 11월호, 경기: 성남, 한국오늘의양식사, 2012.

47. 오성춘, 영성과 목회, 서울장로회신학대학출판부, 1989.

48. 배수영 저, 성경신학적 하나님의 구속사, 서울: 도서출판 예루살렘, 2001.

49. 배수영 저, 에베소서 교회론 연구-작은자 공동체 이루기(교사용), 서울: 도서출판 이레, 1994,

50. 배수영 저, 선교학 개론, 서울: 도서출판 예루살렘, 2002.

51. 배수영 저, 영성지도력 계발, 서울: 도서출판 예루살렘, 2004.

52. 배수영 저, 21세기 리더십 에세이, 서울: 베드로서원, 2002.

53. 배수영 저, Travel into St. Augustine's inner World -

어거스틴의 내면세계로의 여행, 서울: 도서출판 예루살렘, 2001.

54. 배수영, 뉴밀레니엄 피플을 위한 메시지, 서울: 예루살렘출판사, 2002.
55. 배수영, 내적 치유 사역 - 깊은 상처를 치유하시는 하나님, 서울: 도서출판 예루살렘, 2006
56. 배수영 편, 작은 자들의 공감대-숨은 생각 큰 외침, 칼럼집, 서울: 임마누엘선교미디어, 1999.
57. 배수영 편, 나귀 - 월간 크리스천다이제스트(1호에서 5호), 서울: 월간 나귀사, 1985.

평생을 성경 연구와 저술로 삶을 산 개혁신앙가 - 코넬리스 반더발

구속사적 관점으로 66권을 한눈에…

하나님의 구원 계획에 대한 통찰력으로 성경의 핵심과 주제를 객관적으로 제시한 책!

제8회
한국기독교
출판문화상
최우수상

반더발 성경연구 1
제1권(구약 I) : 모세오경에서 역사서까지(창세기-에스더)
코넬리스 반더발 지음 / 반양장 / 신국판 / 20,000원 / 솔라피데출판사

반더발 성경연구 2
제2권(구약II) : 시가서에서 선지서까지(욥기-말라기)
코넬리스 반더발 지음 / 반양장 / 신국판 / 20,000원 / 솔라피데출판사

반더발 성경연구 3
제3권(신약) : 복음서에서 예언서까지(마태복음-요한계시록)
코넬리스 반더발 지음 / 반양장 / 신국판 / 20,000원 / 솔라피데출판사

＊신 · 구약 성경 전66권을 훌륭하게 개관, 해설한 책!
＊성경신학(구속사)적 관점에서 본…
　성경을 객관적으로 제시!
＊한국교회의 문제는 변화와 개혁!
　"하나님의 말씀" 으로 돌아가는 길 뿐이다!

추천

김의원 박사 (전 총신대학교 총장)
성경신학은 성경의 원저자인 하나님이 인간 저자를 통해 의
도적으로 기록한 사실과 이에 대한 해석에 따라 통일성과
다양성을 밝혀내는 것이라 할 수 있다.

추천

박형용 박사 (전 합동신학대학원대학교 총장)
성경은 도덕적 교훈집 이상의 책이다. 그러므로 우리는 성
경의 도덕적 요소를 강조할지라도 바른 전망 가운데서 강조
해야 한다.

The Sermons of Bilingual English & Korean Vol. 1
이중-언어 영한 설교집 1

THE **MENTOR** OF **MY LIFE**
나의 인생 조언자

저자 : PAE, Soo-Young 배수영

발행처 : 솔라피데출판사
전화 : (031)992-8692 / 팩스 : (031)955-4433
공급처 : 미스바출판유통
전화 : (031)992-8691 / 팩스 : (031)955-4433

값 13,000원